JN314752

米山伸吾│木村裕 著

新版 家庭菜園の病気と害虫

見分け方と防ぎ方

農文協

まえがき

　家庭菜園で汗水流し、苦労の末に家族で収穫物を味わう楽しみ、これは人生最大の贅沢であろう。ところが野菜は必ずしも順調には生育してくれない。生育の途中で葉が害虫に食べられたり、病気によって斑点が発生したり、しおれてついには枯れたりした経験があるのではないだろうか。

　害虫は姿が見えて被害もわかりやすいが、病原菌は目に見えず、腐ったり斑点のある野菜が八百屋に並ぶこともない。それゆえ野菜の病気は一般に知られておらず、その被害が水や肥料の不足と勘違いされていることが多い。

　わが国は気候が温暖で美しい四季折々の変化に富んでいるため、非常に豊かな植物が育っている。しかし、四季の変化に富んでいて湿度が高いことは、病原菌や害虫の繁殖に適してもいるのである。このような気象条件のもとで野菜栽培を楽しむためには、病気と害虫の生態を理解し、防除対策を十分に行わなければならない。

　筆者らは病気と害虫の発生生態と防除法の開発・研究に長年携わり、農家への防除指導を行なってきた。本書は病気と害虫とを分担して、病気・害虫の見分け方と防除法のポイントを家庭菜園向けにわかりやすくとりまとめたものである。

　イラストや写真を多用し、野菜別の防除対策では栽培時期ごとの防除法と農薬の使用法について詳細に説明した。病気と害虫から野菜を守るうえで知っておきたい、病気の伝染環と害虫の発生生態も掲載したので、防除対策に役立てていただければ幸いである。

　本書の初版は1997年に上梓し、以来2011年までに25刷を重ねた。この間、新しい農薬や適用基準など、農薬を取り巻く状況は大きく変化し、いっぽうで防除がむずかしい新しい病気や害虫が発生している。改訂に当たっては、これらの事情を考慮して全面的に内容を見直した。長く利用していただけるよう、新しい病気・害虫はもちろんのこと、それ以外もなるべく数多くを取り上げた。

　本書の改訂にあたり、貴重な写真や新しい情報を寄せていただいた研究者の方々に感謝したい。また木村は害虫専門家として途上国の害虫発生状況に接する機会を与えて頂いたJICAに、米山は日進月歩する病害研究に接する機会を与えて頂いた（財）日本園芸生産研究所にお礼を申し上げる。

　企画・構成より、農文協編集部の担当者にはたいへんお世話になった。ここに感謝する。

　2012年3月

米山伸吾（病気担当）

木村　裕（害虫担当）

家庭菜園の病気と害虫 もくじ

まえがき――1

害虫と間違いやすい
天敵――12

野菜さくいん――4

PART 1
野菜の病害・害虫の見分け方　5

- ナス病気・害虫…6 − 11
- トマト病気・害虫…13 − 18
- ピーマン病気・害虫…19 − 20
- ジャガイモ
　　病気・害虫…21 − 22
- キュウリ病気・害虫…23 − 26
- スイカ病気・害虫…27 − 28
- カボチャ病気…28 − 29
- メロン病気…30 − 32
- メロン・カボチャ害虫…32
- イチゴ病気・害虫…33 − 35
- オクラ病気・害虫…36
- トウモロコシ
　　病気・害虫…37 − 38
- インゲンマメ
　　病気・害虫…39 − 40
- エダマメ病気・害虫…41 − 42
- エンドウ病気・害虫…43
- ソラマメ病気・害虫…44
- ラッカセイ病気・害虫…45
- キャベツ
　　（ブロッコリー・カリフラワーを含む）
　　病気・害虫…46 − 49
- ハクサイ（コマツナを含む）
　　病気・害虫…50 − 53
- ダイコン（カブを含む）
　　病気・害虫…54 − 57
- タマネギ病気・害虫…58
- ネギ病気・害虫…59 − 60
- ニラ病気…61
- ラッキョウ
　　（エシャレット・ニンニク・ワケギを含む）
　　病気・害虫…61 − 62
- アスパラガス病気・害虫…62
- ホウレンソウ
　　病気・害虫…63 − 65
- シソ病気・害虫…66 − 67
- レタス病気・害虫…68 − 69
- シュンギク病気・害虫…70
- ゴボウ病気・害虫…70 − 72
- フキ病気・害虫…73
- ニンジン病気・害虫…74 − 75
- ミツバ病気・害虫…76 − 77
- セルリー・パセリ
　　病気・害虫…78
- サツマイモ
　　病気・害虫…79 − 81
- サトイモ病気・害虫…82 − 83
- ショウガ病気・害虫…83 − 84
- ミョウガ病気…84

【農薬について】
※記載された農薬の適用に関しては、2012年2月現在のものである。農薬使用にあたっては、ラベルをよく読み、定められた使用方法、注意事項等に従うこと。

PART ❷ 野菜別防除対策　85

- ナス科 ● ナス…86
  - トマト…90
  - ピーマン…94
  - ジャガイモ…97
- ウリ科 ● キュウリ…99
  - スイカ…103
  - カボチャ…106
  - メロン…108
- バラ科 ● イチゴ…112
- アオイ科 ● オクラ…115
- イネ科 ● トウモロコシ…117
- マメ科 ● インゲンマメ…119
  - エダマメ…121
  - エンドウ…123
  - ソラマメ…125
  - ラッカセイ…126
- アブラナ科 ● キャベツ（ブロッコリー・カリフラワーを含む）…128
  - ハクサイ（コマツナを含む）…131
  - ダイコン（カブを含む）…134
- ユリ科 ● タマネギ…138
  - ネギ…140
  - ニラ…143
  - ラッキョウ（エシャレット・ニンニク・ワケギを含む）…145
  - アスパラガス…146
- アカザ科 ● ホウレンソウ…148
- シソ科 ● シソ…151
- キク科 ● レタス…153
  - シュンギク…155
  - ゴボウ…157
  - フキ…159
- セリ科 ● ニンジン…161
  - ミツバ…163
  - セルリー…165
  - パセリ…167
- ヒルガオ科 ● サツマイモ…168
- サトイモ科 ● サトイモ…171
- ショウガ科 ● ショウガ（ミョウガを含む）…173

PART ❸ ここが肝心 病気・害虫別防除対策　175

病気別防除対策────176
- 1- モザイク病・ウイルス病…176
- 2- 黄化えそ病…178
- 3- えそ斑点病…179
- 4- てんぐ巣病…181
- 5- 青枯病…182
- 6- 軟腐病…184
- 7- 斑点細菌病、腐敗病など…185
- 8- 黒腐病…187
- 9- 根こぶ病…188
- 10- つる割病、萎凋病など…189
- 11- 半身萎凋病…191
- 12- 黒点根腐病…192
- 13- 疫病…193
- 14- 炭疽病、黒斑病など…195
- 15- つる枯病…196
- 16- べと病…198
- 17- うどんこ病…199
- 18- さび病…200

害虫別防除対策────202
- 1- ヨトウガ（ヨトウムシ）…202
- 2- ハスモンヨトウ…203
- 3- カブラヤガ（ネキリムシ）…205
- 4- オオタバコガ…206
- 5- モンシロチョウ（アオムシ）…208
- 6- コナガ…209
- 7- ハイマダラノメイガ…211
- 8- アワノメイガ…212
- 9- ワタヘリクロノメイガ（ウリノメイガ）…214
- 10- スズメガ類…215
- 11- ニジュウヤホシテントウ（テントウムシダマシ）…216
- 12- ウリハムシ（ウリバエ）…218
- 13- ダイコンハムシ（ダイコンサルハムシ）…219
- 14- キスジノミハムシ…220
- 15- コガネムシ類（ネキリムシ）…221

16- アブラムシ類…223
17- ネギアザミウマ…225
18- ミナミキイロアザミウマ…226
19- アワダチソウグンバイ…227
20- コナジラミ類…229
21- ホソヘリカメムシ…231
22- マルカメムシ…232
23- ハダニ類（ナミハダニ、
　　カンザワハダニ）…234
24- チャノホコリダニ…235
25- マメハモグリバエ類…237
26- カブラハバチ…238
27- ナメクジ類…240
28- ネコブセンチュウ類…241

PART 4
防除作業の基礎知識　243

1 農薬に頼らない防除法 ── 244
1- 耕種的防除法（生態的防除法）…244
2- 生物的防除法…246
3- 物理的防除法…251

2 農薬防除の基礎知識 ── 255
1- 農薬の安全使用基準について…255
2- 殺菌剤の選択…255
3- 殺虫剤の選択…258
4- 的確な防除作業…260
5- 農薬の安全使用…270

おわりにかえて ── 275

［撮影協力］
赤井 純氏　　鐙谷 大節氏
飯嶋 勉氏　　志和 一也氏
冨田 恭範氏　永沢 実氏
萩田 孝志氏

野菜さくいん

アスパラガス病気・害虫…62、146
イチゴ病気・害虫…33 − 35、112
インゲンマメ病気・害虫…39 − 40、119
エシャレット病気・害虫…61 − 62
エダマメ病気・害虫…41 − 42、121
エンドウ病気・害虫…43、123
オクラ病気・害虫…36、115
カブ病気・害虫…54 − 57
カボチャ病気・害虫…28 − 29、32、106
カリフラワー病気・害虫…46 − 49、128
キャベツ病気・害虫…46 − 49、128
キュウリ病気・害虫…23 − 26、99
ゴボウ病気・害虫…70 − 72、157
コマツナ病気・害虫…50 − 53、131
サツマイモ病気・害虫…79 − 81、168
サトイモ病気・害虫…82 − 83、171
シソ病気・害虫…66 − 67、151
ジャガイモ病気・害虫…21 − 22、97
シュンギク病気・害虫…70、155
ショウガ病気・害虫…83 − 84、173
スイカ病気・害虫…27 − 28、103
セルリー病気・害虫…78、165
ソラマメ病気・害虫…44、125
ダイコン病気・害虫…54 − 57、134
タマネギ病気・害虫…58、138
トウモロコシ病気・害虫…37 − 38、117
トマト病気・害虫…13 − 18、90
ナス病気・害虫…6 − 11、86
ニラ病気・害虫…61、143
ニンジン病気・害虫…74 − 75、161
ニンニク病気・害虫…61 − 62、145
ネギ病気・害虫…59 − 60、140
ハクサイ病気・害虫…50 − 53、131
パセリ病気・害虫…78、167
ピーマン病気・害虫…19 − 20、94
フキ病気・害虫…73、159
ブロッコリー病気・害虫…46 − 49、128
ホウレンソウ病気・害虫…63 − 65、148
ミツバ病気・害虫…76 − 77、163
ミョウガ病気・害虫…84、173
メロン病気・害虫…30 − 32、108
ラッカセイ病気・害虫…45、126
ラッキョウ病気・害虫…61 − 62、145
レタス病気・害虫…68 − 69、153
ワケギ病気・害虫…61 − 62、145

Part.1 野菜の病害・害虫の見分け方

【凡例】
- 野菜はナス科、ウリ科など科目でまとめた。それぞれの科目に属する野菜には病気・害虫も共通する場合が多いので参考にしてほしい。
- それぞれの野菜のタイトル右の数字は Part2 の野菜別防除対策の参照ページを示す。
- それぞれの病気・害虫のタイトル左に示す ABC は、発生率・被害程度を下記の内容で区分したものである。
  A：よく発生し、被害も大きい常襲の病気・害虫。発生前の予防防除、発生初期の防除が必要
  B：環境条件によって発生する病気・害虫。天候、土質など環境条件によっては多発して防除が必要
  C：あまり発生せず、発生しても被害が比較的軽い病気・害虫
  なお、Part1・2 に示されたものと、Part3 に示されたものとは必ずしも一致しない場合がある。
- それぞれの病気・害虫のタイトル右の数字は Part2・3 の参照ページを示す。

ナス科　ナス　病気 86

A 青枯病　あおがれびょう　182

葉が緑色のまま急にしおれて枯れる。根は褐変腐敗し、茎を切断すると維管束が変色して、そこから汚白色の汁がにじみ出る

A 苗立枯病　なえたちがれびょう　7

地際部の茎が軟化したり、褐色にくびれ、倒れて枯れる

C 半枯病　はんがれびょう　189

はじめ下の葉の片側半分が葉脈に沿って黄化し、この症状は徐々に上葉におよび、ひどいと全体が枯れる

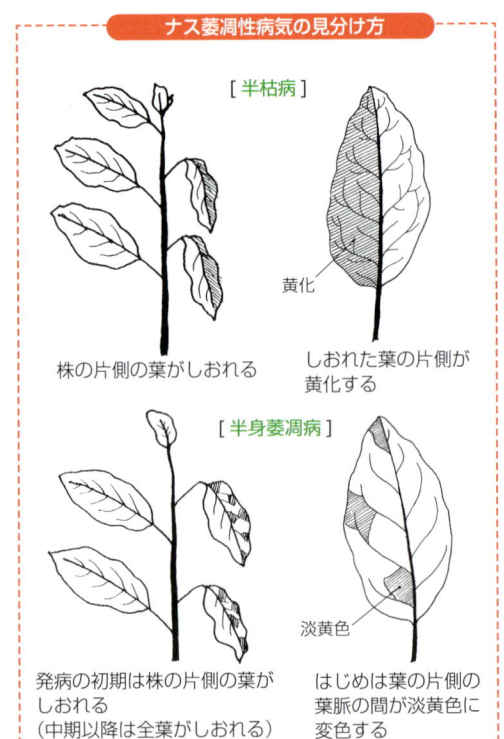

ナス萎凋性病気の見分け方

[半枯病]

株の片側の葉がしおれる　　しおれた葉の片側が黄化する（黄化）

[半身萎凋病]

発病の初期は株の片側の葉がしおれる（中期以降は全葉がしおれる）　　はじめは葉の片側の葉脈の間が淡黄色に変色する（淡黄色）

A 半身萎凋病　はんしんいちょうびょう　191

はじめ葉の片側の葉脈間が黄化してから褐色になって枯れる。株全体では片側の葉がしおれるが、ひどいと全体がしおれて枯れる。茎を切断すると、維管束が褐変し、根も褐変腐敗している

86 病気 ナス ナス科

苗立枯病の見分け方（他の作物もほぼ共通）

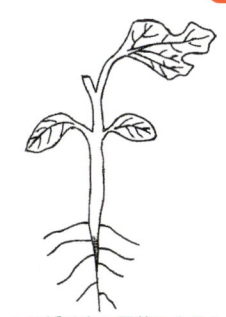

[フザリウム属菌による]
茎・葉がしおれる。根が褐変して腐敗し、維管束が褐変する

[リゾクトニア属菌による]
茎・葉がしおれる。地際部の茎が褐変してくぼみ、根も褐変腐敗する

[疫病菌・ピシウム属菌による]
茎・葉がしおれて倒伏しやすい。地際部の茎が淡褐色、水浸状になり、軟化し、根も褐変、腐敗する

C 輪紋病 りんもんびょう 195
円形〜楕円形の褐色で輪紋のある病斑をつくり、表面に小黒粒点を散生する

C 褐紋病 かつもんびょう 195
葉に円形〜楕円形の褐色で同心円状の輪紋を生じ、表面に小黒粒点を散生する

B うどんこ病 199
はじめ葉に白いカビが点々と生じ、やがて拡大して葉の全面にうどん粉をばらまいたように白いカビが生え、果実のヘタの部分にも生じる

C 褐色円星病 かっしょくまるほしびょう 195
はじめ淡褐色の小斑点を生じ、後に径が数ミリの円〜楕円形の病斑で中心部が灰色〜灰褐色、周囲が褐色〜赤褐色となり、中心部が破れて孔があく

C すす斑病 すすはんびょう 195
葉にまわりが灰色〜汚白色で内部が淡褐色〜褐色の円形病斑をつくり、裏側に灰褐色、すす状のカビを生じる

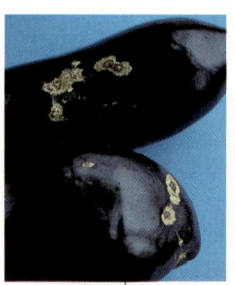

C 黒枯病 くろがれびょう 195
葉に淡紫褐色、不整形の病斑で、果実には赤褐色〜褐色のくぼんだ病斑をつくり、中央部は褐色のカサブタ状になる

C 灰色かび病 はいいろかびびょう 195
ハウスで発生しやすいが、露地でも梅雨時に低温で降雨が続くと発生しやすい。果実にややくぼんだ褐色病斑を生じ、そこに灰色のカビを多数生じて腐敗する

ナス科　ナス　害虫 86

A ヨトウガ（ヨトウムシ） 202

昼間は土中に潜り、夜間に現われて葉を食害する。葉に大小の孔ができ、茎だけになることもある（左）
葉を食害する中齢幼虫。大きくなると体色が褐色となり、昼間は土の中に潜み、夜間にのみ現われる（右）

C ジャガイモガ

葉の内部に食入して、トンネルを掘るように内部を食害するので、その部分は白く半透明になる

A ハスモンヨトウ 203

8月以降に発生。中齢幼虫は主として葉を食害する（左）
大きくなった幼虫は体色が黒くなり、葉ばかりでなく果実にも孔をあけて内部に食入する（右）

C クロメンガタスズメ 215

尾端に角状の突起を備えたアオムシで、大きくなると葉を激しく食害する

A ニジュウヤホシテントウ（テントウムシダマシ） 216

成虫や幼虫の食害を受けた果実（左）　葉裏に寄生する中齢幼虫（中）
成虫は益虫のナミテントウによく似ている（右）。葉を浅く食害し、階段状の食痕を残す

86 　害虫　ナス　　　ナス科

ナスのアブラムシ類

ワタアブラムシ 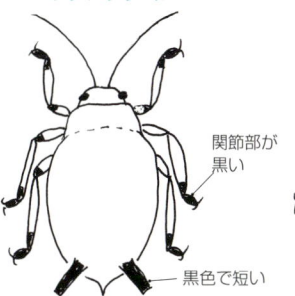
- 関節部が黒い
- 黒色で短い
- 体色は黄色または暗緑色、または灰色

モモアカアブラムシ 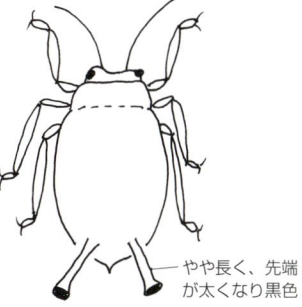
- やや長く、先端が太くなり黒色
- 体色は淡黄色または淡緑色、または淡赤褐色

チューリップヒゲナガアブラムシ 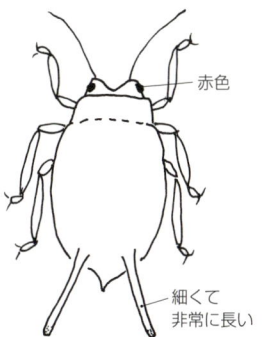
- 赤色
- 細くて非常に長い
- 体色は淡緑色

A アブラムシ類　223

ワタアブラムシ：葉裏に暗緑色または黄色の虫が群生し、しばしばアリが群がる傾向がある

モモアカアブラムシ：淡赤褐色または淡緑色の小さな虫の集団が葉裏に見られる

チューリップヒゲナガアブラムシ：淡緑色、やや大型のアブラムシで、ときどき発生する

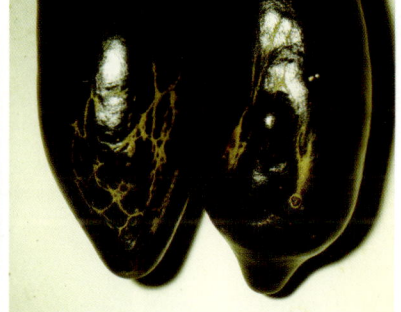

A アザミウマ類　226

吸汁された部分の組織が破壊されるため、その部分がカスリ状に色抜けする。日時の経過とともにその部分は褐変し、ときには葉全体が枯死する（左）
右は果実被害の様子。幼果のヘタの下に幼虫が潜って吸汁し、肥大とともに吸汁痕も拡大する

ナス科　ナス　害虫 86

ナスのチャノホコリダニとミナミキイロアザミウマ

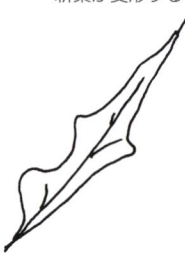

チャノホコリダニ

- がく（ヘタ）の部分が褐変
- 新葉が変形する
- 葉裏が褐変し、光沢を帯びる

ミナミキイロアザミウマ

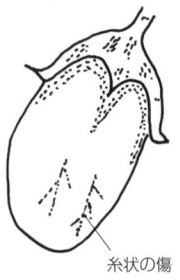

- がく（ヘタ）に沿って褐変
- 糸状の傷
- 新葉の変形は少ない
- 葉裏が光沢を帯び、小さな点状の黒色の汚れがある

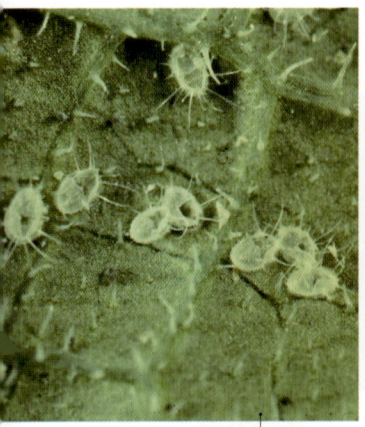

C コナジラミ類　229

蛹は楕円形で扁平。オンシツコナジラミ（左）は四方に刺状があるが、ワタコナジラミは刺がない
成虫は白色の小さな虫で、葉が揺れ動くとパッと四方に飛び散る（右）

B すす病

アブラムシ類、コナジラミ類の排泄物（甘露）を栄養源としてすす病菌が繁殖し、茎葉や果実が黒く汚れる

86 害虫 ナス　ナス科

A チャノホコリダニ　235

新葉が不規則に裂け、変形する（左）　被害を受けた新葉は硬くなり、いわゆる芯止まり症状となる（中）
果実はヘタの部分が褐変し、果皮も傷つく（右）

B ハダニ類　234

新葉に群生し、糸を繰り出す（左）　吸汁された部分は斑紋状に黄変する（中）
やや黒ずんだ赤色の虫が葉裏に寄生して吸汁している（右）

B チャコウラナメクジ　240

果実の表面に浅い孔ができる（左）
苗床に侵入すると一晩で多くの苗が食害される（右）

11

害虫と間違いやすい天敵

テントウムシの幼虫

ニジュウヤホシテントウとテントウムシの成虫とは類似している
相違点は後者には光沢があり、背面の胸部にあたる部分には白い斑紋がある。また、前者はナス、トマト、まれにキュウリにしか発生しない。後者はすべての野菜、花、樹木にも発生する。幼虫は灰色で橙色の斑紋がある

ヒラタアブ：幼虫は白色～淡褐色のウジで、アブラムシ集団内に見られ、多くのアブラムシを捕食する。茎や枝上で蛹になる。成虫は黄色で腹部に縞模様があるアブで花上に見られる

ハナカメムシ：幼虫は長さ2～3mm、黄褐色で光沢があり、アブラムシやアザミウマなどを捕食する。成虫は暗褐色の小さなカメムシで、アブラムシやアザミウマを捕食する

クサカゲロウ：淡緑色の柔らかな羽根をもった虫で、葉上にいるが、しばしば灯火に飛来する。成虫と幼虫はアブラムシを捕食する

シマサシガメ：黒色のカメムシで、カメムシやチョウ・ガの小さな幼虫を捕らえて体液を吸い取って殺す。手で触ると口吻で刺されることがあるので注意する

アブラバチ：アブラムシの集団内に褐色でミイラ化した個体がしばしば混じっているのが見られる。これはこのハチの幼虫に体内を食いつくされて死亡したアブラムシで、やがて背中に穴をあけて成虫のハチが飛び出す

コクロヒメテントウ幼虫：白色、ウジ状の虫でコナカイガラムシによく似ている。アブラムシやハダニを餌としている

90　病気　トマト　ナス科

A モザイク病（CMV） 176

葉が緑色濃淡のモザイク状になり、糸葉状に細く奇形になる。果実は凸凹になり内部の維管束が白あるいは褐色に変色する。アブラムシで伝染したり管理作業中に感染する

A モザイク病（TMV） 177

葉が緑色濃淡のモザイクになり、葉先は細くなったり、茎、葉や果実にえそを生じることもあり、土壌からと接触により伝染する

A モザイク病（すじ腐れ果） 176・177

キュウリ・モザイク・ウイルス（CMV）、タバコモザイクウイルス（TMV）に感染した株の果実に生じ、維管束が白色あるいは褐色に変色する

A 黄化葉巻病（TYLCV） おうかはまきびょう　91

（撮影：冨田）

タバココナジラミが媒介し、生長点が黄化して葉巻症状になる。葉は葉脈とその周辺が黄化して、縮緬状に萎縮する。発病部より上方では節間がつまり萎縮して、縮れた脇芽が多数生じ、開花は不良でつぼみのまま落下し、生長しても果実は硬くて小さい

A 黄化えそ病（TSWV） おうかえそびょう　178

葉に褐色のえそ斑、茎・葉柄にはえそ条斑を生じる。茎の内部が空洞化し、萎凋枯死することもある。果実にも褐色のえそ斑を生じて奇形になる。スリップス（アザミウマ）の媒介によって伝染する

B 青枯病（維管束褐変―菌泥） あおがれびょう　182

根が褐色腐敗し、茎を切断すると維管束が褐変していて、そこから汚白色の汁がにじみ出る

B 青枯病（全体） あおがれびょう　182

葉が緑色のまま急にしおれて枯れる

13

ナス科　トマト　病気　90

B かいよう病（髄―褐変）91
茎の髄が褐色に軟化腐敗し、ひどいと茎の外側がすじ状に褐変する

B かいよう病（側枝―褐変）91
側枝を切断すると内部が褐変している

B かいよう病（果実）91
果実には鳥の目状の小さな円形病斑を生じる

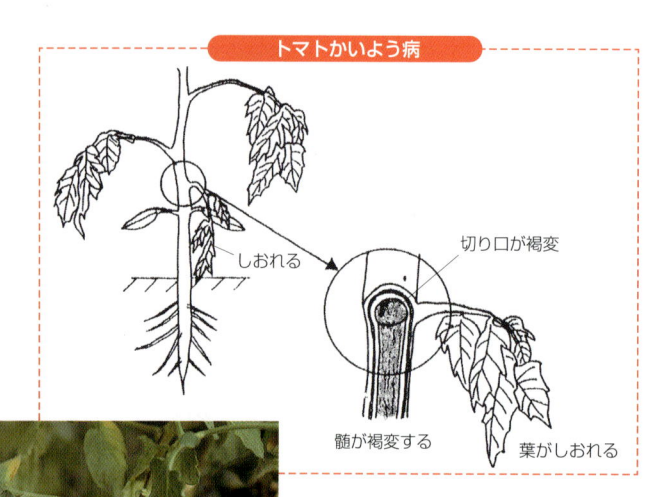

トマトかいよう病

しおれる
切り口が褐変
髄が褐変する
葉がしおれる

A 萎凋病　いちょうびょう　189
下葉からしおれて徐々に上葉が黄化し、やがて枯れる。茎を切断すると維管束が褐変している

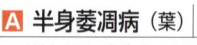

A 半身萎凋病（葉）
はんしんいちょうびょう　191
発病の初期には葉の片側半分が黄化する

A 半身萎凋病（全体）
はんしんいちょうびょう　191
はじめ株の片側の葉が黄化してしおれ、やがて全体の葉が黄化してしおれて枯れる。根が褐色に腐敗し、茎の維管束が褐変する。果実がついている時期にしおれがひどくて枯れやすい

C 根腐萎凋病
ねぐされいちょうびょう　91
主にハウスの早期栽培で発生しやすい。葉が黄化してしおれ、地上部の20～30cmまでの茎の維管束が褐色に変色し、太い根は暗褐色に、細根は褐変腐敗して株全体はしおれて枯れる

90 病気 トマト ナス科

トマト萎凋性病害の見分け方

[青枯病]
- 維管束濃く褐変する
- 根が褐変する
- 維管束が褐変して地際部の茎ではここから泥白色の汁液がにじみ出る
- 地際部の茎
- 水
- 泥白色の汁液がにじみ出る（病原細菌）

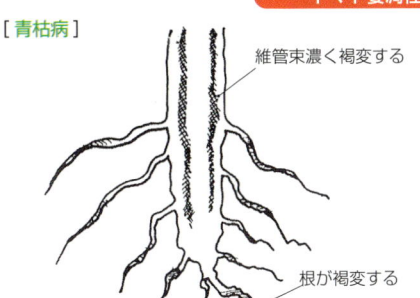

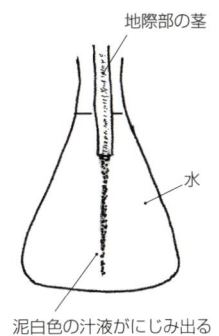

[萎凋病]
[根腐萎凋病]
- 維管束褐変（根腐萎凋病は淡黄色）
- 根が褐変
- 維管束褐変（根腐萎凋病は地上30cmくらいまでしか淡黄色に変色しない）

[半身萎凋病]
- 維管束褐変
- 根も褐変
- 半身萎凋病は株の片側の葉がしおれる（発生初期は葉の片側が黄色に変色する）

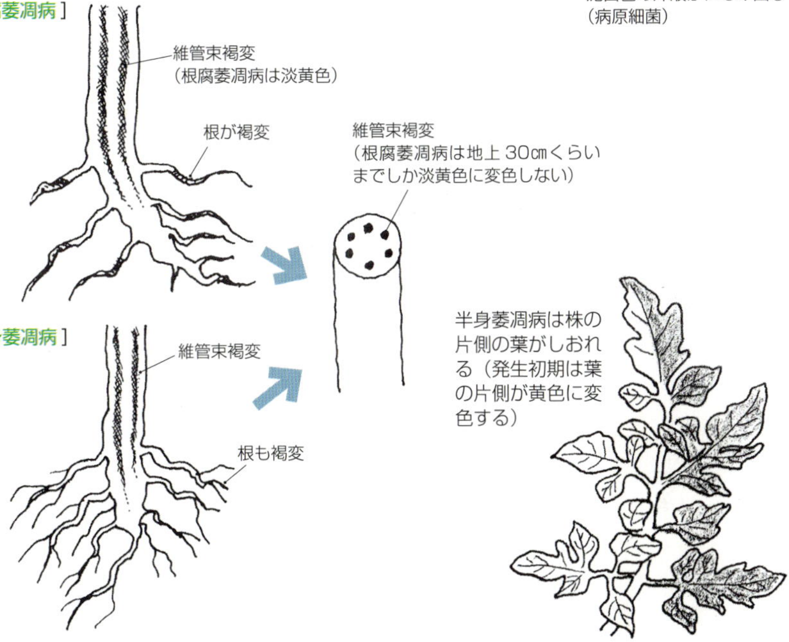

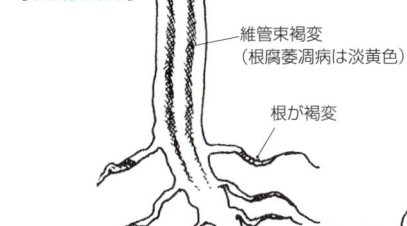

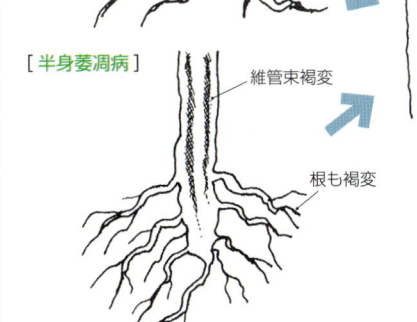

[褐色根腐病]
- 根が太くなって松の幹のようなゴツゴツして縦横に亀裂が入る

15

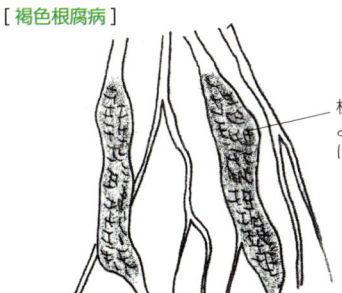

ナス科　トマト　病気　90

A 苗立枯病 なえたちがれびょう 7
地際部の茎が軟化したり、褐色にくびれたりして倒れて枯れる

B 白絹病 しらきぬびょう 91
地際の茎に褐色でくぼんだ病斑を生じて枯れる。このとき病斑部から地上一面に白色の絹糸状のカビを生じ、後にそこにアワ粒のような茶色の菌核を多数形成する

C 斑点細菌病 はんてんさいきんびょう 185
葉に黄褐色水浸状の小斑点でややくぼみ、まわりが淡黄色になる。葉脈に発生すると奇形になる。茎では暗緑色の小斑点で多少隆起してそうか状になる

A 疫病（葉） えきびょう 193
不整形でまわりがぼやけて暗緑色となり、葉裏や病斑の周辺に霜状のカビを生じる

A 疫病（果実） えきびょう 193
不整形大型で褐色、ヤケド状の病斑を生じる。茎は不整形、暗褐色水浸状の病斑で霜状のカビを生じる

B 輪紋病 りんもんびょう 195
円形か不整楕円形、暗褐色の病斑で、同心輪紋をつくり、後に中心部が破れる

C 褐色根腐病 かっしょくねぐされびょう 91
ハウス内で地温が 15〜18℃くらいで発生しやすい。下葉から黄化して枯れ上がり、病勢が進むと枯死する。太い根の表面がコルク化して、松の幹が割れたような外観を示し、細根は腐敗する

C 斑点病 はんてんびょう 195
円形〜不整円形で淡褐色の小さな斑点を多数生じる

B 尻腐れ病 しりぐされびょう 91
果実の尻の部分が暗褐色、油浸状に腐敗する。石灰欠乏が原因で、カリ、チッソが多いと石灰の吸収が抑制される。高温、乾燥で発生しやすい

90 害虫　トマト　ナス科

B オオタバコガ | 206
果実内に食入して内部を食い荒らしたり（左）、表面から大きく食害することもある（右）

C 吸蛾類 きゅうがるい | 93
着色直前の果実が吸汁され、その部分が白くなってくぼむ。刺し傷も残る

C ニジュウヤホシテントウ（テントウムシダマシ） | 216
幼虫は淡黄色の軟らかい虫で、体全体に黒色の突起がある（左）成虫は28個の黒紋をもった赤褐色のテントウムシで、葉を浅く食害し、階段状の食痕を残す（右）

B モモアカアブラムシ | 223
無翅成幼虫。吸汁害もあるが、虫の排泄物と付着する脱皮殻の汚れが問題

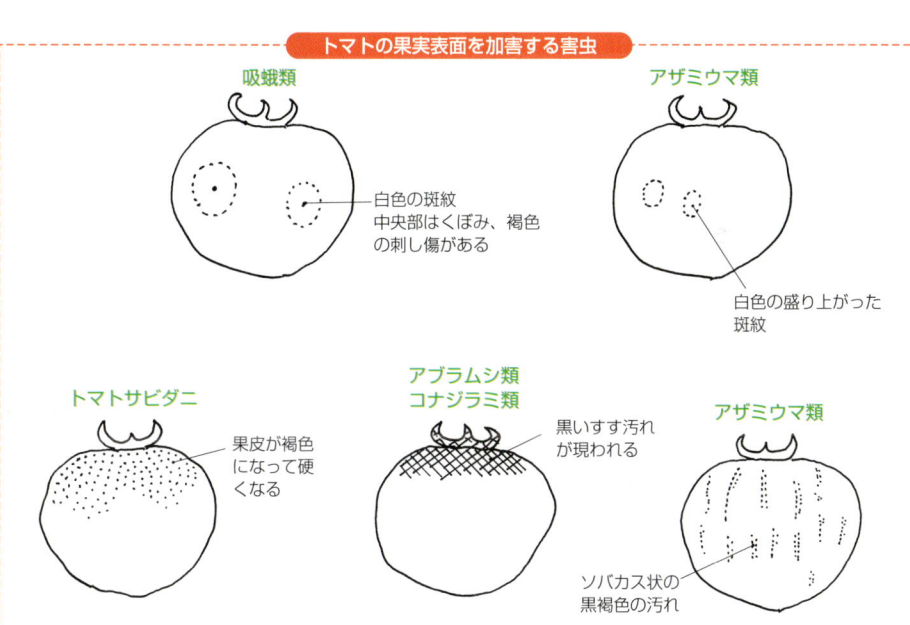

トマトの果実表面を加害する害虫

吸蛾類
白色の斑紋
中央部はくぼみ、褐色の刺し傷がある

アザミウマ類
白色の盛り上がった斑紋

トマトサビダニ
果皮が褐色になって硬くなる

アブラムシ類 コナジラミ類
黒いすす汚れが現われる

アザミウマ類
ソバカス状の黒褐色の汚れ

17

ナス科　トマト　害虫

B アザミウマ類 | 226

葉表に、輪郭が不鮮明な黄色の斑紋が浮かぶ（左）　葉裏は光沢を帯び、黒い小黒点が散らばる（中）
被害を受けた果実は表面に褐色のソバカス状の汚れが生じる（右）

C コナジラミ類 | 229

ハウス栽培で発生が多く、成虫が葉裏に群生する。葉に付着した排泄物ですす病が誘発される。また、吸汁することによってトマトに致命的な被害を与えるウイルス病（黄化葉巻病）を媒介する

C すす病

コナジラミ類の発生が多いと、排泄物で果実表面が汚れ、すす病が併発する

B ハダニ類 | 234

葉の色が点状に抜け、被害が進むと葉全体が白くなる

C トマトサビダニ | 236

葉が次つぎに枯死する（左）
果実全体が赤ナシのように褐変し、肥大も止まる（右）

C ハモグリバエ類 | 237

葉内に潜行した幼虫の食痕（蛹化の際は葉から地面へ移行）

94 病気 ピーマン ナス科

A モザイク病（PMMoV―葉）
177

緑色濃淡のモザイク症状になり、葉が波打ち、生育不良になる。種子、土壌伝染する

A モザイク病（PMMoV―果実）
177

果実にも緑色濃淡のモザイク症状になる

C 白絹病　しらきぬびょう　94

地際の茎に褐色でくぼんだ病斑を生じて枯れる。このとき病斑から地上一面に白色絹糸状の菌糸を生じ、そこにアワ粒のような褐色の菌核を生じる

A 黄化えそ病（TSWV―生長点）
おうかえそびょう　178

生長点付近の葉が黄色になって褐色〜黒色の小さなえそ斑ができ、まもなく黄化した葉や芽が枯れる。アザミウマ（スリップス）が媒介する

A 黄化えそ病（TSWV―葉）
おうかえそびょう　178

葉に不規則ではっきりしない黄色の大型輪紋を生じる

A 黄化えそ病（TSWV―果実）
おうかえそびょう　178

果実は褐色のえそ斑を生じて、コブ状に隆起して奇形になる

B 疫病（全体）　えきびょう
193

根が腐敗して、葉がしおれてやがて枯れる。土壌水分が多いと発病しやすい

B 疫病（地際部）　えきびょう
193

根が黒色に腐敗し、地際部の茎が暗褐色にくびれて乾いた状態で腐敗する

C うどんこ病
199

葉の裏側は不鮮明な黄色斑紋で、その表側に白いうどん粉状のカビがうっすらと生じる

C 斑点細菌病
はんてんさいきんびょう　185

かさぶた状の灰白色の小さな斑点が形成される

19

ナス科　ピーマン　病気・害虫　94

C 斑点病 はんてんびょう 195
はじめ白色の小斑点であるが、後にまわりが暗褐色あるいは灰白色で同心輪紋の病斑になる

B 炭疽病 たんそびょう 195
はじめ果実に小斑点を生じ、後に褐変してくぼんだ同心輪紋を生じて大きくなり、中心部が灰色になってそこに黒色小粒点を形成する

B 尻腐れ病（果実） しりぐされびょう 94
果実の尻の部分が暗褐色、油浸状に腐敗する。石灰欠乏が原因で、カリ、チッソが多いと石灰の吸収が抑制される。高温、乾燥で発生しやすい

A タバコガ 207
果実内に食入した老熟幼虫。体全体が緑色で褐色の小斑点が並ぶ

C ホオズキカメムシ 233
幼虫は白い粉をかぶり、茎に集団で寄生する。多発すると茎のしおれや枯死が生じるが、実害は少ない（左）
成虫はチョコレート色の虫で、茎に群生して吸汁する（右）

B ミナミキイロアザミウマ 226
吸汁された部分が褐変し、肥大が止まる。幼虫は1mm前後で、黄白色のため見つけにくい

A チャノホコリダニ 235
新葉は縮れて変形する。また、新芽は硬くなって新葉の展葉も止まる

C ハモグリバエ類 237
白色のウジが葉の中に潜って、内部をトンネルを掘るように食い進むので葉に曲がりくねった白いすじが現われる

97　病気　**ジャガイモ**　ナス科

B 葉巻病（PLV）　はまきびょう
97
下葉のほうから葉がやや厚くなってスプーン状に巻き上がる

B 紫染萎黄病（ファイトプラズマ）　しせんいおうびょう　181
はじめ上のほうの葉が上方に巻いて退緑色となり、小葉が基部から上に巻き上がり、病勢が進むと株全体の緑色が退色する

A 半身萎凋病　はんしんいちょうびょう
191
開花期に下葉が黄緑色になってしおれて枯れる。ときには株の片側の小葉とか一部の茎のみがしおれる

A 黒あし病　くろあしびょう　97
地際部の茎が黒褐色に軟化腐敗する。イモがつながっている（ストロン）基部からイモの表面が黒褐色になって腐敗する

C 黒あざ病　くろあざびょう　97
最上葉の葉縁がやや紫紅色になって巻き上がり、地際部の茎に白い粉のようなものが張り付き、やがて株全体が枯れる

C 夏疫病　なつえきびょう　195
葉に不規則な黒褐色3～4mmの病斑を生じて、同心円状の輪紋をつくる。病斑のまわりが退緑色になる

ジャガイモ青枯病、黒あざ病、黒あし病の見分け方

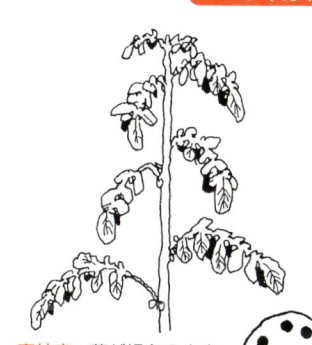

青枯病：葉が緑色のままでしおれて枯れる。根が褐色に腐敗し、茎を切断すると維管束が褐変して泥白色の汁がにじみ出る

褐変
（泥白色の菌泥が出る/15頁参照）

黒あざ病：最上葉の縁がやや紫紅色になって巻き上がり、地際部の茎の表面に病原菌が白い粉状になって生じ、株全体が枯れる

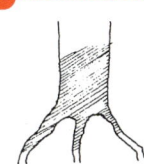

黒あし病：地際部の茎が黒褐色に軟化腐敗する

ストロン

黒あし病：株とつながっている（ストロン）基部から、イモの表面が黒褐色となって腐敗する

ナス科　ジャガイモ　病気・害虫　97

A 疫病（葉） えきびょう 193
葉縁や葉先に灰褐色、不規則でまわりのはっきりしない大型病斑になり、霜状のカビを生じる

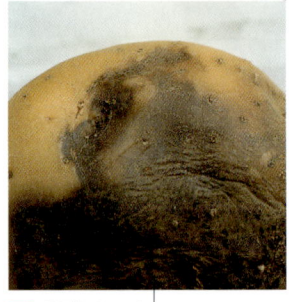

A 疫病（イモ） えきびょう 193
収穫期に降雨が続くとイモの表面が暗色となり、褐色の壊死病斑となる

C 乾腐病 かんぷびょう 97
イモに大きな陥没部を生じ、褐色ないし黒褐色となって腐敗する。悪臭はしないが、湿度が高いと二次寄生菌によって軟化腐敗して悪臭を放つ

B そうか病 97
イモの表面に中心部がくぼんで周辺部がやや盛り上がった淡褐色のカサブタ状の病斑が形成される

C ジャガイモガ 97
葉の中に潜入して内部を食害するため、その部分は袋状に褐変する

A オオニジュウヤホシテントウ（テントウムシダマシ） 216
老熟幼虫は刺状突起があり、葉裏を浅く食害する（下）
葉を食害する成虫は28個の黒紋をもつ（円内）

B アブラムシ類 223

ワタアブラムシ：葉裏に黄色、または暗緑色の虫が群生して吸汁する

モモアカアブラムシ：赤褐色の小さな虫が群生して吸汁する。吸汁された葉は裏側に巻き込む

チューリップヒゲナガアブラムシ：やや大きめの淡緑色の虫が葉裏に群生して吸汁する。大きいのが成虫、そのまわりの小さいのが幼虫

99 病気　キュウリ　ウリ科

A モザイク病（CMV） 176

緑色濃淡のモザイク症状になる。ひどいと小型になったり、奇形になったりする。アブラムシが媒介する

A 黄化病（CuYV） おうかびょう 100

収穫はじめころから、葉脈間に黄緑色の小斑点が多数発生し、全体が黄化する。葉脈は緑色が残る。発病末期には葉が硬化して下に巻き、側枝が発生しなくなったり、短かったりしてキュウリは曲がる。オンシツコナジラミが媒介する（撮影：冨田）

A 退緑黄化病（CCYV） たいりょくおうかびょう 100

葉に退緑小斑点を生じ、拡大して点状または葉脈に沿って緑色部が残る場合と、不整形の不鮮明な黄化した斑点が拡大して葉の全面が黄化する。症状が進むと葉の周縁が内側に巻く。タバココナジラミが媒介する（撮影：冨田）

A つる割病（全体） つるわれびょう 189

はじめ日中のみ葉がしおれ、朝夕は回復するがやがて枯れる

A つる割病（根） つるわれびょう 189

根が褐変腐敗し、地際部の茎も褐色に変色し、茎を切断すると維管束が褐変している

C 軟腐病 なんぷびょう 184

地際部の茎が暗緑色水浸状になり、汚白色の菌泥が出て軟化する。病斑は上下に拡大し、褐変してくびれて枯死する。茎を切断すると維管束が褐変している

B 疫病（地際部） えきびょう 193

地際部の茎や根が褐色に腐敗し葉もしおれて枯れる

B 苗立枯病 なえたちがれびょう 7

地際部の茎が細くくびれたり、油が浸みたようになり、いずれもしおれて枯れる

ウリ科　キュウリ　病気 99

B 斑点細菌病（葉）
はんてんさいきんびょう　185

黄褐色で多角形の病斑を生じ、そのまわりに黄色のカサを生じる。裏側にカビは生えない。乾燥時には小さい円形病斑、多湿時には多角形の大型病斑を形成する

B 斑点細菌病（果実）
はんてんさいきんびょう　185

果実には暗褐色のくぼんだ斑点を生じ、湿潤時には病斑上に白色の菌泥を分泌する

C 褐斑細菌病
かっぱんさいきんびょう　185

はじめ淡褐色の小斑点で拡大すると径5～10mmで、角形になり、葉枯状や縁枯状になる

B べと病
べとびょう　198

褐色または黄色、多角形の病斑を生じ、葉裏に紫褐色ないし淡褐色のカビを生じる。ひどいと葉全面が黄化する

B 炭疽病
たんそびょう　195

円形褐色の病斑を生じ、中心部に孔があく。健全部との境がぼんやりとしてはっきりしない

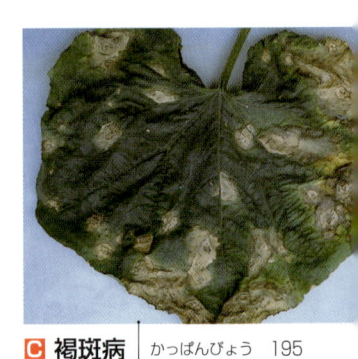

C 褐斑病
かっぱんびょう　195

淡褐色、円形の小斑点を生じ、やがて5～10mmに拡大し、中央部が灰褐色、不整形の病斑になる

キュウリべと病、斑点細菌病、炭疽病の見分け方

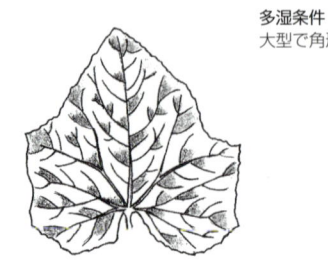

多湿条件　大型で角形病斑　　乾燥条件　小型、円形病斑

べと病：角形病斑で、はじめは淡黄色、やがて褐色となり裏側にやや白色がかった霜状で、後に淡褐色になるカビを生じる

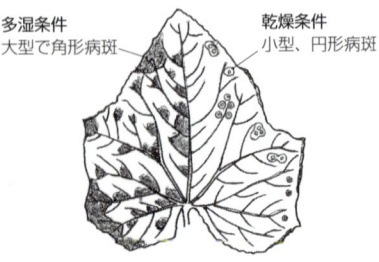

斑点細菌病：やや角形の病斑で、そのまわりはやや水浸状になっていて、裏面にカビが生えない。陽に透かすと病斑と健全部との境に黄色のカサを生じる

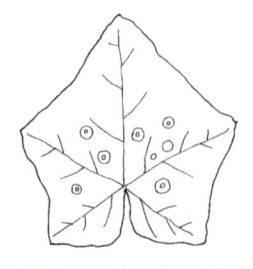

炭疽病：円形褐色の病斑を生じ、中心部に孔があきやすい。健全部との境目はぼんやりとしている。ハウスではほとんど発生しない

99 害虫・病気　キュウリ　ウリ科

A つる枯病（葉）
つるがれびょう　196
葉の縁よりクサビ状に褐色の病斑になって大きく枯れる

A つる枯病（つる）
つるがれびょう　196
病斑部にヤニを出し淡褐色に乾いた病斑になって黒色の小粒点を多数形成する。その上方は枯れる

B うどんこ病　199
はじめ葉に白い粉のようなカビが小さな円形状に生じ、やがてこのカビが葉全面に広がり、ひどいと葉が枯れる

B ワタヘリクロノメイガ　214
幼虫は新葉を糸でつづる（左）　葉ばかりでなく、果実にも食入する（中）
右は葉裏に寄生して食害する幼虫。淡緑色で白いすじが2本ある

C ウリキンウワバ
葉を食害する老熟幼虫、体に小さな角状の突起があり、シャクトリムシのように体を伸び縮みさせながら移動する

C ニジュウヤホシテントウ
（テントウムシダマシ）216
桃色の地に28個の黒紋をもったテントウムシ（成虫）が葉を食害する

A ウリハムシ　218
黄色の甲虫(成虫)が葉の表面を浅く、円を描くように食害するので、やがてその部分は抜け落ちて丸い孔となる

B ジャガイモヒゲナガアブラムシ　223
淡緑色の虫が葉裏に数十匹群生して吸汁する。また、吸汁された部分は黄変するのが特徴である

ウリ科　キュウリ　害虫　99

B アザミウマ類 | 226
葉裏の吸汁された部分が点状またはカスリ状に色が抜けて黄変する

C コナジラミ類 | 229
1mm前後の白色のハエのような虫が葉裏に群生する

B すす病
アブラムシ類やコナジラミ類が多発すると葉上に排泄物が付着し、そこにすす病が発生して葉や茎は黒く汚れる

C ハダニ類 | 234
葉は点状に色抜けし、それらがしだいに癒合して全体の色が悪化する

B ハモグリバエ類 | 237
白色のウジ状の虫（幼虫）が葉内を食害しながら食い進み、その部分が白いすじとなって残る。近年増加している

A ネコブセンチュウ | 241
根の基部に大きなコブがつながって並び、細根が少なくなる

キュウリのジャガイモヒゲナガアブラムシとアザミウマ、ハダニ類

ジャガイモヒゲナガアブラムシ 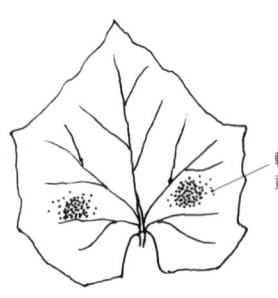
- 輪郭が不鮮明な黄色斑紋
- 裏面に淡緑色の虫の集団が見つかる

アザミウマ類、ハダニ類
- 葉に小さな白色の斑点が現われる 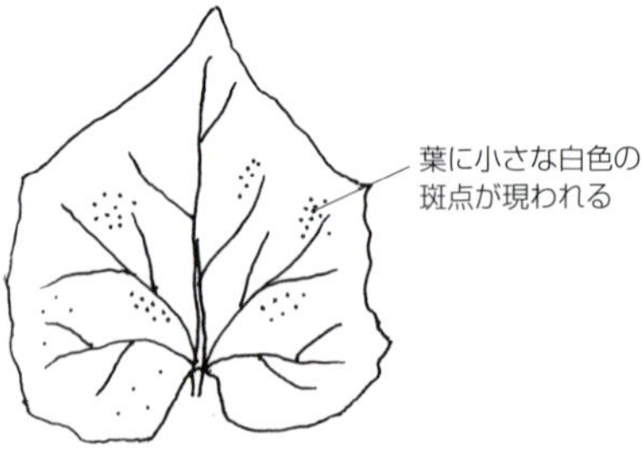
- 葉裏に長さ1mm前後の細長い虫が見つかる 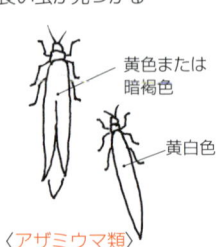
  - 黄色または暗褐色
  - 黄白色
  〈アザミウマ類〉
- 葉裏に長さ1mm前後の赤色または橙色、または黄緑色の虫が見つかる
  〈ハダニ類〉 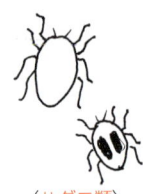

26

103 病気　スイカ　ウリ科

C 緑斑モザイク病（CGMMV）
りょくはんモザイクびょう　177

濃緑色と淡緑色とのモザイク症状になり、濃緑色部がやや盛り上がる。葉はやや細くて小型になる。保毒した台木ユウガオの種子と土壌、接触伝染する

C 褐斑細菌病
かっぱんさいきんびょう　185

褐色水浸状で周囲が黄色に縁取られ、葉脈に沿って拡大する

B 褐色腐敗病
かっしょくふはいびょう　193

果実に油浸状、緑灰色の病斑を生じ、やがて軟らかくくぼんだ病斑になって腐敗する。湿度が高いとそこに汚白色ビロード状のカビを生じる

A ユウガオ台つる割れ病
ユウガオだいつるわれびょう　189

地際の茎が軟らかく褐色に変色し、根は褐変腐敗する。茎葉はしおれと回復を繰り返して、ついには枯れる

B 炭疽病（果実）
たんそびょう　195

油浸状の小斑点が後に拡大して暗褐色、輪紋になり、淡紅色のカビを生じ病斑が裂ける

B 炭疽病（葉）
たんそびょう　195

暗褐色円形の輪紋のある病斑を生じ、中心部には孔があく

A つる枯病（茎）
つるがれびょう　196

茎に油浸状暗緑色の病斑をつくり、拡大すると褐色の裂け目を生じ、無数の小黒点を生じる。乾燥すると淡褐色になる

A つる枯病（葉）
つるがれびょう　196

円～長円形で褐色の大型病斑を生じ、葉裏の葉脈にも茶褐色、水浸状で裂け目のある病斑を形成する

27

ウリ科　スイカ　害虫 103

A ウリハムシ | 218
黄色の虫が葉の表面を食害。円形の傷を残す

A ワタアブラムシ | 223
吸汁された新葉は、縮れて丸まる（左）
葉裏に群生する成幼虫（右）

C ハダニ類 | 234
葉脈の部分が黄変する（左）
赤い小さな虫が葉裏に群生して吸汁する。成虫（赤色）、幼虫（オレンジ色）、卵（半透明の球）（右）

ウリ科　カボチャ　病気 106

B モザイク病（WMV） | 176
葉に緑色濃淡のモザイクを生じ、奇形になったり、葉脈のみが黄色になることもある。果実も奇形になることがある。3種のウイルスが重複感染することがある

C 褐斑細菌病 かっぱんさいきんびょう 185
葉辺近くから葉脈に沿って樹枝状に褐変する。まれに小斑点を生じ中心部に孔があく

106　病気　カボチャ　ウリ科

A 立枯病（株） たちがれびょう 189

はじめ地際部の茎が褐変して根が腐敗し、下葉が黄化してしおれ、やがて全体が枯れる

A 立枯病（果実） たちがれびょう 189

はじめ土と接している部分が赤褐色〜黄褐色になって内部が腐敗して白色のカビを生じる

B べと病 198

葉に黄色で丸みを帯びた小さな病斑を生じ、裏側にすす状のカビを生じる

A 疫病（全体） えきびょう 193

葉が円形、水浸状に軟腐し乾くと褐色になる病斑を生じ、ひどいと株全体がしおれて枯れる
つる…はじめ一部が暗緑色に軟化腐敗して枯れる（右上）
果実…果面に色の褪せた病斑を形成し、やがて汚白色のカビを生じて腐敗する（右下）

B 炭疽病（果実） たんそびょう 195

はじめ果面に黒〜黒褐色の小斑点を生じ、後に20〜30㎜に拡大し、その表面に橙ないし汚白色のカビを生じて、内部は腐敗する

C うどんこ病 199

はじめ葉に白い粉のようなカビが小さな円形状に生じ、やがてこのカビが葉全面に広がり、ひどいと葉が枯れる

A 苗立枯病 なえたちがれびょう 7

地際部の茎が細くくびれたり、油が浸みたようになり、いずれもしおれて枯れる

29

ウリ科　メロン　病気　108

A えそ斑点病（MNSV-地際）　えそはんてんびょう　179
地際部や茎に黄褐色の条斑を形成するが、その表面には葉脈に沿って緑色部が残る症状の他、不整形ではっきりしない黄化した斑点を生じて、これらが拡大して葉全体が黄化する黄斑型もある

A えそ斑点病（MNSV-葉）　えそはんてんびょう　179
葉縁から葉脈に沿って樹枝状に褐変、え死する。この他、円形～不整円形あるいは小さな黄褐色の斑点を形成する。種子、接触、土壌（土中のオルピジウム菌の感染による）伝染する

メロンえそ斑点病

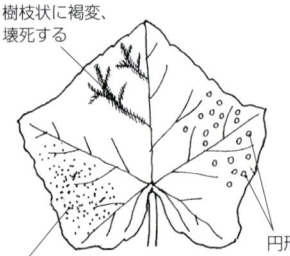

- 葉辺から葉脈に沿って樹枝状に褐変、壊死する
- 細かい黄褐色の小斑点
- 円形か不正円形で黄褐色の病斑を生じる
- 地際部や茎に黄褐色の条斑を形成する（表面に黒点を生じない）
- 鳥の脚症状
- メロンのネットの出方が不十分で不揃いになり、水浸状の斑点ができる
- 水浸状の斑点

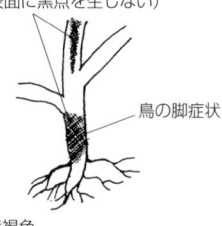

B モザイク病（CMV）　176
葉に緑色濃淡のモザイクを生じ、葉が縮れたり、奇形になったりする。アブラムシが媒介する

C 軟腐病（地際）　なんぷびょう　184
地際部付近の茎に水浸状の不規則な病斑を生じ、急速に軟化腐敗して全葉がしおれ枯れる。茎を切断すると維管束が褐変する

C 軟腐病（全体）　なんぷびょう　184
葉が水浸状になって腐敗し、葉柄が垂れ下がる

C 斑点細菌病　はんてんさいきんびょう　185
不整形かやや角張って少し水浸状をした褐色の斑点を生じる。比較的乾燥時には褐色病斑を生じる

C 褐斑細菌病　かっぱんさいきんびょう　185
葉縁部から葉脈に沿って樹枝状に褐変するか、または褐色の小斑点を生じる

108 病気 メロン ウリ科

B 退緑黄化病（CCYV—葉）
たいりょくおうかびょう　109

葉を陽に透かすとはっきりわかる退緑色の小斑点を生じる。葉脈に沿って緑色部が残る症状と、不整形ではっきりしない黄化斑点が拡大して葉全体が黄色になる黄斑型とがある。タバココナジラミが媒介する（撮影：冨田）

A つる割病（地際）
つるわれびょう　189

地際部の茎に暗緑色か暗色の軟らかな病斑ができ、そこに白色または桃色のカビを生じて褐変腐敗する

A つる割病（全体）
つるわれびょう　189

はじめ葉がしおれたり、回復したりして、ついには株全体が枯れる

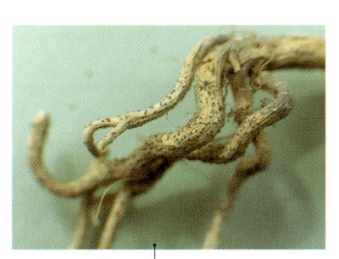

A 黒点根腐病
こくてんねぐされびょう　192

高温期で交配2～3週間目ころからしおれ、収穫直前ころには枯れる。根は水浸状に褐変し、細根は消失する。根の褐変部に小黒点を生じる

B つる枯病（葉）
つるがれびょう　196

葉縁からクサビ形に黄褐色の大型病斑を生じ、後に病斑上に小黒粒点を多数形成する

B つる枯病（つる）
つるがれびょう　196

地際部の茎やつるに黄褐色の病斑をつくりヤニをだす。後に病斑上に小黒粒点を多数形成する

C べと病　198

葉に2～3mmくらいの小型でやや角形で水浸状の斑点を生じ、裏側に淡褐色霜状のカビを生じる

C 炭疽病
たんそびょう　195

暗褐色、円形で輪紋のある病斑を形成し、中心部が破れて孔があく

C 黒星病（茎）
くろほしびょう　195

とくに苗のときに茎に発生すると褐色でくぼんだ長楕円形の病斑になる。そこに黒褐色のカビを生じ、ひどいと枯れる

C 黒星病（苗の葉）
くろほしびょう　195

葉に褐色の斑点を生じ、縮れたり巻いたり、葉縁が枯れたりする

ウリ科　メロン　病気 108

C うどんこ病 | 199
はじめ葉に白い粉のようなカビが小さな円形状に生じ、やがてこのカビが葉全面に広がり、ひどいと葉が枯れる

A 苗立枯病 なえたちがれびょう 7
地際部の茎が細くくびれたり、油が浸みたようになる

ウリ科　カボチャ・メロン　害虫 106・108

A ウリハムシ | 218
食害を受けた葉には、円弧上の食痕と不規則な食害跡が残る（カボチャ）

A ウリハムシ | 218
果実の表面も浅く食害する（マクワウリ）

A ウリハムシ | 218
黄色の甲虫（成虫）で、葉の表面を食害する。晴天の日は動きが活発で、人が近づくとサッと飛び去る（カボチャ）

A ウリハムシ | 218
地面に接した部分は、ときどき幼虫の食入を招く（メロン果実）

A ワタアブラムシ 223
吸汁された葉は、虫を包み込むように内側に丸まる（メロン）

A ワタアブラムシ 223
葉裏に黄色の小さな虫が群生して吸汁する。大きいのが成虫、そのまわりの小さいのが幼虫（カボチャ）

C ハダニ類 | 234
葉裏から吸汁されるため、その部分は白色の小さな点となって現われる。被害が大きいとその点が無数に増え、葉全体が白っぽくなる（メロン）

B ハモグリバエ類 237
白色のウジ（幼虫）が葉内を、トンネルを掘るように食い進むので、その部分が白いすじとなって現われる（メロン）

112　病気　イチゴ　バラ科

A 炭疽病 | たんそびょう　195

葉柄、ランナーにクサビ形にくぼんだ黒褐色の病斑をつくる。そこに鯨肉色のカビを生じ、クラウンの内部が茶褐色に変色する

A 萎黄病 | いおうびょう　189

外側の葉から黄化して3枚のうちの1葉が小型になってしおれて枯れる。クラウンを切断すると維管束が褐変している

C 青枯病 | あおがれびょう　182

全体が枯れる。クラウンを切断すると維管束が褐変している

B 疫病 | えきびょう　193

葉がしおれて枯れる。クラウンを切断すると外側から褐変するが、維管束は変色しない。葉では境目がぼんやりした暗褐色の病斑をつくって枯れる

C 蛇の目病 | じゃのめびょう　195

葉に病斑のまわりが紫褐色、中心部が灰褐色から白色の「蛇の目」状をした病斑を形成する

C 輪紋病 | りんもんびょう　195

葉に不整形で灰褐色、中心部が紫褐色ではっきりした輪紋をつくる病斑で、葉縁に発生するとクサビ形の大型病斑になる。ランナーには赤紫色のくぼんだ病斑をつくり、周囲は上下に長く赤変する

C グノモニア輪紋病
グノモニアりんもんびょう　195

葉に暗褐色で周囲が暗緑色ないし黄緑色の病斑を生じ、輪紋をつくり小黒粒点を形成する。葉縁では大きなクサビ形の病斑になる。ハウスの低温期に発生しやすい

33

バラ科　イチゴ　病気・害虫　112

C 黒斑病 こくはんびょう　195
葉に黒褐色の輪紋をもった病斑をつくり、中心部は灰褐色でひどいと葉が枯れる

C うどんこ病（葉） 199
はじめ葉裏に白い粉のようなカビが小さな円形状に生じ、やがてこのカビが葉全面に広がり、ひどいと葉が枯れる

C うどんこ病（果実） 199
葉と同じような白いうどん粉状のカビが果実全面に生じる

B アザミウマ類 226
葉脈に沿って黒い汚れが現われる

C ヨトウガ（ヨトウムシ） 202
淡緑色のアオムシが葉を食害して孔をあける

C イチゴハムシ
長さ5mm前後の褐色の虫が新葉を食害して孔をあける。ときおり発生する程度

C コガネムシ 221
細根が食害され、株全体が衰弱、枯死する（左が正常株、右が被害株）

C イチゴハナゾウムシ
頭の先が象の鼻のように長く前方に突き出た虫（成虫）が葉を食害する

イチゴのアブラムシ類

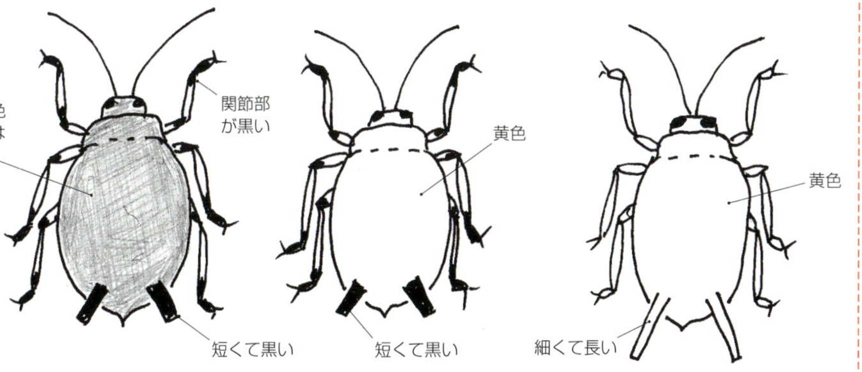
ワタアブラムシ
イチゴケナガアブラムシ
暗緑色
または
灰色
関節部
が黒い
黄色
黄色
短くて黒い
短くて黒い
細くて長い

A アブラムシ類 223

イチゴネアブラムシ：地際の茎や葉に黒色、または暗緑色の虫が群生して吸汁する

ワタアブラムシ：葉裏に黄色、暗緑色、灰色などの虫が群生して吸汁する。黄色タイプはイチゴケナガアブラムシに似るが、後部の角状の突起が黒いので区別できる

イチゴケナガアブラムシ：体全体が黄色の虫が葉裏に群生して吸汁する

B ナミハダニ 234

葉に点～カスリ状の色抜けが現われ、被害が進むと葉全体が黄色っぽくなる（左）
赤橙色または淡黄色の小さな虫が群生し、多発すると葉から葉へ糸が張り渡される（右）

B ナメクジ 240

熟しはじめた果実を食害する

アオイ科　オクラ　病気・害虫　115

A 苗立枯病 なえたちがれびょう 7
地際部が水浸状に変色してくびれたり褐色にくぼんで折れ、しおれて枯れる

B 葉すす病 はすすびょう 195
葉に黒褐色の小斑点ができ、拡大してくるとすす状のカビが生ずる

A 半身萎凋病 はんしんいちょうびょう 191
葉辺部からしおれ、下葉から上葉に症状が進む。激しくなると落葉し、やがて折れる（撮影：飯嶋）

B ワタノメイガ 215
幼虫が葉を筒状に丸めてそのなかに潜み、内部から葉を食害する（左）
つづられた葉の内側には、淡緑色のアオムシとその糞が堆積する（右）

C フタトガリコヤガ
緑地に黄色の縦帯のある毛虫状の幼虫が葉を食害する

C フキノメイガ 213
幼虫が幹の中に食入すると葉がしおれる（左）
葉茎から吹き出る虫糞が目印となる（右）

B ワタアブラムシ 223
新芽、新葉に群生して吸汁する。しばしばアリが訪れる（上）
葉裏に群生する成幼虫（下）

| 117 | 病気 | トウモロコシ | イネ科 |

A 苗立枯病（全体）
なえたちがれびょう　189
葉が黄化してしおれ、やがて枯れる

A 倒伏細菌病
とうふくさいきんびょう　117
葉鞘の内部に淡褐色水浸状で不整形の病斑を生じ、茶褐色に腐敗する

A 苗立枯病（根） なえたちがれびょう
189
根は褐変腐敗し、地際部も褐変腐敗する。切断すると内部も褐変している

C すじ萎縮病　すじいしゅくびょう　117
株全体が萎縮して、葉では葉脈が隆起してすじ状の条線をつくる。ヒメトビウンカが媒介する

C 褐斑病　かっぱんびょう　195
葉に中央が灰白色で、まわりが褐色〜紫褐色の病斑を生じる。陽に透かすと病斑のまわりが淡黄色になっている

C ごま葉枯病　ごまはがれびょう
195
まわりが濃色の淡褐色で縦長の病斑をつくる。ひどいと枯れる

B 黒穂病　くろほびょう　117
はじめ白色の膜で覆われている菌コブが雌穂に形成される。これが破れると黒色の粉（病原菌の厚膜胞子）が吹き出る

37

イネ科　トウモロコシ　害虫　117

A アワノメイガ | 212
食入を受けた子実には孔ができ、内部が食い荒らされる（左）
食入被害を受けた雄穂は、黄褐変して枯れ、折れ曲がる（右）

B トウモロコシアブラムシ
（キビクビレアブラムシ）| 223
淡緑色の小さな虫が群生して、吸汁する。多発すると、葉ばかりでなく茎全体に群生する

A アワノメイガ | 212
淡褐色の小斑点が多数ある中齢幼虫。子実を次つぎに食い荒らす（左）
茎の食入孔から排出された黄褐色の虫糞が目印になる（右）

B ムギクビレアブラムシ | 223
暗緑色の小さな虫が葉裏に群生して、吸汁する

A アワヨトウ | 118
食害された葉には不規則な食害孔ができる（左）
老熟幼虫。雄穂が伸び始めるまでは昼間は中央の筒内に生息し、夜間に葉を食害する（右）

害虫・病気 インゲンマメ マメ科

A モザイク病 | 176
葉が緑色濃淡のモザイク、あるいは葉脈に沿って淡黄色から濃緑色になり、奇形になったりする（写真：萩田）

A 根腐病 ねぐされびょう 119
生育が悪く、株全体の葉が黄化して枯れる。根は褐変腐敗し、地際部の茎も褐色に腐敗する（写真：鐙谷、赤井）

はじめ葉に白色のカビが生じる
↓
のちに葉全面にうどん粉をまぶしたように葉の全面を覆う

B うどんこ病 | 199
はじめ円形に泥白色の粉のような病斑が生じ、のちにうどん粉のような白い粉状のカビが葉全体を覆う

B かさ枯病 かさがれびょう 185
葉に水浸状で暗緑色、赤褐色のやや角形の病斑ができ、そのまわりに黄色のカサをつくる（写真：鐙谷）

B ハスモンヨトウ | 203
中齢幼虫。若い豆莢も食害される

C フキノメイガ | 213
つるの途中から黄褐色の虫糞が排出され、そこから先の部分がしおれて枯れる

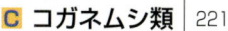

C コガネムシ類 | 221
葉が食荒らされて丸坊主になった株と（左）、葉上に残された虫糞（右） 円内はヒメコガネの成虫

39

マメ科　インゲンマメ　害虫　119

インゲンのジャガイモヒゲナガアブラムシとハダニ類、アザミウマ類

ジャガイモヒゲナガアブラムシ
- 輪郭の不鮮明な黄色の斑紋
- 葉裏に淡緑色の虫が集団をつくる

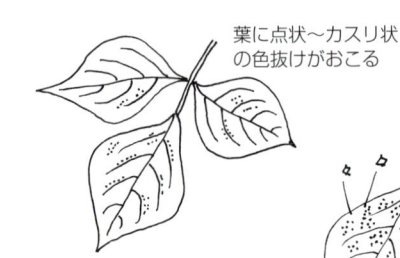

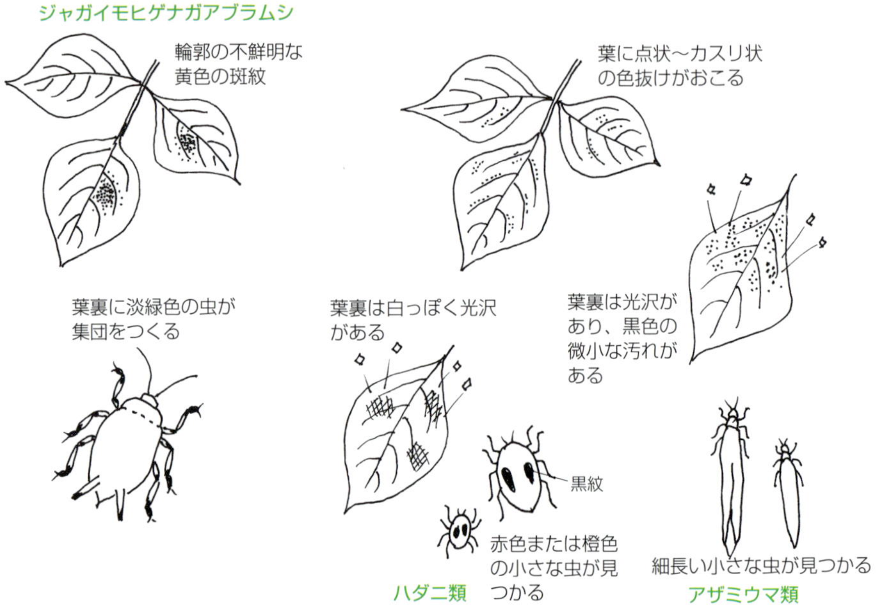

- 葉に点状～カスリ状の色抜けがおこる
- 葉裏は白っぽく光沢がある
- 葉裏は光沢があり、黒色の微小な汚れがある
- 黒紋
- 赤色または橙色の小さな虫が見つかる　**ハダニ類**
- 細長い小さな虫が見つかる　**アザミウマ類**

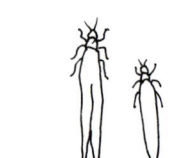

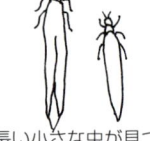

B アザミウマ類　226
ダイズウスイロアザミウマの被害。吸汁された部分は、斑点上に黒褐色になる（左）
ミナミキイロアザミウマの被害。葉脈を中心に葉裏が褐変して光る（右）

B マメアブラムシ　223
黒色で光沢のある虫が成虫。黒紫色で光沢のないのが幼虫

B ジャガイモヒゲナガアブラムシ　223
葉の吸汁害。無数の黄色の小斑点ができ、多発すると斑点がつながって斑紋のようになり、しだいに褐変する

B ハダニ類　234
葉が点状に色が抜け、最後には黄変する。葉色が悪くなった葉は落下する

B ハモグリバエ類　237
小さなウジが葉の中に潜って内部を食い荒らすので、その部分は白いすじとなる。多発すると葉全体が白くなって株は衰弱する

121 害虫・病気 エダマメ　マメ科

A 斑点細菌病　はんてんさいきんびょう　185
葉に淡黄褐色で水浸状の小斑点ができ、後にまわりに黄色でカサをもった黒褐色やや角形に拡大する

A モザイク病　176
葉に緑色濃淡のモザイク症状が出たり、縮れたり、奇形になったりする

A 黒根腐病　くろねぐされびょう　121
葉がしおれてから枯れる。地際部の茎が黒褐色に腐敗する

B 萎凋病　いちょうびょう　189
下葉から黄化して葉が内側に巻き、しおれてから枯れる。根は褐変腐敗する

A 立枯病　たちがれびょう　121
根は褐色に腐敗し、地際部の茎に縦に長い褐色の病斑が生ずる（左）
葉がしおれて枯れる（右）

B ダイズサヤムシガ
肥大中の豆莢も糸がつづり合わされ、表面が食害される

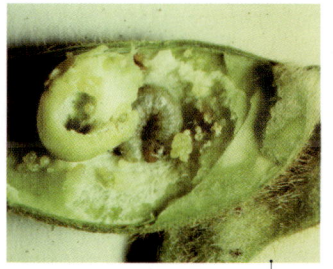

B シロイチモジマダラメイガ
莢内の粒を淡緑色の中齢幼虫が食害する

B ハスモンヨトウ　203
葉を食害する中齢幼虫

41

マメ科　エダマメ　害虫　121

C マメドクガ
黒色のケムシがときどき発生して葉を食害する

C ミツモンキンウワバ
淡緑色のアオムシが葉を食害し、体をシャクトリムシのように伸び縮みさせて歩く

C ハダニ類 234
虫は小さくて見つけにくいが、吸汁被害を受けた葉は黄色になる

C ウコンノメイガ
葉が糸でつづられ食害される。葉を開くと、淡緑色のアオムシが見つかる（左）　幼虫（円内）

A ホソヘリカメムシ 231
幼虫は暗褐色で足が長く、黒いアリに非常によく似ている（左）
成虫は褐色で、晴天の日には活発に飛ぶ。主として豆莢に寄生、吸汁する（右）

B ジャガイモヒゲナガアブラムシ 223
病害が発生したかのように葉に黄色の斑点〜斑紋が発生する（左）
黄色に変色した葉の裏面には、淡黄色の虫が数匹から数十匹集まっている（右）

A マルカメムシ 232
緑色を帯びた褐色の丸い虫で、茎葉や豆莢に群生して吸汁する

B ダイズアブラムシ 223
子実の被害。黄色の虫が群生して吸汁する

A アオクサカメムシ 232
幼虫は黒地に白や赤の斑紋があるが、成長段階でいろいろ変化する（左）
成虫は緑色で胸の部分が黄色く、主として豆莢に寄生、吸汁する（右）

A イチモンジカメムシ 232
淡緑色で、胸部に淡赤色の帯をもつ。主として豆莢に寄生、吸汁する

C マメコガネ 221
胸部が暗緑色、羽の部分が褐色の甲虫で、葉を食害する

害虫・病気 エンドウ マメ科

A モザイク病 176
葉が小型になり切れ込んで巻き、茎に褐色のえそを生じ、葉の枯れ上がりが早い

A 茎腐病 くきぐされびょう 195
地際部の茎が黒褐色に変色して縦に亀裂やシワを生じ、根は褐変腐敗する。ひどいと株全体が枯れる

B 褐紋病 かつもんびょう 195
内部が黒褐色、まわりが淡褐色で円心輪紋のある病斑をつくる

A 立枯病 たちがれびょう 189
葉が黄化してしおれて枯れる。地際部の茎が黒褐色に細くなり、根は褐変腐敗する

B 褐斑病 かっぱんびょう 195
茎や幼莢に褐色の小さい斑点ができる（撮影／中村、岸）

C ヨトウガ（ヨトウムシ） 202
老熟幼虫は夜間に現われて食害するために、葉には大きな孔があくが虫は見つからないことが多い（左）
大型の幼虫が夜間に現われ豆莢を食害、大きな孔をあける（右）

A ナモグリバエ 238
幼虫のウジが葉の組織内をトンネルを掘るように食い進むので、白いすじができる

B マメアブラムシ 223
成幼虫。黒色から灰色の虫が、新芽、葉、豆莢に群生して吸汁する

B エンドウヒゲナガアブラムシ 223
成幼虫。淡緑色の虫が豆莢の表面に群生して吸汁する

43

マメ科　ソラマメ　病気・害虫　125

A 茎腐病　くきくされびょう 195
地際部が黒褐色水浸状になってややくぼみ、茎葉がしおれて枯れる。そこにクモの巣状のカビを生じる

A 菌核病　きんかくびょう 125
地際部の茎に赤褐色不整形の病斑をつくり、上下に拡大して茎葉がしおれ枝枯れになる。茎の病斑部を割ると内部に黒色でネズミの糞状の菌核が見られる。莢も同様に侵されて腐敗する

A 立枯病　たちがれびょう 189
地際部の茎が黒色になり、葉も黒くなって枯れる。根の細根が腐敗して消失する

C 赤色斑点病　あかいろはんてんびょう 195
葉に赤褐色1～2mmくらいの円形で中心部がやや淡い病斑を多数形成する。病斑が互いに融合すると不整形で大型の病斑になる。多発生すると枯れたり落葉する

C 褐斑病　かっぱんびょう 195
葉茎、莢に発生し、3～5mm、やや不整形で周囲が暗褐色、内部が灰褐色の病斑になり、はっきりしないが輪紋をつくり病斑上に小黒粒点を形成する

C 輪紋病　りんもんびょう 195
病斑の周囲が赤褐色で帯状模様となり、中心部は灰色でハッキリした輪紋をつくる（この写真中央部の赤褐色小円形の病斑は赤色斑点病の病斑である）

C さび病 200
葉と茎に、はじめ白色の小粒点をつくり、やがて盛り上がった黄褐色、小円形の病斑を多数形成する。これが破れて黄褐色の粉（病原菌の夏胞子）が飛散する

C カブラヤガ（ネキリムシ）205
定植した直後の幼苗が地際で切り倒される

C ソラマメゾウムシ
収穫後、豆を保存しておくと、丸い孔をあけて黒っぽい甲虫が這い出してくる

B エンドウヒゲナガアブラムシ 223
葉や茎に後方に長い角状物を突き出した淡緑色の小さな虫が群生して吸汁する

A ソラマメヒゲナガアブラムシ 223
春、開花して豆莢が着き始めたころに体が濃緑色で、黒色の足をもった目立つ虫が葉や茎に群生する

A マメアブラムシ 223
春期、葉や茎に黒色の虫が群生して吸汁する

126 害虫・病気　ラッカセイ　マメ科

B 根腐病　ねぐされびょう　127
茎葉が黄化して枯れる。地際部の茎に褐色〜黒褐色の病斑をつくって腐敗する

B 斑葉病　はんようびょう　176
葉に緑色濃淡の軽いモザイクを生じる。株は萎縮しない

B 黒渋病　くろしぶびょう　195
葉に黒褐色円形の病斑をつくり、互いに融合して大型病斑になる。病斑上に小黒粒点をつくる

B 茎腐病　くきぐされびょう　195
頂葉がしおれ葉は葉柄の付け根から垂れ下がる。茎は黒褐色に乾枯し、黒色小粒点を生じて株元や根が腐朽する

B えそ萎縮病　えそいしゅくびょう　176
葉にカスリ状の黄斑が現われ、褐変壊死する。株は著しく萎縮する。マメアブラムシに媒介される

B 白絹病　しらきぬびょう　127
地際の茎に白色絹糸状のカビがまとわりついて株が枯れる。後にアワ粒状褐色の菌核を多数形成する

B 莢褐斑病　さやかっぱんびょう　127
莢に大型不整形の褐色斑を生じる。ひどいと莢の内側や種皮にも褐色斑をつくる

C オンブバッタ
緑色のバッタが葉を食害して孔をあける

A コガネムシ類　221
白色〜淡黄色の虫（幼虫）が土の中で、根や豆莢を食害する。多発すると株の勢いが衰え、日中は葉がしおれ気味になる（左）
ドウガネブイブイは、昼間は葉陰に潜んでいて主として夜間に葉を食害する（右）

A トビイロヒョウタンゾウムシ　126
収穫した豆莢に孔があき、内部の豆が食われて空になっている

45

アブラナ科　キャベツ（ブロッコリー・カリフラワーを含む）　病気

A 萎黄病（株） いおうびょう　189
株の片側の葉から黄化してしおれ始める。葉が奇形になり、茎の維管束が褐変する

A 萎黄病（根） いおうびょう　189
根は褐変腐敗する。根を輪切りにすると輪状に維管束が褐変している

A バーティシリウム萎黄病 バーティシリウムいおうびょう　191
外側の葉から順次黄化してしおれたり、結球しなかったりして株が枯れる。葉の葉脈が黒褐色の網目模様になる。根が褐変腐敗し、茎の維管束が褐変する

B 軟腐病 なんぷびょう　184
結球し始めのころから発生し、地際部がベトベトに軟化したり、結球部の頂部や側から黒色に腐敗して、いずれも悪臭を放つ。また外観は健全でも結球を切ると内部が軟化腐敗していることもある

B 黒腐病（葉） くろぐされびょう　185
葉縁にクサビ形の黄色病斑を生じ、葉脈が黒変する

C 黒斑細菌病 こくはんさいきんびょう　185
黒褐色で水浸状の小斑点や葉脈と葉脈との間にやや大型で不整形の褐色病斑を形成する。いずれも陽に透かすと病斑のまわりに黄色のカサが見られるので判断しやすい

C 黒斑病 こくはんびょう　195
黒から黒褐色の病斑で病斑のまわりがぼんやりしているが、病斑にはハッキリとした同心円状の輪紋をつくり、黒いカビが生える

病気 キャベツ（ブロッコリー・カリフラワーを含む） アブラナ科

C べと病 | 198

葉脈と葉脈との間に淡褐色で多角形の病斑を生じ、そこに汚白色あるいは霜状のカビがうっすらと生じる

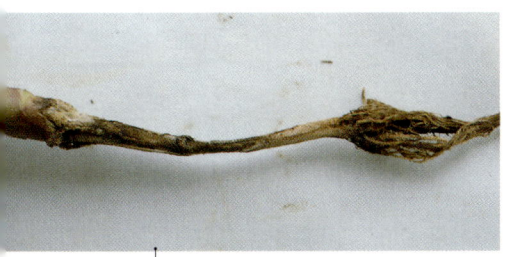

A 花蕾腐敗病（ブロッコリー） | からいふはいびょう 184

花蕾部が暗褐色に変色し軟化腐敗する

C 根朽病 | ねくちびょう 129

地際部より下方の根の皮層部が侵され、淡褐色となり繊維状になる

B 黒腐病（ブロッコリー） | くろぐされびょう 185

キャベツと同じ病原菌で、花蕾部を縦に切ると内部が軟化腐敗し、花蕾部も黄化して腐敗する

A 苗立枯病 | なえたちがれびょう 7

地際部の茎が細くくびれたり、油が浸みたようになり、いずれもしおれて枯れる

B 黒斑細菌病（ブロッコリー） | こくはんさいきんびょう 185

黒褐色、水浸状のやや円形、小型の病斑をつくり、中心部が褐色で、陽に透かすと病斑のまわりに黄色のカサが見られる

アブラナ科　キャベツ（ブロッコリー・カリフラワーを含む）　害虫　128

A ヨトウガ（ヨトウムシ） | 202

葉ばかりでなく、球の部分も食害され、大きな虫が付着する。球の中にも幼虫が潜っている（左）
卵塊からふ化した若齢幼虫集団。群生して葉の裏側から浅く食害して表皮を残す（右：キャベツ）

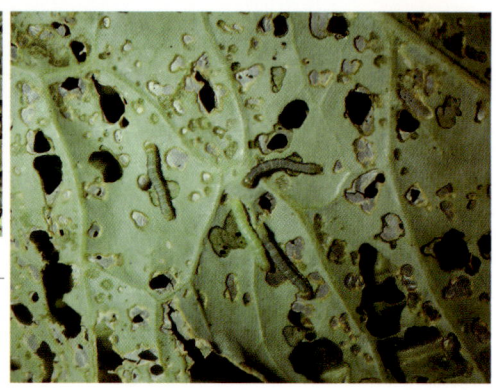

A ヨトウガ（ヨトウムシ） | 202

幼虫で越冬し、春に土壌中で暗褐色の蛹になる（キャベツ）

A ヨトウガ（ヨトウムシ） | 202

花房を食害されたブロッコリー

A ヨトウガ（ヨトウムシ） | 202

夜間に球部を食害する暗褐色の老熟幼虫。昼間は土壌中に隠れている（キャベツ）

A モンシロチョウ（アオムシ） | 208

左：中齢幼虫。葉を食害する
右：蛹。葉の上ばかりでなく付近の壁などでも蛹化する（キャベツ）

A コナガ | 209

多発状態になった畑では、葉が揺れ動くと白っぽい褐色の蛾がひらひらと飛びだす（キャベツ）

A コナガ | 209

葉裏に寄生した中齢幼虫。葉の裏面のみを食害して表皮を残す（左）
葉裏で糸を粗く紡いでマユをつくり、その中で淡緑色の蛹となる。羽化が近づくと褐色を帯びてくる（右：キャベツ）

害虫 キャベツ（ブロッコリー・カリフラワーを含む） アブラナ科

A ハスモンヨトウ 203

葉裏に寄生した若齢〜中齢幼虫集団。ヨトウガの幼虫に類似するが、体前部の背面に一対の黒斑があるので区別しやすい（キャベツ）

B タマナギンウワバ

淡緑色のアオムシで、シャクトリムシのように体を伸び縮みさせて移動する中齢幼虫（キャベツ）

C クロモンキノメイガ 223

淡緑色のアオムシが葉裏を浅く食害する（キャベツ）

B ダイコンアブラムシ 223

葉裏に寄生した無翅成幼虫の集団。体全体が白色の粉状物で覆われているのが特徴。春先に多発し、大きなコロニーをつくる（キャベツ）

B モモアカアブラムシ 223

葉裏に寄生したモモアカアブラムシ。淡黄緑色型と淡褐色型があり、多くても数十匹の集団（キャベツ）

キャベツの葉を食べるアオムシ類

モンシロチョウ 
緑色で細かい毛がある

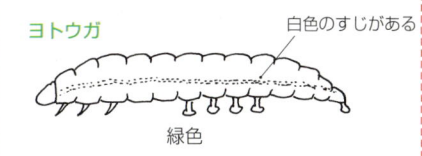

ヨトウガ
白色のすじがある
緑色

ハスモンヨトウ 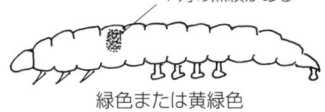
1対の黒紋がある
緑色または黄緑色

コナガ 
頭部が褐色または黒色
淡緑色
末端節がハの字型に後方に伸びる

タマナギンウワバ 
緑色、体を曲げ伸ばしする

ヨトウガ 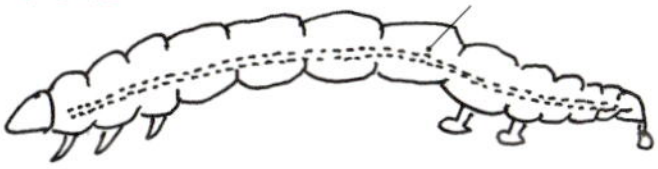
白色のすじがある
緑色、体を曲げ伸ばしする

アブラナ科　ハクサイ（コマツナを含む）　病気　131

A モザイク病（CMV、TuMV）　176
葉に緑色濃淡のモザイク症状や黒色の小点を多数生じる。葉が縮れて奇形、小型になり全体が萎縮する。アブラムシが媒介する

A モザイク病（CMV、TuMV）　176
葉が緑色濃淡のモザイクになり、葉が黄色になって縮れたり、結球不良になる。アブラムシが媒介する

A 軟腐病　なんぷびょう　184
地面に接する葉が黄白色に軟化腐敗し、ひどいと茎まで腐敗して悪臭を放つ

B 黒腐病　くろぐされびょう　187
葉縁が黄化してから葉脈が黒変し淡黄色、不整形の病斑をつくる。また葉脈からクサビ状の褐色大型病斑になって葉が枯れる

C 黒斑細菌病　こくはんさいきんびょう　185
葉脈に沿って黒変したり、細い葉脈に区切られて淡褐色水浸状の病斑を多数形成する。多発生すると病斑が拡大して葉が汚くなる

A 黄化病（株）　おうかびょう　191
株全体が黄化して外側の葉からハボタン状に垂れ下がり、しおれて枯れる

A 黄化病（根）　おうかびょう　191
根が侵されて褐色に腐敗し、茎を切断すると維管束から中心部が褐変している

50

131 病気 ハクサイ（コマツナを含む） アブラナ科

B 根こぶ病
ねこぶびょう 188

根に大小不整形のコブを多数形成し、ひどいと葉がしおれてやがて枯れる。枯れない株でも生育不良になって結球も小さくなる

C 根くびれ病
ねくびれびょう 132

幼苗のころから発病し、地際部が水浸状になってくびれて倒伏枯死する。胚軸部が黒色に細くなって枯れる

B 尻腐れ病
しりぐされびょう 195

地面に接する外側の葉の基部の白色の部分に黄褐色で不整形のくぼんだ病斑を生じる

C べと病
198

葉脈に区切られた淡黄色で角形の病斑をつくり、その裏側に霜状で白色のカビを生じる

C 白斑病
はくはんびょう 195

不整円形で灰白色の病斑を生じる。中央部は薄くなって破れやすい

B 黒斑病
こくはんびょう 195

葉に黒から黒褐色で、まわりがハッキリしていて同心円状の輪紋をもった円形病斑をつくり、そこに黒色のカビを生じる

B 白さび病（コマツナ）
しろさびびょう 200

葉裏に白色でやや盛り上がった小斑点を多数生じる

B 炭疽病（コマツナ）
たんそびょう 195

円形から不整円形で同心円状に輪紋のある淡褐色の病斑を生じ、ひどいと枯れる

51

アブラナ科　ハクサイ（コマツナを含む）　害虫　131

A　モンシロチョウ（アオムシ）　208
左：緑色のアオムシによって食い荒らされた葉（ハクサイ）
右：緑色のアオムシが葉を食害して孔をあける（コマツナ）

B　ハイマダラノメイガ　211
左：葉が糸でつづられて内部から食害される
右：淡褐色の幼虫は、葉ばかりでなく葉柄にも食入する（コマツナ）

C　タマナギンウワバ
老熟幼虫。淡緑色の虫で、体を曲げたり伸ばしたりして歩行する（ハクサイ）

A　ダイコンハムシ（ダイコンサルハムシ）　219
左：黒っぽいウジ状の虫（幼虫）が葉を食い荒らして穴だらけにする
右：半球形、青色の甲虫（成虫）が葉を食害して穴をあける（ハクサイ）

131 害虫　ハクサイ（コマツナを含む）　アブラナ科

A キスジノミハムシ | 133
黒地に2本の黄色の縦帯を備えた成虫。人が近づくとサッと飛び跳ねて逃げる（コマツナ）

B モモアカアブラムシ | 223
淡赤褐色の小さな虫が数匹から数十匹の集団をつくって吸汁する（ハクサイ）

C ナガメ | 233
左：成虫や幼虫の吸汁を受けた部分は白く色が抜ける（コマツナ）
右：黒色と橙色のコントラストが美しい幼虫（シロナ）

C チャノホコリダニ | 235
吸汁により、幼苗の展開し始めた葉の周囲が縮れて変形する（コマツナ）

C ハクサイダニ | 235
吸汁被害の激しかった葉は、順次白くなって枯死する（ハクサイ）

C ハクサイダニ | 235
赤黒色で、色が鮮やかな橙色の虫が冬期に集団発生する。常時発生する虫ではないが、ときどき大発生する（ハクサイ）

C カブラハバチ | 239
黒色の軟らかい幼虫が葉を食害する。葉が揺れ動くと丸くなって地上に落下する習性がある（コマツナ）

アブラナ科　ダイコン（カブを含む）　病気　134

B モザイク病
(CaMV,CMV,TuMV) 176
緑色濃淡のモザイク症状になり、葉が小型になって萎縮する。アブラムシが媒介する

B モザイク病
(CaMV,CMV,TuMV) 176
モザイクになった葉では葉脈に沿って淡緑色となり、細い葉脈部がくぼみ葉脈と葉脈との間の緑色部がやや盛り上がった奇形になる

C 白さび病　しろさびびょう 200
葉に白色の小さい病斑を生じ、その裏側にやや盛り上がった斑点が形成されている

A 黒腐病（ダイコン）　くろぐされびょう 187
葉が黄変し葉柄は黒変して枯れる。根部を切断すると中心部から外側へと黒色に腐敗し、ひどいと黒変部が根部全体に広がる

A 黒腐病（葉）　くろぐされびょう 187
葉柄の葉脈の維管束が侵されて、その表面まで黒色になる。この維管束を通じて病原細菌が葉へ侵入するため葉の維管束も黒変し、葉脈間が淡褐色に変色する

B そうか病 135
根部の周皮層にカサブタ状の病斑を生じ、根の中央部がコブ状に肥大する

ダイコンの軟腐病、黒腐病、萎黄病、バーティシリウム黒点病の見分け方

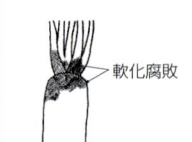

軟腐病：根頭部や葉の基部の葉柄が軟化腐敗して、悪臭を放つ。根の内部も黄白色に軟化腐敗して悪臭を放つ

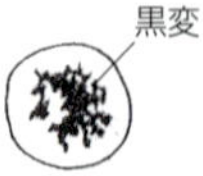

黒腐病：葉の葉脈が黒変し、葉縁が黄化し、やがて黒褐色病斑になる。根部を切断すると維管束が黒変し、しだいに内部が黒変腐敗する。悪臭はしない

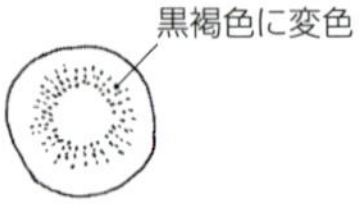

萎黄病：下葉から黄化して、しおれて枯れる。根部を切断すると維管束が黒褐色に変色して内部も黒色に腐敗するが、悪臭はしない

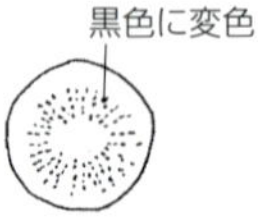

バーティシリウム黒点病：外側の葉がやや黄化して少ししおれるが、ほとんど枯れるようなことはない。根部を切断すると維管束が黒色に変色する。腐敗することはない

病気　ダイコン（カブを含む）　アブラナ科

A バーティシリウム黒点病（葉） バーティシリウムこくてんびょう 191
生育はやや正常に見られるが、片側の葉のみが黄化して、ややしおれ気味である

A 萎黄病（全体） いおうびょう 189
下葉から黄化してしおれて枯れる。根を切断すると中央部のみが黒変しているので、鉛筆症とも呼ばれる

A バーティシリウム黒点病（根部） バーティシリウムこくてんびょう 191
外側の葉が黄化するが、正常に生育しているように見られる。根部を切断すると維管束とそこから内部にかけて淡黒色に変色している

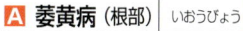

A 萎黄病（根部） いおうびょう 189
病原菌に侵されながらも大きく育ってしおれた根部を切断すると、表面近くの維管束が黒変している

C べと病（葉） 198
輪郭がはっきりしない黄緑色の斑紋で、後に多角形で灰白色の病斑となり、その裏側は灰白色霜状のカビがうっすらと生じる

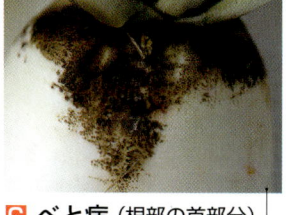

C べと病（根部の首部分） 198
根部の首の部分が不規則な黒色しみ状になる

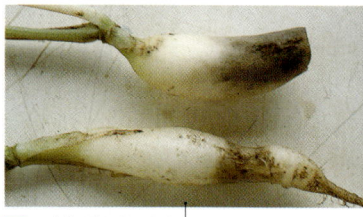

C べと病（根部） 198
根部には表皮の下に褐色の病斑をつくり、陽に透かすと暗色となり、内部も黒変する

B 黒斑病 こくはんびょう 195
葉に1〜3mmくらいの黒褐色円形病斑をつくり、中心部が淡褐色、健全部との境が黒色になる

B 炭疽病 たんそびょう 195
葉に暗褐色、ほぼ円形で不鮮明な輪紋をもった病斑であって、まわりに黄色のカサをつくり、中心部は孔があきやすい

B 腐敗病 ふはいびょう 135
一部の葉がしおれ、根部でははじめ水浸状、後に黄褐色で軟化腐敗してくぼみ、そこに白色綿毛状のカビを生じる

アブラナ科　ダイコン（カブを含む）　害虫 134

＊写真はすべてダイコン

A ヨトウガ（ヨトウムシ） 202
淡緑色のアオムシが葉を食害する（左）
数百個の白色饅頭型の卵をかためて産みつける（右）

A ハスモンヨトウ 203
主として８月以降に発生する。葉を食害する幼虫

B モンシロチョウ（アオムシ） 208
緑色のアオムシが葉を食害して孔をあける

C ナノメイガ
青灰色の幼虫が葉を食害する。体色により他の害虫とは簡単に区別できる

A ハイマダラノメイガ（ダイコンシンクイ） 211
新葉を糸でつづり合わせて潜み、新芽を食害する幼虫。近年発生が多くなっている

C ダイコンハムシ 219
中齢幼虫。黒色で、体全体に小突起をたくさんつけた虫が葉を食害し、小さな孔をつくる。発生は秋期のみ

B キスジノミハムシ 135
成虫はカブ、コマツナなどの菜類の葉を好み、食害して小さな孔をあける（左）
幼虫は地中にすみ、ダイコン、カブなどの根の表面を食害してくぼみを残す（右）

B アブラムシ類 223
葉裏で激しく吸汁されると、葉は縮れて丸まる

B ニセダイコンアブラムシ 223
淡黄緑色の小さな虫が葉裏に群生する

134 害虫　ダイコン（カブを含む）　アブラナ科

C ナガメ | 233
成虫や幼虫によって吸汁された葉は、その部分が白く色が抜ける（左）
黒地に橙色の斑紋をつけたきれいな虫が葉から吸汁する（円内）

C チャノホコリダニ | 235
幼苗の葉が変形して奇形になる。ダニの吸汁による被害だが、虫は小さくて見えない

C ヤサイゾウムシ
晩秋から早春に淡黄緑色の軟らかい虫が新葉のすき間に寄生する

C カブラハバチ | 239
黒色の幼虫が葉を食害する。通常、被害は少ないが、幼苗期の多発は被害が大きい（左）
成虫は黒い羽根をもったハチで、刺す針はもっていない（右）

ダイコンの葉に孔をあける害虫

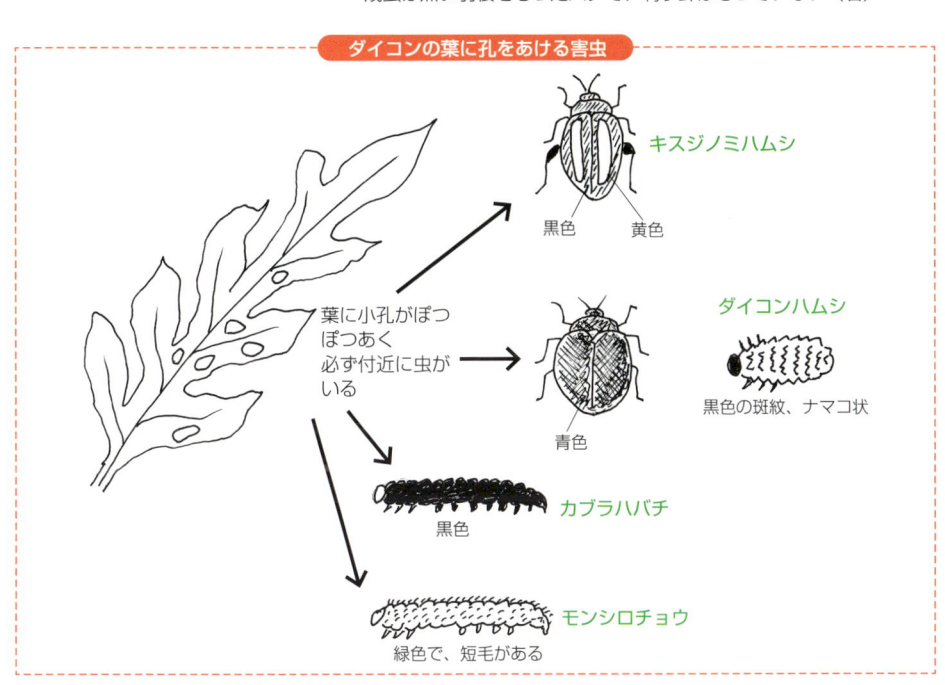

葉に小孔がぽつぽつあく必ず付近に虫がいる

→ **キスジノミハムシ**　黒色　黄色

→ **ダイコンハムシ**　青色　黒色の斑紋、ナマコ状

→ **カブラハバチ**　黒色

→ **モンシロチョウ**　緑色で、短毛がある

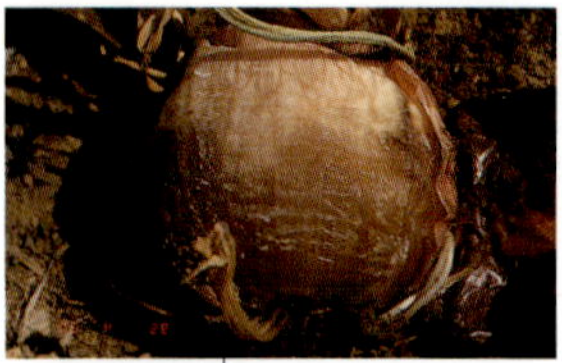

ユリ科　タマネギ　病気・害虫　138

A 軟腐病　なんぷびょう　184
芯葉が垂れ下がり、葉の基部が軟化腐敗する。芯葉までしおれて後に枯れる

B 萎縮病（OYDV）　いしゅくびょう　176
葉に縦長で緑色濃淡のモザイク症状になり、株全体が萎縮する。アブラムシが媒介する

B 萎黄病（ファイトプラズマ）　いおうびょう　181
葉が黄化して縮れ、生育が止まったり枯れたりし、株は小型になるが、ときには多くの葉が叢生し、ひどいと枯れる。ヨコバイが媒介する

B 白色疫病　はくしょくえきびょう　193
葉に水浸状で、はじめは暗緑色、後に青白色となる病斑を形成し、その部分から垂れ下がって白色～灰白色になって枯れる

B 灰色腐敗病　はいいろふはいびょう　195
外から2～3枚の葉が軟化下垂して、地際部から下の球部が赤褐色になって腐敗する

B 乾腐病　かんぷびょう　189
葉がやや黄化し、外側の葉の先端からしおれて垂れ下がる。芯葉までしおれて後に枯れる

A 苗立枯病　なえたちがれびょう　7
地際部がくびれて倒れて枯れる

C ネギアザミウマ　225
吸汁によってカスリ状になった葉。虫は小さいので見つけにくい

C ヨトウガ（ヨトウムシ）　202
葉の外側を緑色の若齢幼虫が浅く食害する。食害された部分はしだいに褐変して枯れる（左）
老熟幼虫によって食害され、ぼろぼろになった葉（右）

C ネギアブラムシ　223
黒色の小さな虫が葉に群生して吸汁する

C タネバエ
老熟幼虫。白色のウジで、株内に潜入して内部を食い荒らす

140 病気 ネギ ユリ科

A 萎縮病（OYDV） いしゅくびょう
176
黄緑色のすじが紡錘状または、すじ状にはいって正常に生育せず萎縮する。アブラムシが媒介する

C 白絹病 しらきぬびょう 140
地際部に白色絹糸状のカビがまとわりついて腐敗し、やがてその部分にアワ粒状で褐色の菌核を多数形成する

B 軟腐病 なんぷびょう 184
根や茎盤部あるいは葉鞘部が軟化腐敗して悪臭を放つ

B 小菌核病 しょうきんかくびょう
140
ネギの白色部分の外側の皮が退色して、その表皮の下に黒色のゴマ粒大の菌核を生じて腐敗する

B 小菌核腐敗病 しょうきんかくふはいびょう 140
ネギの白色部の葉鞘の表面が淡褐色に変色して、軟らかく腐敗し縦に亀裂を生じ、汚白色のカビがうっすらと生え、小さな菌核を形成する

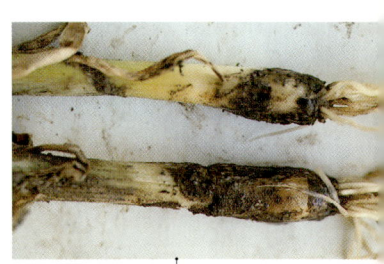

C 黒腐菌核病 くろぐされきんかくびょう 140
地際部や根の生え際の茎盤部が腐敗してネズミの糞状で不整形の黒い菌核を生じる

B 葉枯病 はがれびょう
195
緑色の葉に赤褐色〜暗褐色で不整円形〜縦長の病斑を生じて枯れる

B さび病 200
葉に円〜楕円形でやや膨らんだ橙色の小斑点を生じ、それが破れると橙黄色の粉（病原菌の夏胞子）が飛散する

B 黒斑病 こくはんびょう
195
葉に淡褐色かやや紫色がかった楕円形、大型の病斑となり、同心円状の輪紋をつくる。そこに黒色のカビが生える

C 黒穂病 くろほびょう
140
幼苗期に発生しやすく表皮が黒ずんでやや膨らみ、それが破れると黒褐色粉状（病原菌の厚膜胞子）が出てくる

59

ユリ科　ネギ　病気・害虫　140

＊害虫はニラを含む（写真はすべてネギ）

B べと病 | 198
葉に黄白色で楕円形かやや不整形で少しくぼんだ病斑を生じ、表面に灰白色〜淡褐色のカビを生じる

A シロイチモジヨトウ | 205
葉の内壁が食害され、一部が白から褐色に変わって孔があく（左）
緑色でやや光沢のある中齢幼虫（右）
円内：暗褐色の老熟幼虫

A ネギハモグリバエ | 238
幼虫が葉の内部を食害するため、その部分が白い傷となって残る

B ネギコガ | 140
老熟幼虫。黄緑色の虫で葉身を出たり入ったりする

B ネギアブラムシ | 223
黒色で、春期に葉に群生して吸汁する

A ネギアザミウマ | 225
葉全体に無数の微小な白いカスリ状斑点ができ、葉色は悪くなり生育が衰える

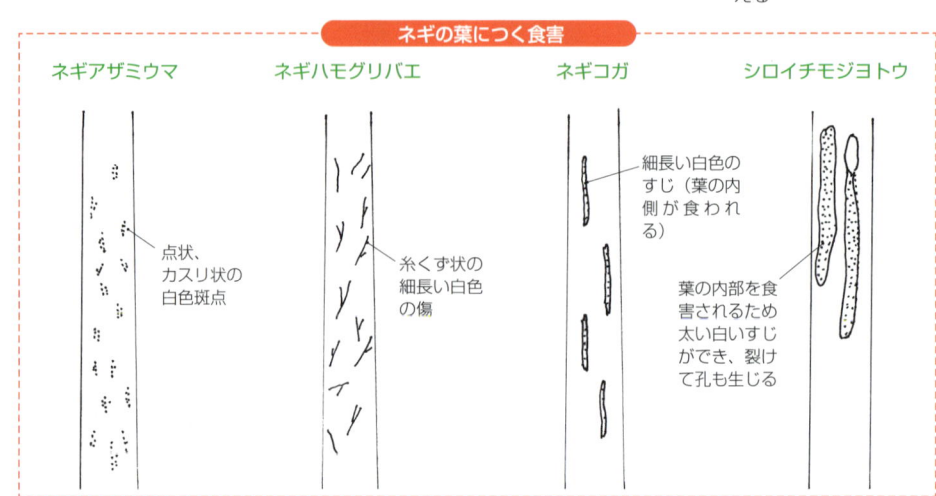

ネギの葉につく食害

ネギアザミウマ：点状、カスリ状の白色斑点

ネギハモグリバエ：糸くず状の細長い白色の傷

ネギコガ：細長い白色のすじ（葉の内側が食われる）

シロイチモジヨトウ：葉の内部を食害されるため太い白いすじができ、裂けて孔も生じる

143 病気 ニラ ユリ科

B 株腐細菌病 かぶくされさいきんびょう
143
外側に葉が垂れ下がって腐敗し、少しずつ葉が枯れる。後に1株に葉が1～2枚になることもある。

B ウイルス病（SLV） 176
葉の幅が狭くなり緑色濃淡のモザイク症状になる。アブラムシが媒介する

B 乾腐病 かんぷびょう 189
外側の葉が黄化して枯れる。鱗茎の茎盤部が淡褐色に腐敗してカビを生じる

B 白色疫病 しろいろえきびょう
193
はじめ水浸状で退緑色～汚白色、不整形の病斑を葉縁につくることが多い。病斑部が薄くなってシワになって枯れる

A 白斑葉枯病 しろふはがれびょう
195
葉にやや長楕円形の白い斑点を生じる。病斑が互いに融合して大型になって枯れる。ひどいと葉縁が大きく白色病斑になって枯れる

B さび病 200
葉の表裏に黄褐色のやや膨らんだ斑点を多数生じる

145 病気 ラッキョウ（エシャレット・ニンニク・ワケギを含む） ユリ科

B ウイルス病
（SLV、SYSVなど）176
葉に黄緑ないしは淡緑色の斑が入り、葉が細くなってねじれて倒れる。アブラムシが媒介する

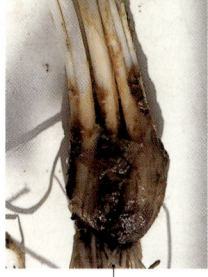

B 春腐病 はるぐされびょう 184
根の先端が水浸状になって腐敗する。鱗茎は黄褐色に軟化腐敗して生育が劣る。ひどいと株全体がしおれて枯れる（エシャレット）

B 黒斑病 こくはんびょう 195
葉に淡褐色～黒色で細長い病斑を形成し、黒色のカビ（病原菌）を生じて枯れる（エシャレット）

B 乾腐病 かんぷびょう
189
外側の葉が黄化して枯れる。鱗茎の茎盤部が淡褐色に腐敗してカビ（病原菌）を生じる

61

ユリ科　ラッキョウ（エシャレット・ニンニク・ワケギを含む）　害虫　145

C ネギコガ
葉表で粗い糸で覆われた繭をつくって蛹になる（ワケギ）

C ネギアブラムシ 223
黒色の小さな虫が葉に群生して吸汁する（ワケギ）

C ネギハモグリバエ 238
葉内を食害されて白くなり、枯死する（ワケギ）

ユリ科　アスパラガス　病気・害虫　146

B 苗立枯病 なえたちがれびょう 7
苗のときに地際部の茎に退緑色水浸状の病斑を生じて枯れる

A 茎枯病（全体） くきかれびょう 195
茎に赤褐色で紡錘形の病斑を生じて茎が枯れる

A 茎枯病（株） くきかれびょう 195
病斑は紡錘形、縦長で、拡大して茎を一回りすると枯れる。病斑上に小黒粒点を生じる

B 立枯病 たちがれびょう 189
株の鱗茎が褐変したり、地際の茎が褐変し、亀裂して枯れる。茎を切断すると維管束が褐変している

C ヨモギエダシャク 147
葉を食害する幼虫

A ジュウシホシクビナガハムシ 147
14個の黒斑がある赤色の成虫が新芽を食害する（左）（撮影：志和）
汚黄色のウジ状の幼虫が新芽や葉を食害する（右）（撮影：志和）

62

148 病気 ホウレンソウ アカザ科

A 萎凋病 いちょうびょう 189
幼苗から収穫期に発生する。葉が黄化して、しおれて枯れる

A 立枯病 たちがれびょう 149
葉が5～6枚のころ以降に発生する。根の地際部が細くくびれ、黒褐色になって枯れる。下葉の葉柄も黒褐色に腐敗する

A 株腐病 かぶくされびょう 149
地際部の茎が褐色に変色してくびれ根も変色腐敗する。下葉の葉柄も黒褐色に腐敗して枯れる

ホウレンソウの立枯病、萎凋病、根腐病の見分け方

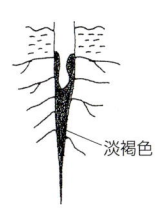

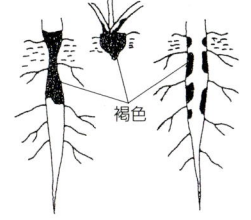

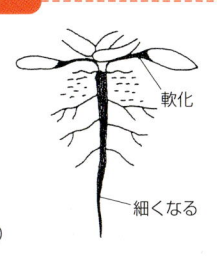

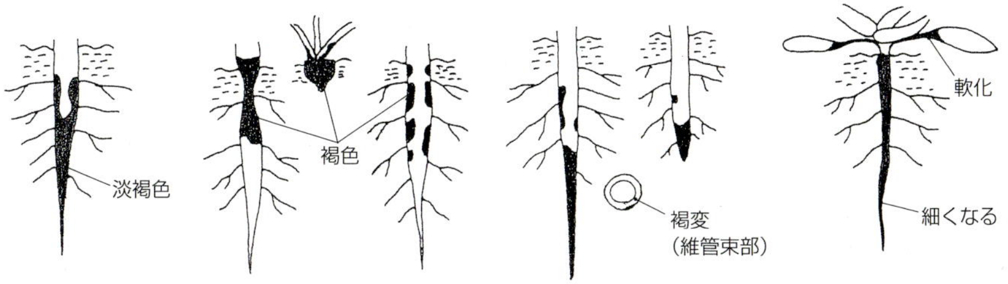

立枯病（苗立枯病―ピシウム属菌）：主根、側根が淡褐色水浸状に腐敗して倒れる（淡褐色）

立枯病（苗立枯病―リゾクトニア属菌）：主根地際部の茎が褐変してくびれたり、腐朽したり、褐色病斑を生じたりして倒れる（褐色）

萎凋病（フザリウム属菌）：主根、側根が侵され、褐変腐敗してしおれてから枯れる（褐変（維管束部））

根腐病（アファノマイセス属菌）：主根が黒変して細くなって根腐れ状に腐敗、子葉の付け根が軟化し、健全株はしおれてから枯れる（軟化／細くなる）

B ウイルス病、モザイク病、えそ萎縮病 いしゅくびょう
（CMV、TuMV、BtMV、BWYV、SpTVなど）176
数種類のウイルスが単独あるいは重複感染しているので、病徴はそれぞれで異なる。一般的には葉が緑色濃淡のモザイク症状となり、新葉は萎縮し、葉縁が波状に縮んだりして株全体が萎縮する。病原ウイルスの種類によってアブラムシの媒介や土壌伝染、接触伝染する

B 斑点細菌病 はんてんさいきんびょう 185
淡褐色～褐色で2～6mmくらいの円形病斑で、中心部がやや灰色の小さな点状となり、病斑のまわりに黄色のカサが見られる

B 萎黄病（ファイトプラズマ） いおうびょう 181
外側の葉は緑色で、正常でも本病が感染した後に生じた葉は黄色になって内側に巻いたり葉柄が曲がったりし、小さな芽が多数生じる。ヨコバイが媒介する

| アカザ科 | ホウレンソウ | 病気・害虫 | 148 |

B べと病 | 198
葉裏に淡褐色で不整形の病斑を生じ、やや紫色がかったねずみ色のカビがビロード状に生じ、葉表は淡黄色になる

B 疫病 | えきびょう 193
地際部が暗褐色水浸状となり、主根の先端は黒褐色に腐敗し、側根は茶褐色になって腐敗脱落する

B 炭疽病 | たんそびょう 195
葉に灰色〜淡黄色で輪紋がはっきりした2〜10mmくらいの病斑を生じ、病斑のまわりに黄色のカサを生じる

B 斑点病 | はんてんびょう 195
葉に中央が淡褐色、周囲が褐色の小さな円形の斑点を生じる

A ヨトウガ（ヨトウムシ） | 202
葉が暴食され、太い葉脈を残してぼろぼろになる

B シロオビノメイガ | 215
老熟幼虫。淡緑色の虫で、主として葉裏を食害する

148　害虫　ホウレンソウ　アカザ科

A カブラヤガ（ネキリムシ） | 205
夜間に幼虫が茎を地際で切断して食害するので、翌朝に切り倒された株がころがっている（左）
老熟幼虫は長さ3cm前後、暗褐色で弾力がある（右）

B モモアカアブラムシ | 223
葉脈に沿って淡赤褐色、または淡緑色の成幼虫が群生して吸汁する。多発すると新葉が縮れて変形する

A アザミウマ | 226
吸汁によって葉が奇形となる。虫は小さくて見つからない

C ケナガコナダニ | 149
吸汁によって新葉が硬くなり、奇形となる

C ハクサイダニ | 235
葉が白くカスリ状に色が抜ける

C ヤサイゾウムシ | 149
老熟幼虫。葉裏、新芽にややくすんだ黄緑色の足のない軟らかい虫が寄生して、葉を食害する

65

| シソ科 | シソ | 病気・害虫 | 151

B さび病 200
葉の裏側に黄色〜橙黄色でやや盛り上がった小さな斑点を多数生じ落葉することがある

B 斑点病 はんてんびょう 195
褐色〜淡褐色で病斑の周縁は不明瞭であるが、健全部との境に黄色のカサを生じる。ひどいと葉が湾曲する

B 褐斑病 かっぱんびょう 195
葉に黒色〜黒褐色で円形〜不整多角形の病斑をつくり乾枯する

C ヨトウガ（ヨトウムシ） 202
淡緑色のアオムシが葉を食害して孔をあける

A ベニフキノメイガ 215
糸でつづられて食害された葉。多発すると全ての葉がつづられる（左）円内は葉を食害する幼虫

C ハスモンヨトウ 203
秋期に発生し、葉を食害する。体色は灰色、黄色、暗褐色など変化が多い

| 151 | 害虫 | シソ | | シソ科 |

シソのアブラムシ類

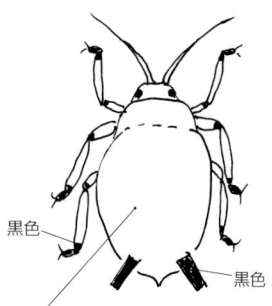

ワタアブラムシ
- 黒色
- 黒色
- 黄色または濃緑色、または灰色、または黒色

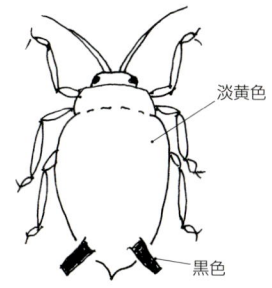

エゴマアブラムシ
- 淡黄色
- 黒色
- ワタアブラムシに似るが体はやや小さく、体色はすべて淡黄色

シソヒゲナガアブラムシ
- 赤褐色
- 黒褐色
- 黒褐色
- 黒色

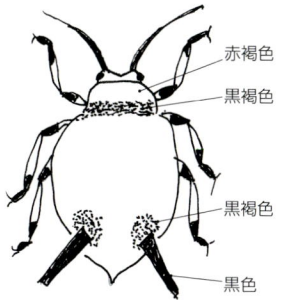

B ワタアブラムシ | 223
新葉の裏側に虫が寄生して吸汁すると葉が縮れる

B エゴマアブラムシ | 223
淡黄色の小さな虫が茎に群生する

C シソヒゲナガアブラムシ
223
葉裏に群生して吸汁する成幼虫

C ナミハダニ | 234
吸汁された部分が白く点状に色が抜ける

C サビダニの一種
新葉が赤くなり、葉の展開が止まる

C オンブバッタ | 151
緑色のバッタが葉を食害して孔だらけにする

67

キク科　レタス　病気

B モザイク病（CMV,LMV） 176

緑色濃淡のモザイクになり、葉脈のみが黄色になったり、あるいは葉が縮れたり、全体が黄化したりする症状を示す。アブラムシが媒介する。これ以外に葉脈のみが太くなる症状はビックベイン病（LBVV）である

A 萎黄病（ファイトプラズマ） いおうびょう 181

芯部の新葉が褐色になって芯止まりとなり、他の葉も黄化して生育不良で葉が巻き込まない。これとは別に細くやや黄化した側芽が多数発生して、葉が大きくならない、2種の症状がある。ヨコバイが媒介する

A 軟腐病 なんぷびょう 184

地際部の茎や葉の基部に淡褐色水浸状の病斑を生じ、葉が垂れ下がってしおれ、軟化腐敗して悪臭を放つ

A 腐敗病 ふはいびょう 185

結球後〜収穫期に結球の外側の葉が淡褐色、褐色あるいは暗褐色に軟化腐敗するが、悪臭はない。降雨で発病するが、とくに雨がやんだ直後に収穫すると貯蔵中に発病しやすい

B 斑点細菌病 はんてんさいきんびょう 185

外葉に発生が多い。褐色不整形の病斑で、病斑が互いに融合すると不規則な病斑になる。葉縁からも病斑を形成する

B 根腐病 ねぐされびょう 153

根の細根が褐変腐敗して脱落し、主根を切断すると維管束が褐変している。地上部の葉は黄化してしおれるが、生育後期に発病すると、ある程度生育するものの結球する前に枯れる

B すそ枯病 すそがれびょう 153

外葉の土に接する部分の葉柄に褐色不整形のややくぼんだ病斑を生じ、ひどいと結球していてもしおれて枯れる

| 153 | 害虫・病気 | レタス | キク科 |

B 菌核病 きんかくびょう 153

外側の葉の基部から発病し、はじめ褐色水浸状の病斑ができ、株全体が軟化腐敗する。そこに白色綿毛状のカビを生じ、やがてネズミの糞状の黒色の菌核を形成する。低温で降雨が多いと発生しやすい

B 灰色かび病 はいいろかびびょう 195

外葉に淡褐色、水浸状の病斑を生じ、これが急速に拡大して褐色に腐敗し、そこに灰褐色のカビがビロード状に生じる

C べと病 198

葉脈に囲まれた黄色で多角形の病斑を生じ、その裏側に汚白色粉状のカビ（病原菌の分生子）を生じて葉が枯れる。苗のときに発生すると被害が大きい

C ヨトウガ（ヨトウムシ） 202

葉に大小の孔ができてぼろぼろになる

B モモアカアブラムシ 223

淡赤褐色または淡緑色の虫が結球した葉の内側にも寄生して吸汁する

B タイワンヒゲナガアブラムシ 223

赤褐色の虫。球に群生していることはあまりないが、夏場に栽培すると多発する

69

キク科　シュンギク　病気・害虫 155

B 炭疽病 たんそびょう 195
まわりがハッキリした褐色で円〜不整円形の病斑となり、太い葉脈や茎は褐色でくぼんだ病斑になる

C べと病 198
葉に淡黄色〜黄色不整形の病斑ができ、その裏側には白色のカビが生じ、ひどいと葉が枯れる

A てんぐ巣病（ファイトプラズマ） てんぐすびょう 181
株全体が黄化萎縮して、側芽が多数発生し叢生する。ひどいとあめ色に変色して芯止まりになる。ヨコバイにより媒介される

B ヨトウガ（ヨトウムシ） 202
ひどいときは太い葉脈のみを残してほとんど食いつくされてしまう（左）老熟幼虫（右）

C アザミウマ類 226
軽いときは展開する新葉が奇形になり、ひどいと芯止まりする。新芽の部分に黄白色の小さな虫がつく

キク科　ゴボウ　病気 157

B モザイク病（BuMV, BuMoV, CMV） 176
黄色の斑紋ができたり、葉脈に沿って黄白色になり、葉が縮んで凸凹になる。アブラムシが媒介する

C 黒斑細菌病 こくはんさいきんびょう 185
葉脈を境にしたやや角形で黒褐色の病斑ができ、後に破れやすくなる。葉柄には黒色でやや縦長水浸状の病斑になる

B 白絹病 しらきぬびょう 158
株元に白色絹糸状のカビが生え、株元は茶褐色になって腐敗枯死する。後にアワ粒状の褐色の菌核を多数形成する

157 害虫・病気 ゴボウ キク科

図1-8　ゴボウ萎凋病と黒あざ病の見分け方

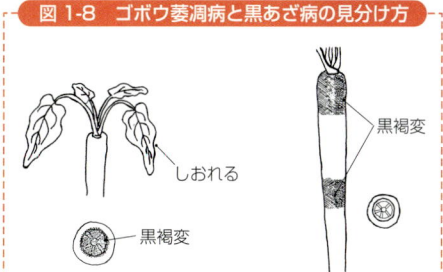

萎凋病：葉がしおれ、根部の維管束が黒褐変する

黒あざ病：苗のときは立枯れする。生長した株では、葉の基部が黒褐色に腐敗する。根の表面に円形〜楕円形で健全部との境がはっきりした黒褐色で亀裂した病斑を生じる

A 萎凋病（全体）　いちょうびょう　189
葉がしおれ、根部の維管束が黒褐色になる（左）
円内は根部を切断した様子

A 黒あざ病　くろあざびょう　158
苗のときは立ち枯れる。生長した株では葉柄の基部が黒褐色に腐敗する。根部の表面に円形〜楕円形で、黒褐色の亀裂した病斑ができる。病斑と健全部との境がはっきりしている

B 角斑病　かくはんびょう　195
濃褐色〜黒褐色、周辺が黄色の小斑点で、葉脈に囲まれた多角形の病斑になる

C ヤサイゾウムシ
葉裏に寄生して食害する幼虫

B ゴボウヒゲナガアブラムシ　223
黒色の成幼虫が葉裏に群生する

B アワダチソウグンバイ　227
葉に白い斑点、斑紋が現われる（左）
葉裏に、扁平で軍配型をした淡褐色の虫が寄生する（円内）

71

キク科　ゴボウ　害虫 157

B ヨトウガ（ヨトウムシ） 202
幼虫に食い荒らされて太い軸だけになった葉（左）
葉を食害する淡緑色のアオムシ（右）

B ハスモンヨトウ 203
灰色の幼虫が葉を浅く食害。体の前部に一対の黒紋がある

C ゴボウハマキモドキ 157
葉の裏側が浅く食害されて透かし状に褐変し、やがて裂けて孔となる（左）
淡緑色の老熟幼虫が糸を張り渡し、その中で葉肉を浅く食害する（右）

B ネコブセンチュウ 241
根部にコブができ、根の伸張が妨げられる

B ネグサレセンチュウ 242
根部の先端の生長が止まり、そこから細い根が多数生じる

ゴボウのヨトウガ、ハスモンヨトウ、ゴボウハマキモドキ

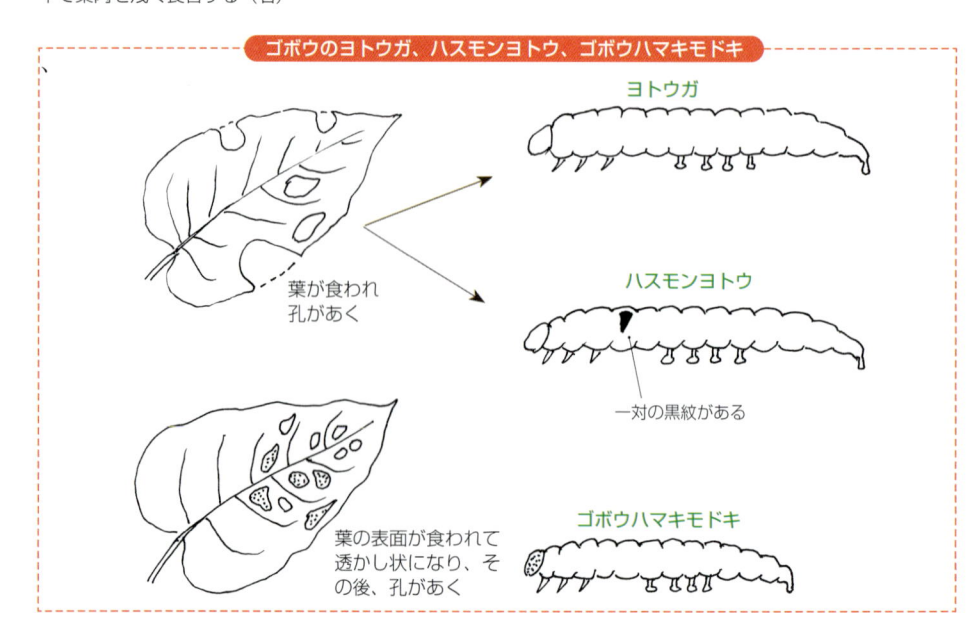

ヨトウガ
葉が食われ孔があく

ハスモンヨトウ
一対の黒紋がある

ゴボウハマキモドキ
葉の表面が食われて透かし状になり、その後、孔があく

159 害虫・病気　フキ　キク科

A 白絹病　しらきぬびょう　160
地際部の茎（葉柄）に白色絹糸状のカビが繁茂し、茎（葉柄）が侵されて変色して枯れる。後にアワ粒状の褐色の菌核を多数形成する

B 葉枯病　はがれびょう　195
葉の葉脈上に黒褐色で大型不整形の病斑を生じ、葉は萎縮して奇形になる

B 黒斑病　こくはんびょう　195
葉や葉縁に暗褐色〜黒色の円形病斑をつくり枯れる。病斑上に小粒黒点を生じる

B フキノメイガ　213
被害を受け茎が折れ曲がったフキ畑（左）　幼虫の食入を受けた茎からは虫糞が吹き出る（右）　円内は茎内の幼虫

B ハスモンヨトウ　203
葉を食害する老熟幼虫

C フキアブラムシ　223
寄生を受けた葉は縮れて丸まる

C モモアカアブラムシ　223
葉に群生して吸汁する成幼虫

セリ科 ニンジン 病気 161

A 萎黄病（ファイトプラズマ） いおうびょう 181

はじめ新葉がわずかに退色したり、葉柄がねじれたりする。その後、腋芽が多数発生し、黄化叢生症状になったり、芯止まりになる。ヨコバイが媒介する

B モザイク病（CeMV、CMV） 176

上の葉が退色して小型になったりするが、全体としては緑色濃淡のモザイクとなる。葉が細くなることもある。アブラムシが媒介する

B 黄化病（CtRLV） おうかびょう 176

一見養分欠乏症のような症状で、若干赤味を帯びた黄色となり、葉片が細くなったり小型になったりする。アブラムシが媒介する

A 黒葉枯病 くろはがれびょう 195

褐色または黒褐色の斑点を生じ、ひどいと葉が枯れる

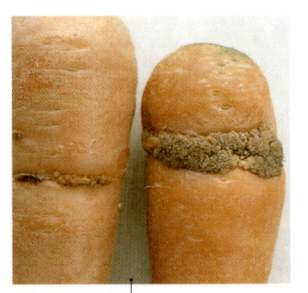

B こぶ病 185

ニンジンの根の至るところに大小種々のコブを形成する。その表面は淡褐色顆粒状で粗造である

B 軟腐病 なんぷびょう 184

はじめ葉が黄化してしおれ、根頭部が水浸状に軟化、腐敗して悪臭を放つ

C 褐色根腐病 かっしょくねぐされびょう 161

肥大した根に、はじめ淡褐色水浸状でやや軟化した不整形病斑を生じ、拡大すると褐色になって亀裂を生じるが、軟化腐敗はしない

C 白絹病 しらきぬびょう 161

地際部から土の表面に白色絹糸状のカビが繁茂し、根頭の部分から腐敗する。後にそこにアワ粒状の褐色の菌核を多数形成する

B しみ腐病 しみくされびょう 161

はじめ根に水浸状の小斑点を生じ、やがて長円形、褐色水浸状になる。中央部に縦の亀裂を生じる

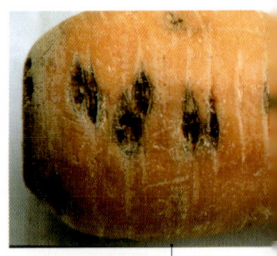

C 黒色根腐病 くろいろねぐされびょう 161

根に横長で紡錘型の病斑を生じ、中央部が陥没し黒褐色〜黒色ビロード状になって腐敗する

161 害虫・病気　ニンジン　セリ科

C 斑点病 はんてんびょう 195
周辺が黄化した褐色の斑点を生じ、ひどいと葉が枯れる

C うどんこ病 199
白いうどん粉状のカビが葉全面に広がる

C ハスモンヨトウ 203
秋期、葉を食い荒らすヨトウムシ。体色は灰色、黄色、暗褐色など変化がある（ヨモギ）

B キアゲハ 163
若齢幼虫（左）。黒地に黄色の小斑点と白い帯をもち、鳥の糞に見える
緑色と黒色の縞模様のある美しい老熟幼虫（右）

C キクキンウワバ 163
葉を糸でつなぎ合わせて団子状にし、その中で蛹化する（左）
円内は葉を食害する幼虫

C ヨモギエダシャク 163
葉が食い荒らされて太い軸だけになった株（左）
淡緑色のアオムシが、体を伸び縮みさせて移動する（右）

B ニンジンアブラムシ 223
白い粉を装った虫が葉に群生して吸汁し、多発葉は湾曲してくる

B ネコブセンチュウ 241
根に非常に小さな糸くず状の虫が侵入すると、根がコブ状に膨れる（撮影：永沢）

B キタネグサレセンチュウ 242
根の先端部が傷められるため主根の伸長が止まり、ひげ根が増える（撮影：永沢）

75

セリ科　ミツバ　病気　163

A モザイク病（CMV） 176
葉が緑色濃淡のモザイク症状となり葉面が縮れたり、奇形になって小型になる。アブラムシが媒介する

C 斑点細菌病　はんてんさいきんびょう 185
葉に水浸状、暗褐色の病斑を生じ、葉脈に沿って拡大して葉が枯れる

A てんぐ巣病（ファイトプラズマ）　てんぐすびょう 181
葉の周縁が黄化したり葉柄がねじれたり、曲がったり、葉面が縮れたり、奇形になって小型になる。ヨコバイが媒介する

C べと病 198
葉に葉脈に区切られた角形、淡褐色の病斑で、その表面に灰白色〜灰褐色のカビが密生する。葉はやがて枯れる

C さび病 200
葉や葉柄に黄褐色でやや隆起した小斑点が多数形成され、これが破れて中から黄褐色の粉（病原菌の夏胞子）が飛散する

B 斑点病　はんてんびょう 195
葉に暗褐色で円形〜不整円形の病斑をつくり、その周囲が黄色味を帯び、ひどいと枯れる

A 菌核病　きんかくびょう 164
主に軟化床で発生するが、畑では葉柄や葉が軟化腐敗して、そこに白色綿毛状のカビを生じる。後にそこにネズミの糞状の黒色の菌核を生じる

A 株枯病　かぶがれびょう 189
外側の葉から黄化して、しおれて全葉が枯れる。地際部を切断すると維管束が褐変し、根も褐色に腐敗する

A 根腐病　ねぐされびょう 164
水耕で発生しやすい。根が黒褐色になって軟化し葉は生育不良になりやがて枯れる

163 　害虫　ミツバ　セリ科

C ヨトウガ（ヨトウムシ） | 202

発生初期は小さな幼虫が葉に小さな孔をあける（左）
成長した大きな幼虫に葉が食われて軸だけになった株（右）

B キアゲハ | 163

左は発育初期の小さな幼虫。右は成長した大きな幼虫

B アブラムシ類 223

ニンジンアブラムシ：白い粉で包まれた小さな虫の集団が葉や茎から吸汁する

ヤナギフタオアブラムシ：淡緑色の虫の集団が茎葉に群生する

ユキヤナギアブラムシ：葉に集団で寄生・吸汁し、体は緑色で後尾に黒い角状突起がある

　　　　　　ミツバのアブラムシ類

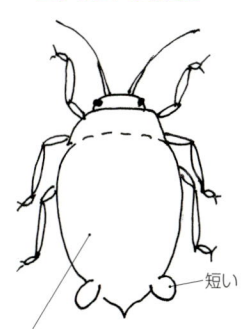

ニンジンアブラムシ
短い
黄緑色または緑色、白色のロウ質粉で覆われている

ヤナギフタオアブラムシ
灰色
黄緑色または褐色

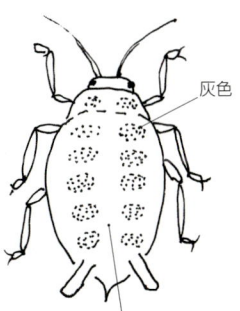

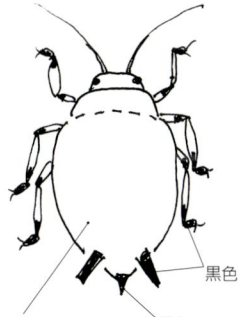

ユキヤナギアブラムシ
黒色
黄色または緑色
黒色

77

セリ科　セルリー・パセリ　病気・害虫　165・167

B 斑点病 はんてんびょう 195
葉、葉柄に発生し、灰褐色〜暗褐色、円形病斑で、その周囲が黄化する。葉柄には暗褐色でくぼんだ条斑を生じる

B 葉枯病 はがれびょう 195
葉に淡黄色〜褐色で円形の病斑を生じ、葉柄、茎では暗褐色、楕円形のくぼんだ病斑を生じて、ひどいと枯れる

A 軟腐病 なんぷびょう 184
地際部の葉柄が水浸状、あめ色に軟化腐敗してしおれて枯れ悪臭を放つ

C ハダニ類 234
吸汁された部分は点〜カスリ状に白く色が抜ける（カンザワハダニ）

C ハモグリバエ類 237
葉に曲がりくねった白いすじができる

C ネコブセンチュウ 241
株を引き抜いたときに根コブに気づくことが多い

B キアゲハ 167
葉を緑色で黒い縞模様のあるきれいな虫が食害する（パセリ）

病気　サツマイモ　ヒルガオ科

B 斑紋モザイク病（SPFMV）　はんもんモザイクびょう　176

葉脈に沿って淡黄色のにじんだような斑紋をつくり、葉脈との間にはまわりが紫色をした退緑色の斑紋をつくる。アブラムシが媒介する

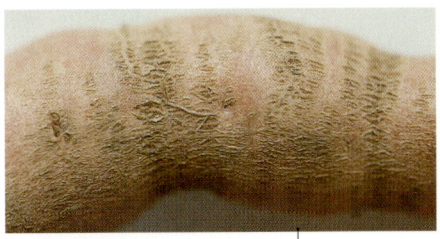

B 帯状粗皮病（SPFMV-S）　おびじょうそひびょう　176

塊根表面に細かいひび割れが帯状に生じて生育不良になる。ひび割れは内部には及ぶことはないが、外観が悪くなる。アブラムシが媒介する

A 立枯病（株）　たちがれびょう　169

葉が黄化したり紫紅色になってしおれる。土中の根に楕円形でくぼんだ黒色の病斑を生じ、細根は黒褐色に腐敗する

A 立枯病（イモ）　たちがれびょう　169

イモにくぼんで亀裂した暗褐色〜黒褐色の円形病斑を生じ、健全部との境がはっきりしている

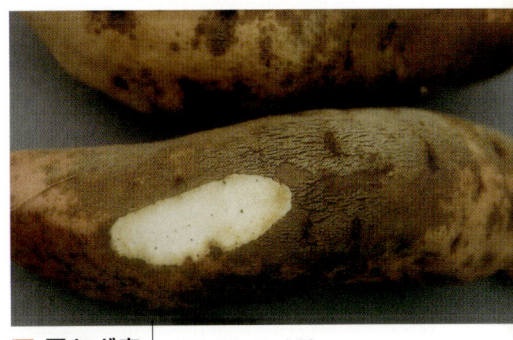

B 黒あざ病　くろあざびょう　169

イモの表面のみが大きく暗褐色に汚れた病斑になるが内部は変色しない

A つる割病　つるわれびょう　189

葉がしおれて枯れる。茎の地際部が縦に裂けてつる割れ症状になり、ぼろぼろになって繊維質のみになる

| ヒルガオ科 | サツマイモ | 害虫 168 |

A イモキバガ 170

葉の一部が二つ折りにされ、その内側が食害される（左）
折りたたまれた葉を開くと、体の前半分が黒色、後ろ半分が白い虫
が見つかる。写真は老熟幼虫（円内）

B ハスモンヨトウ 203

背面に一対の黒い斑紋をもったイモムシが葉を暴食する

B ナカジロシタバ 170

青白色のイモムシが葉を食い荒らす

B エビガラスズメ 215

体色には変化があり、左は褐色タイプの幼虫で右は緑色タイプ

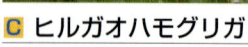

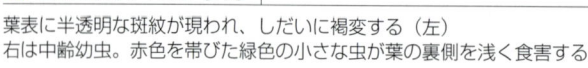

C ヒルガオハモグリガ

葉表に半透明な斑紋が現われ、しだいに褐変する（左）
右は中齢幼虫。赤色を帯びた緑色の小さな虫が葉の裏側を浅く食害する

168 害虫 サツマイモ ヒルガオ科

土中の根を食害するが、有機物の多い畑で多発しやすい

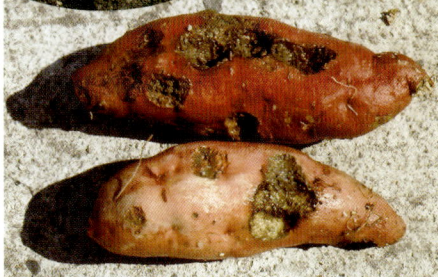

サツマイモの葉を食害する害虫

ナカジロシタバ
淡青色 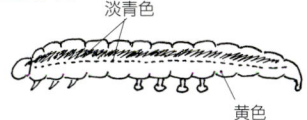
黄色

エビガラスズメ
尾端に角状突起 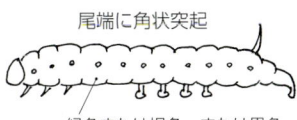
緑色または褐色、または黒色

ハスモンヨトウ
一対の黒色の斑紋 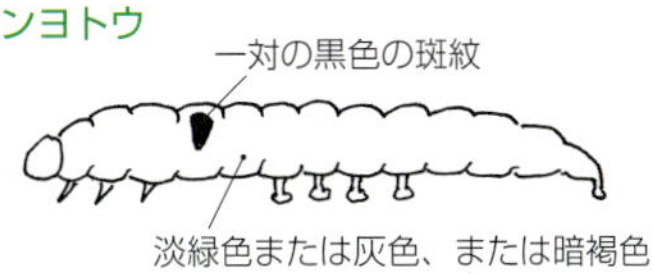
淡緑色または灰色、または暗褐色

イモキバガ
黒色　白色 
葉を二つ折りにして、その中に潜む

ヒルガオハモグリガ
淡緑色　赤褐色の斑紋 
葉裏から浅く食害するので被害部は半透明になり、やがて孔があく

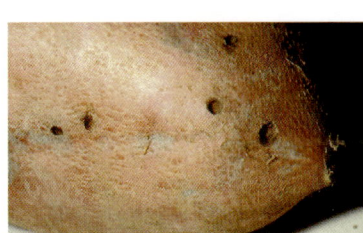

A コガネムシ類 | 221
イモを収穫したとき、表面が傷つき黒くなっている

C アワダチソウグンバイ | 227
葉に大小さまざまな不定形の黄色の斑紋が現われる（左）
円内は葉裏に寄生して吸汁する成幼虫

C ハリガネムシ類
イモを収穫したとき、針金で突いたような孔があき（左）、内部はカビが生えている（右）
円内はイモの内部に食入する幼虫。体は非常に堅い

サトイモ科　サトイモ　病気・害虫　171

A 根腐病 ねぐされびょう　171
生育不良となり外側の葉から黄変して垂れる。根は腐敗して株全体が枯れる

B 茎腐病 くきぐされびょう　171
イモは灰白色に粘性を有して腐敗する

B モザイク病（CMV）　176
黄色の斑紋が生じたり緑色濃淡のモザイク症状になる。また葉脈に沿って緑色が濃くなり、奇形になったり縮んだりする

A 乾腐病 かんぷびょう　189
茎葉がしおれイモを切断すると赤〜赤橙色に腐敗し、その中心部はスポンジ状に乾いて腐敗する（右写真は切断面）

C 斑紋病 はんもんびょう　195
葉に茶褐色円形で同心輪紋をもった病斑を形成する

A ハスモンヨトウ　203
若齢〜中齢幼虫。灰色か黄褐色で一対の黒紋をもった虫が群生して葉を食害する（円内）
卵塊のあったところから被害が四方に広がる（右）

B ワタアブラムシ　223
黄色、または暗緑色の虫が群生して吸汁する

171 害虫 サトイモ サトイモ科

B セスジスズメ 215

中齢幼虫は真黒色、または灰色を帯びた黒色（円内）
老齢幼虫に食害されると、アッという間に食いつくされて太い葉脈のみになる（左）

B カンザワハダニ 234

葉全体に退色部ができ、ときには葉全体が枯死する

173 病気 ショウガ ショウガ科

A 根茎腐敗病（株）
こんけいふはいびょう 173

葉鞘、幼芽、根および根茎が侵される。地際部の葉鞘は淡褐色に軟化腐敗して倒れたりして枯死する

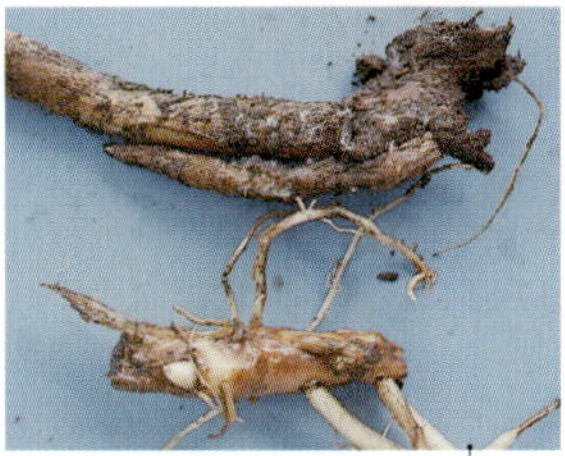

A 根茎腐敗病（根茎）
こんけいふはいびょう 173

根茎は水浸状ないしあめ色になって腐敗する。湿潤なとき腐敗部に白色綿毛状のカビを生じる

C 葉枯病 はがれびょう 195

葉辺から暗褐色に大きく枯れたり円形〜不整円形の褐色病斑となり、病斑上に小黒粒点を形成して葉は枯れる

C いもち病 195

葉や葉柄に中心部が灰白色でまわりが褐色、病斑の周縁が黄色になって葉が枯れる

B 紋枯病 もんがれびょう 195

主として地際部近くの葉鞘が侵され、灰緑色や褐色で円形〜長楕円形の病斑となり、ひどいと枯れる

C 白星病 しらほしびょう 195

はじめ葉に灰白色の小さな病斑をつくるが、やがて透明化して縦に裂ける。ひどいと葉が枯れる

| ショウガ科 | ショウガ | 害虫 173 |

B アワノメイガ 212

先端葉が褐変して枯れ、次第に下方の葉が枯れはじめる（左）
葉が褐変・枯死した茎では、下方に黄褐色の虫糞が付着している（中）
虫糞の出ている茎を開くと、淡紅色のイモムシが見つかる（右）

B イネヨトウ 173

葉の裏面が浅く食害されて透かし状になる（左）
先端葉が激しく食い荒らされてぼろぼろになる（右）

| ショウガ科 | ミョウガ | 病気 173 |

B ウイルス病（TRV） 174

緑色濃淡のすじが葉に縦に生じる。そのために株が萎縮したり奇形になることはない。株分けによる親からの伝染と、土壌中のセンチュウにより媒介される

A 根茎腐敗病 こんけいふはいびょう 174

地際部の茎が淡褐色水浸状になり軟化して倒伏しやすくなる。多発時には白色綿毛状のカビを生じる

C 葉枯病 はがれびょう 195

葉辺から暗褐色に大きく枯れたり、円形〜不整円形の褐色病斑となり、病斑上に小粒黒点を形成して葉は枯れる

Part.2 野菜別防除対策

【凡例】

- Part2 は各野菜別に防除対策のポイントを示した。それぞれの野菜のタイトルの上にある数字は Part1 の病気・害虫診断の参照頁を示す。
- それぞれの野菜ごとに、病気・害虫の年間の発生状況と、防除薬剤の選択と使用法を表にまとめた。
- 病気・害虫の年間発生の表について
- 病気については病原菌を三つのタイプに分類した。
  ゥはウイルス、細は細菌、糸は糸状菌に属する菌である。
- 害虫については、およそ八つのタイプに分類した。
  チはチョウ・ガの仲間、ヵはアブラムシやカメムシの仲間、ダはダニの仲間、ァはアザミウマの仲間(スリップス類)、コはコガネムシの仲間、ハはハエの仲間、セはセンチュウの仲間、ナはナメクジの仲間である。
- それぞれの病気・害虫について、発生率、被害程度を Part1 に準じて A B C のランクで示した。
- 各表最上段の数字は栽培月を、その下にある上・中・下はその月の上旬・中旬・下旬の時期を示す。

●適用薬剤と使用法の表について

- 各農薬名の前の・印は、農協で入手可能な薬剤、無印のものは園芸店で入手可能な薬剤である。
- ●印がついている薬剤は魚毒性C類に属している。これについては、魚のいる池や河川に流入しないよう十分に注意する。
- 害虫のコナジラミ類に効果のある薬剤のうち、オンシツコナジラミに登録のあるものにはオと示した。
- 薬剤のタイプはおよそ五つに分類した。
  散は散布剤、種は種子消毒剤、土は土壌灌注・混和剤、塗は塗布剤、苗は苗消毒剤である。
- 害虫に効果のある薬剤のうち、天敵微生物を利用した殺虫剤には園芸店でも手に入る「ゼンターリ顆粒水和剤」を代表として取り上げ、*1 をつけた。食品添加物等など、安全性の高い薬剤は「粘着くん液剤」を代表として取り上げ、*2 をつけた。最近増えている原液散布剤は、使える薬剤が多い場合(3種以上ある場合)は「原液散布剤」として、*3 をつけた。
- 上記 *1 〜 3 は Part4 に別途リストを掲載してあるので、詳しくは 261,264 頁を参照。
- 薬剤の安全使用基準については、野菜、薬剤、病気、害虫ごとに定められているそれぞれの使用できる時期と回数、使用倍数(濃度)を示した。
- 散布剤の使用間隔は、通常7〜10日おきで十分である。また必ず所定の濃度で使用する。必要以上に濃くしても効果は高まらない。展着剤を加用すると効果は高くなる。

● 野菜別防除対策 1　pp.6－11参照

ナス　●ナス科

病　気

●播種期～定植期
　育苗床の土壌は新しい土壌を用いるか、前年に株がしおれたり枯れたりした場所で連作する場合は必ず土壌消毒（267頁）、種子消毒（266頁）をする。
　発芽してからしおれたり枯れたりする苗立枯病には、予防として薬剤を灌注する。ナスには根が侵されて枯れる病気が多数あるので、連作を避けるか、抵抗性台木に接ぎ木された苗を利用する。

●定植期～生育期
　排水が悪い畑では、排水を良好にしておく。定植後、気温が高くなると急に葉が緑色のまましおれたら青枯病である。土壌消毒をして防ぐ。
　果実がたくさん着果するころ、葉がしおれる半身萎凋病、半枯病に対しては、定植前に土壌消毒をするか、抵抗性台木の接ぎ木苗を利用する以外に防除法がない。

●生育期～収穫期
　この時期に降雨があると輪紋病、褐斑病、褐色円星病、黒枯病、すす斑病が発生しやすくなる。いずれの病気も薬剤を7～10日おきに散布する。

害　虫

●播種前～定植期
　コガネムシ類の幼虫は、畑を耕したり畝つくりの際に見つけしだい捕殺する。
　雑草が茂っていた畑や隣に荒れた草地があるときは、ネキリムシの発生が予想されるので、苗の定植時にネキリムシ用の薬剤を土の中に混ぜ込む。
　アブラムシ類やミナミキイロアザミウマの予防対策として、定植時に粒状の薬剤を土の中に混ぜ込んでおくと、長期間これらの虫の寄生を防止できる。

●定植後～生育期
　ワタアブラムシが下葉の裏に寄生して吸汁する。アリの動きに注目し、アリがうろうろしていたら葉裏を調べ、発生葉を切り取るか、指で虫を押しつぶす。
　ヨトウガの幼虫は葉を食って丸い孔をあけ、ときには葉をぼろぼろにする。多くの卵を固まりにして産卵するので、被害が発生する箇所は近接している。孔あき葉を見つけたら、葉裏の幼虫を捕殺する。
　テントウムシダマシ類は葉を浅くかじって階段状の傷あとを残すのが特徴である。被害のある葉の付近に、28個の黒い斑点のあるテントウムシがいたら捕殺する。また葉裏に黄色の卵の固まりを見つけたときには手で押しつぶす。
　植えた直後の苗が地際で切られて倒れるのはカブラヤガの幼虫の仕業で、夜中に現われて茎を切り取って茎や葉を食べる。株のまわりの土を指で浅く探ると黒褐色の幼虫が見つかる。

●生育期～収穫期
　チャノホコリダニは新芽と新葉の葉裏に寄生して吸汁する。新芽の伸張が完全に止まってしまうので被害が非常に大きい。新芽の動きが悪い、新葉が大きくならないなどの症状があればこの虫が発生している可能性が大きい（非常に小さいので肉眼では見えない）。

[ナス] 病気・害虫の年間発生

分類		病気・害虫名	被害ランク	4 上中下	5 上中下	6 上中下	7 上中下	8 上中下	9 上中下	10 上中下	発生部位発生条件など
		栽培暦		○‥‥○ 播種 定植	━━━	━━━	━━━	━━━	━━━		
病気	細	青枯病	A								根、土壌伝染、地下水位が高く、土壌水分過多と高地温で多発
	糸	半枯病	C								土壌伝染
	糸	半身萎凋病	A								土壌伝染
	糸	苗立枯病	A								地際部の茎、根、土壌種子伝染
	糸	輪紋病	C								
	糸	褐紋病	C								
	糸	褐色円星病	C								
	糸	すす斑病	C								主にハウスで多発
	糸	黒枯病	C								主にハウスで多発
	糸	灰色かび病	C	ハウス		露地					梅雨期の低温多雨期（ハウスで多発）
	糸	うどんこ病	B								
害虫	カ	アブラムシ類	A								
	チ	ヨトウムシ	A								
	チ	ハスモンヨトウ	B								多発すると果実内にも食入する
	チ	メンガタスズメ	C								
	チ	ネキリムシ	C								定植直後に被害が生じる
	コ	テントウムシダマシ類	A								成虫は果実にも食入する
	ダ	チャノホコリダニ	A								乾燥すると多くなる
	ダ	ハダニ類	B								乾燥すると多くなる
	カ	コナジラミ類	C								ハウス栽培で多い
	ナ	ナメクジ類	C								
	ア	アザミウマ類	B								

ナス●病気　薬剤と使用法

薬剤名	薬剤のタイプ	使用時期	使用回数	使用倍数	青枯病	半枯病	半身萎凋病	すすかび病	黒枯病	灰色かび病	うどんこ病	苗立枯病	備考
●ベニカグリーンVスプレー	殺	収穫前日まで	4	原液							○		
●ジーファイン水和剤	殺	収穫前日まで	−	1000〜2000							○		
●フルピカフロアブル	殺	収穫前日まで	4	2000〜3000						○	○		
モレスタン水和剤	殺	収穫前日まで	3	2000〜3000							○		
●ゲッター水和剤	殺	収穫前日まで	5	1000〜1500				○			○		黒枯病は1500倍
●ベルクート水和剤	殺	収穫前日まで	3	3000				○			○		
ロブラール水和剤	殺	収穫前日まで	4	1000〜1500						○	○		
ダコニール1000	殺	収穫前日まで	4	1000				○		○			
オーソサイド水和剤80	土	播種後から2〜3葉期	5	800　2ℓ/㎡灌注								○	
●ラリー水和剤	殺	収穫前日まで	4	4000〜6000							○		
●ガスタード微粒剤	土	定植21日前	1	30g/㎡土壌混和	○								
●アミスター20フロアブル	殺	収穫前日まで	4	2000				○			○		
トップジンM水和剤	殺	収穫前日まで	5	1500〜2000						○	○		菌核病にも有効
ベンレート水和剤	土	収穫14日前まで	3	1000　0.4〜0.6ℓ/1株灌注			○						
●トラペックサイド油剤	土	植えつけ21日前	1	30〜40mℓ/1穴　30㎝千鳥で1穴毎に注入	○	○							
●リゾレックス水和剤	土	播種前	1	500　3ℓ/㎡								○	
●モンカット水和剤	土	播種前	1	種子重量の0.5〜1.0%								○	

　また、果実ではヘタの部分が褐色になるのも目印となる。

　薬剤散布以外の対策はないが、薬剤の効果は非常に高く散布後7〜10日くらいから新芽が動き始めるのがよくわかる。

　テントウムシダマシ類は葉だけでなく、果実の表面をかじったり、果実に孔をあけたりする。畑を見回って成虫や幼虫（軟らかいタワシ状の虫）を捕殺する。発生の多いときには薬剤散布を行なう。

　夏季乾燥時にはハダニが発生して葉に点状の色抜けを起こす。被害葉は葉裏が褐変していて、赤橙色の小さな虫がうろうろしている。発生に気付いたらハダニ用の薬剤を散布する。

　夏に切り戻し剪定をして秋ナスを期待するときは、9月に発生するハスモンヨトウの幼虫に注意する必要がある。葉をかじるばかりでなく、果実にも食入するので、見つけしだい捕殺する。

　ハウス栽培では、コナジラミ類やアザミウマ類が多発しやすいので、発生初期から防除を行なう。しかし、家庭菜園での露地栽培では発生しても実害は低い。

ナス●害虫　薬剤と使用法

薬剤名	薬剤のタイプ	安全使用基準			テントウムシダマシ	アブラムシ類	ハダニ類	チャノホコリダニ	ミナミキイロアザミウマ	ハスモンヨトウ	コナジラミ類	ネキリムシ類	オオタバコガ	備考
		使用時期	使用回数	使用倍数										
スミチオン乳剤	散	収穫3日前まで	5	1000~2000	○	○								
アファーム乳剤C	散	収穫前日まで	2	2000			○	○	○	○			○	
オルトラン水和剤	散	収穫7日前まで	3	1000~2000		○			○				○	
ダニ太郎	散	収穫前日まで	1	1000			○							
バロックフロアブル	散	収穫前日まで	1	2000			○							
トレボン乳剤	散	収穫前日まで	3	1000~2000		○					○			
アディオン乳剤C	散	収穫前日まで	3	2000	○	○					オ			
ベストガード水溶剤	散	収穫前日まで	3	1000~2000		○			○					
モスピラン液剤	散	収穫前日まで	3	500		○					○			
ゼンターリ顆粒水和剤*1	散	収穫前日まで	4	1000						○			○	発生初期
粘着くん液剤*2	散	収穫前日まで	-	100	○	○								
原液散布剤*3	散			原液	○	○					オ			
アドマイヤー1粒剤	土	定植時	1	1~2g/株		○			○					植え穴または株元土壌混和
モスピラン粒剤	土	定植時	1	0.5~1g/株		○			○		○			植え穴土壌混和
オルトラン粒剤	土	定植時	1	1~2g/株		○					オ			作条または植え穴散布
ベストガード粒剤	土	定植時	1	1~2g/株		○								植え穴処理土壌混和
オンコル粒剤1	土	定植時	1	1~2g/株						○				
ダイアジノン粒剤3	土	植えつけ時	1	6~8g/㎡								○		
●トルネードフロアブル	散	収穫前日まで	2	2000						○			○	
●ブレオフロアブル	散	収穫前日まで	4	1000						○	○		○	
●スタークル顆粒水溶剤	散	収穫前日まで	2	2000~3000		○					○			
●アルバリン顆粒水溶剤	散	収穫前日まで	2	2000~3000		○					○			
●ウララDF	散	収穫前日まで	3	2000~4000		○					○			
●オサダン水和剤25C	散	収穫前日まで	2	1000~1500			○	○						
●カネマイトフロアブル	散	収穫前日まで	1	1000~1500			○	○						
●ダニトロンフロアブルC	散	収穫前日まで	1	2000			○							
●アクタラ顆粒水溶剤	散	収穫前日まで	3	3000		○					○			
●チェス水和剤	散	収穫前日まで	3	2000~3000		○								

●野菜別防除対策 2　pp.13－18参照
トマト ●ナス科

病気

●播種期～定植期

　育苗床の土壌は新しいものを用いるか、前年に株がしおれたり、枯れたりした畑で連作する場合は必ず土壌消毒（267頁）をし、種子も消毒（266頁）しておく。

　発芽してからしおれたり枯れたりする苗立枯病には薬剤を灌注する。育苗中は必ずアブラムシの防除を行ない、葉にモザイクを生じたり生育が悪い苗は、捨てるか、腋芽摘みなどの管理は最後に行なうようにしてモザイク病の感染を防ぐ。

　トマトでは萎凋病、半身萎凋病、根腐萎凋病、褐色根腐病、白絹病、疫病など、根が侵されて枯れる病気が多数ある。前年に発病した畑では連作をしないようにしたい。連作する場合は畑の土壌をあらかじめ消毒しておく。

　さらに排水の悪い畑では疫病が発生しやすいので、排水をよくしておく。

　定植後、気温が高くなって急にしおれれば青枯病である。これは発病してからでは対処のしようがない。また、腋芽取りは日中に行ない、傷口がなるべく早く乾くようにしないと、そこからかいよう病菌が侵入して、果実が肥大するころに枯れることがある。

　定期的にアブラムシ、タバコこナジラミ、アザミウマの防除を行なってモザイク病、黄化葉巻病、黄化えそ病の発生を予防する。このころに肥料不足気味だと斑点病が発生しやすいので施肥をし、また発生した病気にはそれぞれの薬剤を7～10日おきに散布する。

●生育期～収穫期

　雨が続くと疫病が発生しやすいので、畑の排水を良好にして薬剤を7日おきに散布する。また定期的にアブラムシ、タバココナジラミ、アザミウマを防除し、モザイクを生じた株の管理を最後に行なうことで、接触感染を防止する。

　気温が高くなると輪紋病が、雨が続くと疫病が発生しやすいので、薬剤を7～10日おきに散布する。

　果実がたくさん着果して、収穫前に葉が黄変してしおれるのは半身萎凋病で、収穫し始めるころに下葉から黄化してしおれるのは萎凋病であるが、これらは定植前に土壌を消毒しなければならない。

害虫

●播種前～定植期

　ウイルス病を媒介するアブラムシ類、コナジラミ類、アザミウマ類の飛来を防止するため、苗は寒冷紗などの防虫ネットなどで被覆して、隔離栽培する。

　ネコブセンチュウは根にコブをつくる害虫だが、発生に気付いてからでは対策がない。前作にキュウリ、トマト、ニンジンなどセンチュウの発生しやすい作物を栽培した畑には作付けせず、発生の危険性がある畑では定植前にセンチュウ用の薬剤を土の中に混ぜ込む。定植時に粒状の薬剤を土に混ぜ込んでおくと、長期間アブラムシ類の発生を予防できる。

●定植後～生育期

　植えた直後の苗が地際で切られて倒れるのはネキリムシ類の仕業で、夜中に現われて茎を切り取って茎や葉を食べたた

[トマト（ミニトマト）] 病気・害虫の年間発生

分類		病気・害虫名	被害ランク	4	5	6	7	8	9	10	発生部位 発生条件など
		栽培暦		○…播種	●定植						
病気	ウ	モザイク病(TMV)	A								土壌種子、接触伝染
	ウ	モザイク病(CMV)	A								アブラムシ媒介 接触伝染
	ウ	黄化葉巻病(TVLCV)	A								タバココナジラミ媒介
	ウ	黄化えそ病(TSWV)	A								アザミウマ（スリップス）媒介
	細	青枯病	B								土壌伝染 地下水が高いと多発
	細	かいよう病	B								種子、接触伝染、腋芽かきのとき伝染しやすい
	糸	萎凋病	A								種子、土壌伝染
	糸	半身萎凋病	A								種子、土壌伝染
	糸	根腐萎凋病	C								低温時に多発
	糸	褐色根腐病	C								
	糸	白絹病	B								高温で多発生
	細	斑点細菌病	C								降雨のとき多発生
	糸	疫病	A								降雨のとき発生しやすい
	糸	輪紋病	B								被害大きい
	糸	斑点病	C								育苗中に発生
	糸	苗立枯病	A								
	生	尻腐れ病	B								生理障害。カルシウム欠乏、高温、乾燥で多発
害虫	カ	アブラムシ類	B								
	コ	テントウムシダマシ	B								
	ダ	ハダニ類	C								乾燥すると多くなる
	ダ	トマトサビダニ	C								無農薬栽培すると発生しやすい 乾燥すると多くなる
	チ	オオタバコガ	B								

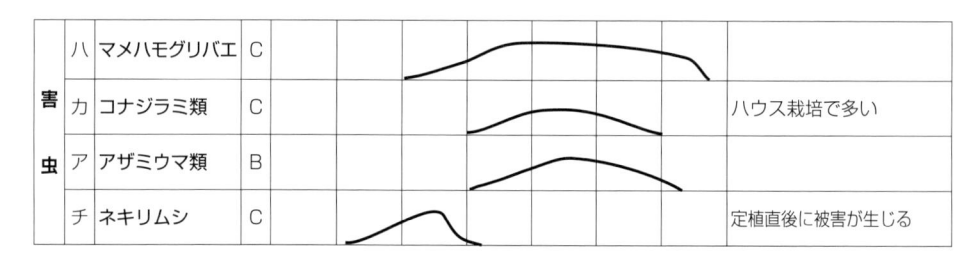

害虫	ハ	マメハモグリバエ	C						
	カ	コナジラミ類	C					ハウス栽培で多い	
	ア	アザミウマ類	B						
	チ	ネキリムシ	C					定植直後に被害が生じる	

トマト●病気　薬剤と使用法

薬剤名	薬剤のタイプ	安全使用基準			青枯病	かいよう病	萎凋病	半身萎凋病	根腐萎凋病	斑点細菌病	疫病	輪紋病	斑点病	苗立枯病	尻腐れ病	備考
		使用時期	使用回数	使用倍数												
ダコニール1000	散	収穫前日まで	4	1000								○	○			ミニトマト可
●リドミルMZ水和剤	散	収穫前日まで	2	750							○					ミニトマト可
カスミンボルドー	散	収穫前日まで	5	1000		○				○						ミニトマト不可
●カッパーシン水和剤	散	収穫前日まで	5	1000		○				○						ミニトマト不可
●バスアミド微粒剤	土	播種または定植21日前	1	20〜30g/㎡ 土壌混和	○		○									青枯病のみミニトマト不可
ドイツボルドーA	散	−	−	500							○	○				
●キルパー	土	播種14日前まで	1	原液40〜60mℓ/㎡ 土壌消毒		○	○									ミニトマト可
塩化カルシウム	散	−	−	希釈液葉面散布											○	ミニトマト可
●リゾレックス水和剤	土	播種時	1	500 3ℓ/㎡										○		ミニトマト不可
●バシタック水和剤75	土	播種時〜子葉展開期	1	750〜1500 3ℓ/㎡灌注										○		
Zボルドー	散	−	−	400〜600							○	○				

めである。株のまわりの土を指で浅く探ると黒褐色の幼虫が見つかる。

　テントウムシダマシ類は葉を浅くかじって階段状の傷を残す。葉の傷あと近くに28個の黒い斑点のあるテントウムシがいるので捕殺する。また葉裏に黄色の卵の固まりを見つけたら、手で押しつぶす。

　農家栽培では致命的な被害を与える新しいウイルス病の発生を回避するため、コナジラミ類とアザミウマ類の飛来防止に、定植日および定植日から1カ月間、1週間おきに薬剤散布を行なう。

●生育期〜収穫期

　トマトサビダニは殺ダニ剤の他、殺菌剤にも弱いので、農家栽培で多発することはないが、無農薬の家庭菜園では、最近各地で多発している。茎に褐色の汚れがある、新葉の葉縁が黄色くなってきた、葉の裏が光るなど初発の兆候であるので、いずれかの症状を発見したらすぐに殺ダニ剤の散布を行なう。1枚の葉に数百匹の虫が寄生して吸汁しているが、虫は非常に小さくて肉眼では見つけられな

トマト（ミニトマト）●害虫　薬剤と使用法

薬剤名	薬剤のタイプ	使用時期	使用回数	使用倍数	アブラムシ類	トマトサビダニ	オオタバコガ	ハダニ類	ハスモンヨトウ	ハモグリバエ	コナジラミ	ネコブセンチュウ類	備考
オルトラン水和剤	散	収穫14日前まで	1	1500	○								
アファーム乳剤C	散	収穫前日まで	5	2000			○	○		○			
ゼンターリ顆粒水和剤*1	散	収穫前日まで	4	1000			○		○				発生初期
ダニ太郎	散	収穫前日まで	1	1000				○	○				
ベストガード水溶剤	散	収穫前日まで	3	1000～2000	○						○		
アディオン乳剤C	散	収穫前日まで	1	3000	○								
コロマイト乳剤C	散	収穫前日まで	2	1500				○		○			
粘着くん液剤*2	散	収穫前日まで	−	100	○			○					
原液散布剤*3	散			原液	○						○		
アドマイヤー1粒剤	±	定植時	1	1～2g/株	○						○		植え穴土壌混和
モスピラン粒剤	±	定植時	1	1g/株	○					○	○		植え穴土壌混和
ベストガード粒剤	±	定植時	1	1～2g/株	○						○		植え穴処理土壌混和
オルトラン粒剤	±	定植時	1	1～2g/株	○						○		作条または植え穴散布
ネマトリンエース粒剤	±	定植時	1	10～20kg/10a								○	全面土壌混和
●チェス水和剤	散	収穫前日まで	3	3000	○						○		
●イオウフロアブル	散	−	−	400		○							
●マトリックフロアブル	散	収穫7日前まで	3	1000～2000				○					
●アタブロン乳剤	散	収穫前日まで	3	2000			○						
●ダントツ水溶剤	散	収穫前日まで	3	2000	○					○	○		
●プレオフロアブル	散	収穫前日まで	2	1000			○		○				
●スタークル顆粒水溶剤	散	収穫前日まで	2	2000～3000							○		
●アルバリン顆粒水溶剤	散	収穫前日まで	2	2000～3000							○		
●ノーモルト乳剤	散	収穫前日まで	2	2000					○	○			

い。

　オオタバコガの幼虫がときどき果実に孔をあけて食入する。1匹の虫が次つぎと果実を渡り歩くので、被害に気付いたら虫を探して捕殺する。

　テントウムシダマシ類が葉や果実を食い荒らすので、成虫や幼虫（軟らかいタワシ状の虫）を捕殺する。

　山際の畑では、ときどき果実に丸く白い色抜けが起こるが、これは夜間に山から蛾（アケビコノハ、アカエグリバなど）がやってきて汁を吸ったのが原因である。残念ながら対策はない。

　ハウス栽培では、コナジラミ類やハモグリバエ類が多発しやすいので、発生初期から防除を行なう。家庭菜園での露地栽培では発生しても実害は低い。

● 野菜別防除対策 3　pp.19−20 参照

ピーマン ●ナス科

病　気

●播種前〜定植期

育苗床の土壌は新しいものを用いるか、土壌消毒（267頁）をする。種子も消毒（266頁）しておく。育苗中はモザイク病の予防のためにアブラムシを、黄化えそ病予防にアザミウマを防除する。

●定植期〜生育期

ピーマンは土壌伝染する病気が多いので連作しないようにする。連作する場合は畑を消毒し、排水が悪い畑は良好にしておく。定植後、気温が高くなって葉が緑色のまま急にしおれる青枯病は、定植

[ピーマン] 病気・害虫の年間発生

分類		病気・害虫名	被害ランク	4 上 中 下	5 上 中 下	6 上 中 下	7 上 中 下	8 上 中 下	9 上 中 下	10 上 中 下	発生部位 発生条件 など
		栽培暦		○····○ 2月播種　定植	━━━	━━━	━━━	━━━	━━━		
病気	ウ	モザイク病 (CMV)	A								アブラムシ媒介、汁液伝染
	ウ	黄化えそ病 (TSWV)	A								アザミウマ（スリップス）媒介
	ウ	モザイク病 (PMMOV)	A								種子、土壌伝染
	糸	白絹病	C								高温で発生しやすい
	糸	疫病	B								降雨時に多発 土壌伝染で枯れる
	糸	うどんこ病	C								
	細	斑点細菌病	C								降雨で多発生
	糸	斑点病	B								
	糸	炭疽病	A								降雨で多発
	生	尻腐れ病	B								カルシウム欠乏で発生、夏期の高温時に多発
害虫	カ	アブラムシ類	A								薬剤抵抗虫が多い
	チ	ネキリムシ	C								定植直後に被害が生じる
	チ	タバコガ類	A								
	ダ	チャノホコリダニ	A								雨が少ないと多発
	ア	アザミウマ類	B								ハウス栽培で多い

前に土壌消毒しておかなければ防除できない。

また地際部が褐変してしおれる疫病は、排水を良好にしておくか、発病前に薬剤を土壌に混ぜるか、土壌消毒をしておく。アブラムシ、アザミウマは定期的に防除する。

●生育期〜収穫期

葉に小斑点が出る斑点細菌病や炭疽病、または輪紋のある斑点病が現われたらそれぞれに適用された薬剤を散布する。これらは雨が続くと発生しやすい。

降雨期が終わると、うどんこ病が発生しやすくなるので薬剤を散布する。また夏に高温、乾燥が続くとカルシウム欠乏による尻腐れが発生するので、カルシウム剤を葉面散布する。

害虫

●播種前〜定植期

雑草が茂っていた畑や、隣に荒れた草地があればネキリムシ類の発生が予想される。苗の定植時にネキリムシ用の薬剤を畑全体、あるいは植え穴に混ぜ込む。

アブラムシ類やミナミキイロアザミウマの予防対策として、定植時に粒状の薬剤を土の中に混ぜ込んでおくと長期間これらの虫の発生を抑えることができる。

●定植後〜生育期

植えた直後の苗が地際で切られて倒れるのはネキリムシ類の仕業で、夜中に現われて茎を切り取って茎や葉を食べたためである。株のまわりの土を指で浅く探ると黒褐色の幼虫が見つかる。

モモアカアブラムシがときどき発生して新芽と新葉に群がるので、発生に気付いたら薬剤散布を行なう。この虫は薬剤に対する抵抗力が強いので、効果の高い薬剤を選ぶ必要がある。

●生育期〜収穫期

チャノホコリダニの被害が大きいので早期発見、早期防除がポイントとなる。

チャノホコリダニは新芽と新葉の葉裏に寄生して吸汁するので、新芽の伸張が完全に止まってしまう。新芽の動きが悪い、新葉が大きくならないなどの症状があればこの虫の発生は確実だが、虫は非常に小さいので肉眼では見えない。被害

ピーマン●病気 薬剤と使用法

薬剤名	薬剤のタイプ	安全使用基準			白絹病	疫病	うどんこ病	斑点細菌病	斑点病	炭疽病	備考
		使用時期	使用回数	使用倍数							
カスミンボルドー	稅	収穫前日まで	5	1000				○	○	○	
●カッパーシン水和剤	稅	収穫前日まで	5	1000				○			
ダコニール1000	稅	収穫前日まで	3	1000					○	○	
●リドミル粒剤2	⊕	収穫前日まで	3	2〜3g/1株 根元土壌に混和		○					
モレスタン水和剤	稅	収穫前日まで	3	2000〜3000			○				
Zボルドー	稅	収穫前日まで	−	500					○		
●モンカットフロアブル40	⊕	収穫前日まで	3	1000 1ℓ/株	○						
●アミスターオプティフロアブル	稅	収穫前日まで	3	1000							

ピーマン ●害虫　薬剤と使用法

薬剤名	薬剤のタイプ	使用時期	使用回数	使用倍数	アブラムシ	チャノホコリダニ	ミナミキイロアザミウマ	タバコガ	オオタバコガ	ハスモンヨトウ	ネキリムシ類	備考
トレボン乳剤	散	収穫前日まで	3	1000	○							
ゼンターリ顆粒水和剤*1	散	収穫前日まで	4	1000						○		発生初期
ダニ太郎	散	収穫前日まで	1	1000								ハダニ類
アファーム乳剤◯	散	収穫前日まで	2	2000					○			
アディオン乳剤◯	散	収穫前日まで	5	2000	○			○				
ベストガード水溶剤	散	収穫前日まで	3	1000〜2000	○		○					
粘着くん液剤*2	散	収穫前日まで	−	100	○							
原液散布剤*3	散			原液	○							
モスピラン粒剤	土	定植時	1	0.5g/株	○							植え穴土壌混和
ベストガード粒剤	土	定植時	1	1〜2g/株	○		○					植え穴処理土壌混和
アドマイヤー1粒剤	土	定植時	1	1〜2g/株	○							植え穴または株元土壌混和
オルトラン粒剤	土	定植時	1	2g/株	○							作条散布または植え溝散布
ダイアジノン粒剤3	土	植えつけ時	1	6〜8g/㎡							○	土壌混和
●スタークル顆粒水溶剤	散	収穫前日まで	2	2000〜3000	○		○					
●アルバリン顆粒水溶剤	散	収穫前日まで	2	2000〜3000	○		○					
●チェス水和剤	散	収穫前日まで	3	3000	○							
●アクタラ顆粒水溶剤	散	収穫前日まで	3	3000	○		○					
●プレオフロアブル	散	収穫前日まで	2	1000				○	○			
●モレスタン水和剤	散	収穫前日まで	3	2000〜3000		○						
●アタブロン乳剤	散	収穫前日まで	3	2000				○		○		
●ファルコンフロアブル	散	収穫前日まで	2	2000〜4000						○		
●アーデント水和剤◯	散	収穫前日まで	2	1000	○							
●ブルースカイ粒剤	土	定植時	1	2g/株	○							植え穴土壌混和
●アクタラ粒剤5	土	定植時	1	1〜2g/株	○							植え穴処理

がひどい場合には果実の肥大が止まり、褐変して硬くなる。薬剤の効果は非常に高く、7〜10日後くらいから新芽が復活して動き始めるのがよくわかる。

タバコガやオオタバコガの幼虫がときどき発生して果実に孔をあけ、果実内を食い荒らす。1匹の虫が次つぎと果実を渡り歩くので、被害に気付いたら被害果を切り取って内部の虫を捕殺する。

暖地やハウス栽培の近くでは、ミナミキイロアザミウマが発生しやすく、果実の表面に褐色の引っかき傷が生じる。

ハウス栽培では、コナジラミ類やハモグリバエ類が多発しやすいので、発生初期から防除を行なう。家庭菜園での露地栽培では発生しても実害は低い。

● 野菜別防除対策 4　pp.21−22 参照

ジャガイモ ●ナス科

病　気

●種イモの準備〜植えつけ期

種イモは健全なものを選び、発病のおそれがある場合には植える前に薬剤処理をする。

連作を避け、連作する場合は土壌消毒（267 頁）をする。

排水の悪い畑はそれを改善しておき、前年にそうか病が発生した場合は石灰を施用しないようにする。

発芽後は葉巻病ではアブラムシを、紫染萎黄病ではヨコバイを予防的に防除する。黒あざ病の発生のおそれがある場合には薬剤の土壌処理か、種イモの薬剤処理をしておく。

●植えつけ後〜生育期

気温が高くなって葉が繁茂してから緑色のまま急にしおれる青枯病は、植えつけ前に土壌消毒しないと防除できない。

花が咲いて降雨期になってから、葉が褐色、ベトベトになる疫病に対しては、

[ジャガイモ] 病気・害虫の年間発生

分類		病気・害虫名	被害ランク	2	3	4	5	6	7	発生部位 発生条件 など
		栽　培　暦			定植					
病気	ウ	葉巻病 (PLV)	B							アブラムシ媒介
	ファ	紫染萎黄病	B							ファイトプラズマ病。ヨコバイ類媒介
	細	黒あし病	A							土壌伝染、降雨で多発
	糸	黒あざ病	C							土壌伝染
	糸	疫病	A							降雨で多発
	糸	乾腐病	C							イモに発生
	糸	そうか病	B							イモに発生
	糸	半身萎凋病	A							
	糸	夏疫病	C							
害虫	カ	アブラムシ類	B							
	コ	テントウムシダマシ類	A							
	チ	ジャガイモガ	C							幼虫はイモにも食入する
	チ	ネキリムシ類	C							

薬剤を7日おきにかけムラのないように散布する。葉巻病、紫染萎黄病の予防にアブラムシ、ヨコバイ除去を行なう。

● 生育期～収穫期

土中のイモがかなり肥大してきたころに、地際部の茎が黒色になって腐敗する黒あし病には、薬剤を処理する。このころに地際部の茎が淡白色になり、その後褐変して倒れたりする黒あざ病は、種イモを植えつけ前に薬剤処理しておく。

収穫したイモの表面にそうか状の斑点が生じていたらそうか病である。これは植えつけ前に登録薬剤を土壌に混和して防ぐ。翌年はこれを種イモに使用しない。

害虫

● 播種前～定植期

コガネムシ類の幼虫は、畑を耕したり畝つくりの際に、見つけしだい捕殺する。雑草が茂っていた畑や隣に荒れた草地があるときは、ネキリムシの発生が予想される。種イモの植えつけ時にネキリムシ用の防除薬剤を土の中に混ぜ込む。

また、アブラムシ類がいつも発生する畑では、植えつけ時にアブラムシ類用の防除剤を土の中に混ぜ込む。

植えつけ後から生育期にかけては、とくに問題となる害虫はない。

● 生育期～収穫期

テントウムシダマシが葉を食い荒らして階段状の食害痕を残す。多発すると葉はぼろぼろになって茎だけになることもある。

被害が少なければ、成虫や幼虫(軟らかいタワシ状の虫)を捕殺する程度でよいが、多発したときは薬剤を散布する。

ワタアブラムシは葉裏に寄生して吸汁する。1枚の葉に数十から数百の虫が寄生するので、株は衰弱してイモの肥大に悪影響がある。

ジャガイモ ●病気 薬剤と使用法

薬剤名	薬剤のタイプ	安全使用基準			黒あし病	黒あざ病	夏疫病	疫病	乾腐病	そうか病	備考
		使用時期	使用回数	使用倍数							
ジマンダイセン水和剤	殺	収穫7日前まで	10	400～600			○	○			
Zボルドー	殺	－	－	400				○			
●バリダシン粉剤DL	種	植えつけ前	1	種イモ重量の0.3%　種イモに粉衣	○						
●リドミルMZ水和剤	殺	収穫7日前まで	3	500～750				○			
ネビジン粉剤	土	植えつけ前	1	30g/㎡　植えつけ時に土壌混和						○	
●リドミル銅水和剤	殺	収穫14日前まで	3	400～600				○			
ダコニール1000	殺	収穫7日前まで	5	500～1000			○	○			夏疫病は1000倍
●バクテサイド水和剤	殺	植えつけ前	1	50～100	○					○	
ビスダイセン水和剤	殺	収穫14日前まで	2	600				○			
アグレプト液剤	種	植えつけ前	1	60～100　種イモ浸漬	○					○	
アグリマイシン-100	殺	植えつけ前	1	40～100	○					○	

ジャガイモ●害虫　薬剤と使用法

薬剤名	薬剤のタイプ	安全使用基準			アブラムシ類	テントウムシダマシ類	ヨトウムシ	ネキリムシ類	備考
		使用時期	使用回数	使用倍数					
スミチオン乳剤	殺	収穫3日前まで	6	1000	○				
オルトラン水和剤	殺	収穫7日前まで	4	1000～1500	○	○	○		
トレボン乳剤	殺	収穫14日前まで	3	1000	○				
アディオン乳剤G	殺	収穫7日前まで	6	2000～3000	○	○	○		
ベストガード水溶剤	殺	収穫14日前まで	4	1000～2000	○				
ディプテレックス粉剤	殺	収穫14日前まで	6	3kg/10a			○		
ゼンターリ顆粒水和剤*1	殺	収穫前日まで	4	1000			○		発生初期
粘着くん液剤*2	殺	収穫前日まで	－	100	○				
モスピラン粒剤	±	植えつけ時	1	3～6kg/10a	○				植え溝土壌混和
アドマイヤー1粒剤	±	植えつけ時	1	4kg/10a	○				植え溝土壌混和
ダイアジノン粒剤3	±	植えつけ前	1	6～9g/㎡				○	
●チェス水和剤	殺	収穫14日前まで	3	2000～3000	○				
●アクタラ顆粒水溶剤	殺	収穫14日前まで	3	2000～3000	○				
●ダントツ水溶剤	殺	収穫7日前まで	3	2000～4000	○				
●アドマイヤーフロアブル	殺	収穫14日前まで	2	1000～3000	○				

●野菜別防除対策 5　pp.23－26参照

キュウリ ●ウリ科

病気

●播種期～定植期

　苗のときに枯れる苗立枯病は種子消毒（266頁）か発病初期に薬剤を処理する。

　毎年のように、収穫期ころから株全体がしおれたり、枯れたりするつる割病が発生する畑では、種子消毒や土壌消毒（267頁）をするか、カボチャに接ぎ木した接ぎ木苗（249頁）を利用する。キュウリを7～8年栽培しなければ発生はかなり少なくなる。

●定植後～生育期

　キュウリの発芽直後からアブラムシが発生するとモザイク病が、またタバココナジラミによって退緑黄化病が媒介される。これらの防除には、寒冷紗を被覆したり、シルバーポリマルチをするなどして飛来を避け、キュウリが大きく育ったら殺虫剤を散布する。これらのウイルス病に感染すると、薬剤では絶対に防除できないので、しっかり予防に努める。

●生育期～収穫期

　雨が続いたり、畑の排水が悪く水がたまるような場合は、疫病で地際部が褐変して枯れやすい。株元の土の水分が多く

[キュウリ] 病気・害虫の年間発生

分類		病気・害虫名	被害ランク	発生時期(4〜9月)	発生部位・発生条件など
		栽培暦		播種:4月中旬、定植:5月中旬〜9月下旬	
病気	ウ	モザイク病 (CMV)	A	4月下旬〜9月下旬	アブラムシ媒介、汁液伝染
病気	ウ	黄化病 (CuYV)	A	5月上旬〜9月下旬	オンシツコナジラミ媒介
病気	ウ	退緑黄化病 (CCYV)	A	5月中旬〜9月下旬	タバココナジラミ媒介、トマト黄化葉巻病も同様に媒介する
病気	細	軟腐病	C	6月上旬〜8月下旬	高温多雨で発生
病気	糸	つる割病	A	5月下旬〜8月下旬	土壌伝染
病気	糸	疫病	B	6月上旬〜8月中旬	降雨、土壌水分過多で多発
病気	糸	苗立枯病	B	4月上旬〜5月下旬	
病気	細	斑点細菌病	A	5月上旬〜8月下旬、9月中下旬	降雨で多発
病気	細	褐斑細菌病	B	6月上旬〜8月下旬	降雨で多発
病気	糸	つる枯病	A	5月下旬〜8月下旬	伝染しやすい
病気	糸	べと病	B	5月下旬〜9月上旬	多湿、降雨で多発
病気	糸	炭疽病	B	5月中旬〜8月下旬	降雨で多発(温室では発生しない)
病気	糸	褐斑病	C	6月上旬〜8月下旬	ハウスで発生しやすい
病気	糸	うどんこ病	B	6月上旬〜8月下旬	被害大きい
害虫	カ	アブラムシ類	A	5月下旬〜9月中旬	
害虫	ダ	ハダニ類	B	6月中旬〜8月上旬	乾燥すると多発
害虫	コ	ウリハムシ	A	5月下旬〜9月中旬	
害虫	チ	ワタヘリクロノメイガ	B	6月下旬〜9月上旬	近年、発生が多くなっている
害虫	ア	アザミウマ類	B	6月中旬〜8月中旬	
害虫	セ	ネコブセンチュウ類	A	5月下旬〜9月中旬	砂質土壌で発生しやすい
害虫	ハ	マメハモグリバエ	B	6月中旬〜8月下旬	

ならないように、ポリフィルムでマルチをする。発病初期には薬剤防除する。このような条件では斑点細菌病、べと病、炭疽病、褐斑病あるいはつるが枯れるつる枯病も発生しやすい。それぞれに適用された薬剤を単独で散布したり、混和して散布する。

降雨期が過ぎて比較的高温乾燥期になると、葉にうどんこ病が発生しやすい。葉がどんどん枯れると、キュウリの果実がすぐに曲がるようになるので、うどんこ病に有効な薬剤とアブラムシ、コナジラミの薬剤とを混合して散布する。

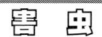

――― 害　虫 ―――

●播種前～定植期

苗つくりは、ウイルス病を媒介するアブラムシ類の飛来を防止するため、寒冷紗などの防虫ネットなどで被覆して隔離栽培を行なう。定植後の予防対策としては、アブラムシ用の粒剤を定植時に土の中に混ぜ込んでおく。

ネコブセンチュウは根にコブをつくる害虫だが、発生に気付いてからでは対策がない。前作にキュウリ、トマト、ニンジンなどセンチュウの発生しやすい作物を栽培した畑では栽培を避け、発生が予想される畑で栽培する場合は、定植前にセンチュウ用防除薬剤を施用する。

雑草が茂っていたような荒れた畑で栽培するときは、ネキリムシの発生が予想されるので、ネキリムシ用の薬剤を土の中に混ぜ込む。

●定植後～生育期

ワタアブラムシが植えつけ直後から新芽や新葉の裏に集団で寄生して吸汁す

キュウリ●病気　薬剤と使用法

薬剤名	薬剤のタイプ	安全使用基準			つる割病	疫病	苗立枯病	斑点細菌病	つる枯病	べと病	炭疽病	褐斑病	うどんこ病	備考
		使用時期	使用回数	使用倍数										
オーソサイド水和剤80	⊕	播種後から2～3葉期	5	800 2ℓ/㎡灌注			○							
ダコニール1000	㊙	収穫前日まで	8	1000						○	○	○		
●ランマンフロアブル	㊙	収穫前日まで	4	1000～2000						○				
●アミスター20フロアブル	㊙	収穫前日まで	4	2000						○		○	○	うどんこ病、べと病は1500～2000倍
ジマンダイセン水和剤	㊙	収穫前日まで	3	600						○				
モレスタン水和剤	㊙	収穫前日まで	3	2000～4000									○	
カスミンボルドー	㊙	収穫前日まで	5	1000				○						
●カッパーシン水和剤	㊙	収穫前日まで	5	1000				○						
トップジンMペースト	㊙	発病初期	3	原液塗布					○					発病部に塗布
ベンレート水和剤	⊕	定植前～定植1カ月前	3	1000 150～300mℓ/株	○				＊		＊			＊は収穫前日まで100～300mℓ/株 2000～3000倍散布
ビスダイセン水和剤	㊙	収穫前日まで	2	600～800				○		○		○		斑点細菌病は600倍
モスピラン、トップジンMスプレー	㊙	収穫前日まで	3	原液スプレー									○	
トップジンM水和剤	㊙	収穫前日まで	5	1500～2000								○		

る。新葉が縮れたり、アリが葉や茎の上をうろうろしていたら葉を調べ、集団を見つけたときには、天敵に影響の少ないアブラムシ専用薬剤を散布する。

黄色のウリハムシの成虫が丸い円を描くように葉を齧るので、見つけしだい捕殺する。天気のよい日には活発に飛び回って捕まえにくいが、早朝や曇った日には動きがにぶく捕殺しやすい。

●生育期～収穫期

ワタアブラムシは葉裏に寄生するので発見が遅れがちになりやすい。アリの有

キュウリ●害虫　薬剤と使用法

薬剤名	薬剤のタイプ	安全使用基準			アブラムシ	ミナミキイロアザミウマ	ウリノメイガ	ウリハムシ成虫	トマトモグリバエ	ネコブセンチュウ類	ハダニ類	ネキリムシ類	コナジラミ類	備考
		使用時期	使用回数	使用倍数										
トレボン乳剤	殺	収穫前日まで	3	1000	○								○	
ダニ太郎	殺	収穫前日まで	1	1000							○			
バロックフロアブル	殺	収穫前日まで	1	2000							○			
アファーム乳剤C	殺	収穫前日まで	2	2000		○	○							
スミチオン乳剤	殺	収穫前日まで	5	1000～2000	○									
モスピラン液剤	殺	収穫前日まで	3	500	○									
ゼンターリ顆粒水和剤*1	殺	収穫前日まで	4	1000			○							発生初期
アディオン乳剤C	殺	収穫前日まで	3	2000～3000	○								オ	
ベストガード水溶剤	殺	収穫前日まで	3	1000～2000	○									
ディプテレックス粉剤	殺	収穫前日まで	3	3～4 kg/10 a				○						
粘着くん液剤*2	殺	収穫前日まで	－	100	○						○			
原液散布剤*3	殺			原液	○						○			
オンコル粒剤1	±	定植時	1	2 g/株	○									植え穴土壌混和
アドマイヤー1粒剤	±	定植時	1	1～2 g/株	○								○	植え穴または株元土壌混和
モスピラン粒剤	±	定植時	1	0.5～1 g/株	○									株元散布
ベストガード粒剤	±	定植時	1	1～2 g/株	○								○	植え穴処理土壌混和
ネマトリンエース粒剤	±	播種または定植前	1	10～20 kg/10 a						○				全面土壌混和
ダイアジノン粒剤3	±	植えつけ時	2	6～8 g/㎡								○		
カルホス粉剤	±	播種または植えつけ時	1	6 kg/10 a								○		
●スピノエース顆粒水和剤	殺	収穫前日まで	2	5000		○	○							
●カスケード乳剤	殺	収穫前日まで	4	2000			○							
●スタークル顆粒水溶剤	殺	収穫前日まで	2	2000～3000	○								○	
●アルバリン顆粒水溶剤	殺	収穫前日まで	2	2000～3000	○								○	
●アーデント水和剤C	殺	収穫前日まで	4	1000	○						○		オ	
●ラグビーMC粒剤C	±	定植前	1	20～30 kg/10 a					○					全面処理土壌混和

無が発見の目印になるので、アリの動向に注意して、少発生時に薬剤散布を行なう。

ジャガイモヒゲナガアブラムシは常時発生する害虫ではないが、葉裏に寄生して吸汁し、葉表に黄色の斑紋を生じさせる。症状はべと病に類似しているが、斑紋の周囲が不鮮明なことと、その部分の葉裏に必ず淡緑色のアブラムシが数匹～十数匹寄生していることで診断できる。

ウリハムシの成虫は常時飛来するので、見つけしだい捕殺する。

アザミウマ類は葉裏に寄生し、かつ体が小さいので虫そのものは見つけにくい。しかし、吸汁された葉表には白いカスリ状の斑点が葉脈沿いに点々と現われることと、葉裏が淡褐色になって銀色に光っていること、葉裏に1～2mmの小さな虫がいることなどが発見のポイントである。発生に気付いたら早期に葉裏をねらって薬剤散布をする。

近年、ハモグリバエ類の被害が増えている。葉に曲がりくねった白いすじが現われるのが特徴である。ときには葉が白っぽくなるほど多発することがあるので、発生初期に防除を行なう。

ハウス栽培では、コナジラミ類、アザミウマ類、ハモグリバエ類、ハダニ類などが多発しやすいので、発生初期から防除を行なう。

●野菜別防除対策 6　pp.27-28参照

スイカ ●ウリ科

病気

●播種前～定植期
苗床の土は新しい用土を用いるか、土壌消毒（267頁）をする。苗がしおれたりすれば、苗立枯病の防除をする。

●定植期～生育期
苗のころから果実の着果期までの長い期間にわたって、日中のしおれと朝夕の回復とを繰り返して枯れるつる割病には種子消毒（266頁）を行なう。つる割病が発生した畑では連作を避け、ユウガオやカボチャを台木とした接ぎ木苗を利用するか畑の土壌消毒をする。

●生育期～収穫期
梅雨期に葉が大きく褐色に枯れたり、茎の途中から先端のほうが枯れるつる枯病には、薬剤を7～10日おきに散布する。つる枯病により株元の茎も侵されやすいので、その場合は茎に薬剤を塗布する。

また雨が続いて畑が一時的に冠水したりすると、茎が褐色に枯れたり果実が褐色に軟化腐敗する褐色腐敗病が発生しやすい。雨が直接当たらないような処置をしたり、畑の排水をよくしたり、ポリフィルムで畑にマルチをするとよい。これと同時に果実汚斑細菌病が発生した場合には褐斑細菌病と同時防除するとよい。

降雨が終わって高温期になると、うどんこ病が発生してくるので、薬剤を7～10日おきに散布する。

害虫

●播種前～定植期
苗つくりは、ウイルス病を媒介するアブラムシ類の飛来防止のため、寒冷紗な

どの防虫ネットで被覆して隔離栽培する。

ネコブセンチュウは根にコブをつくる害虫であるが、発生に気付いてからでは対策がない。前作にキュウリ、トマト、ニンジンなどセンチュウの発生しやすい作物を栽培した畑では栽培を避ける。ま

[スイカ] 病気・害虫の年間発生

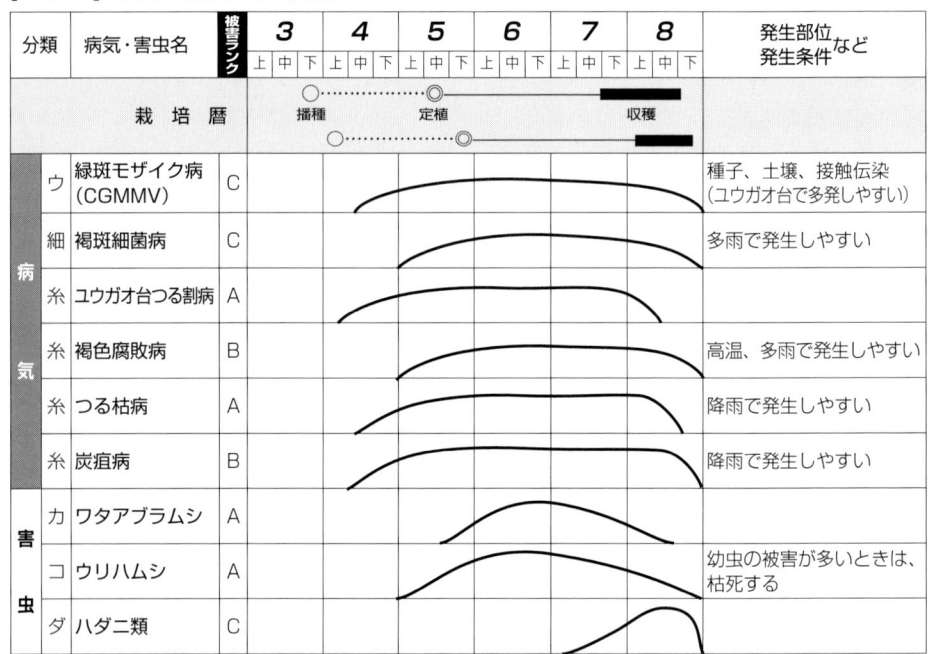

分類		病気・害虫名	被害ランク	3	4	5	6	7	8	発生部位 発生条件など
		栽培暦		播種		定植			収穫	
病気	ウ	緑斑モザイク病（CGMMV）	C							種子、土壌、接触伝染（ユウガオ台で多発しやすい）
	細	褐斑細菌病	C							多雨で発生しやすい
	糸	ユウガオ台つる割病	A							
	糸	褐色腐敗病	B							高温、多雨で発生しやすい
	糸	つる枯病	A							降雨で発生しやすい
	糸	炭疽病	B							降雨で発生しやすい
害虫	カ	ワタアブラムシ	A							
	コ	ウリハムシ	A							幼虫の被害が多いときは、枯死する
	ダ	ハダニ類	C							

スイカ●病気　薬剤と使用法

薬剤名	薬剤のタイプ	安全使用基準			褐斑細菌病	褐色腐敗病	つる枯病	炭疽病	備考
		使用時期	使用回数	使用倍数					
ジマンダイセン水和剤	殺	収穫7日前まで	7	400～600	○		○	○	疫病にも有効
トップジンMペースト	塗	発病初期	5	原液塗布			○		発病部に塗布
●リドミルMZ水和剤	殺	収穫7日前まで	3	1000		○			疫病にも有効
カスミンボルドー	殺	収穫前日まで	5	1000	○				うどんこ病、果実汚斑細菌病にも有効
●カッパーシン水和剤	殺	収穫前日まで	5	1000	○				うどんこ病、果実汚斑細菌病にも有効
トップジンM水和剤	殺	収穫前日まで	5	1500～2000				○	
●バスアミド微粒剤	土	播種または定植21日前	1	20～30 g/m² 土壌混和					台木つる割病に有効
リドミル銅水和剤	殺	収穫7日前まで	3	800		○			果実汚斑細菌病にも有効
ダコニール1000	殺	収穫3日前まで	5	700				○	
●アミスターオプティフロアブル	殺	収穫前日まで	4	1000		○	○		

た、発生の予想される畑では、定植時にセンチュウ用の薬剤を土壌施用する。

　アブラムシ類の発生予防のために、定植時に植え穴に粒状の薬剤を処理して、土とよくかき混ぜると長期間寄生が防止できる。

● **定植後～生育期**

　植えつけ直後から、新芽や新葉の裏にワタアブラムシが集団で寄生して吸汁する。新葉が縮れたり、アリが葉や茎の上をうろうろしているときには葉裏を調べ、集団を見つけたら天敵に影響の少ないアブラムシ専用薬剤を散布する。

　黄色のウリハムシの成虫が丸い円を描くように葉を齧るので、見つけしだい捕殺する。天気のよい日には活発に飛び回って捕まえにくいが、早朝や曇った日には動きがにぶく捕殺しやすい。

スイカ●害虫　薬剤と使用法

薬剤名	薬剤のタイプ	安全使用基準			アブラムシ類	ミナミキイロアザミウマ	ウリハムシ	ウリハムシ成虫	ハダニ類	ネコブセンチュウ類	備考
		使用時期	使用回数	使用倍数							
トレボン乳剤	㊡	収穫3日前まで	3	1500～2000	○						
スミチオン乳剤	㊡	収穫3日前まで	6	1000～2000	○						
ダニ太郎	㊡	収穫前日まで	1	1000					○		
ディプテレックス粉剤	㊡	収穫7日前まで	6	3～4kg/10a			○				
コロマイト乳剤Ⓒ	㊡	収穫7日前まで	2	2000					○		
ベストガード水溶剤	㊡	収穫7日前まで	3	1000～2000	○	○					
アディオン乳剤Ⓒ	㊡	収穫前日まで	5	2000～3000	○						
粘着くん液剤*2	㊡	収穫前日まで	-	100	○				○		
ベストガード粒剤	㊉	定植時	1	1～2g/株	○	○					植え穴処理土壌混和
モスピラン粒剤	㊉	定植時	1	1g/株	○						植え穴土壌混和
アドマイヤー1粒剤	㊉	定植時	1	1～2g/株	○	○					植え穴土壌混和
モスピラン粒剤	㊉	定植時	1	1g/株	○						植え穴土壌混和
オンコル粒剤1	㊉	定植時	1	3g/株	○						植え穴土壌混和
ネマトリンエース粒剤	㊉	定植前	1	10～20kg/10a						○	
ダイアジノン粒剤3	㊉	植えつけ時	1	6～8g/㎡				○			土壌混和
●ベニカ水溶剤	㊡	収穫前日まで	3	2000～4000	○	○	○				
●チェス水和剤	㊡	収穫3日前まで	4	3000	○						
●アクタラ顆粒水溶剤	㊡	収穫前日まで	3	3000	○						
●ダントツ水溶剤	㊡	収穫前日まで	3	2000～4000	○	○					
●スタークル顆粒水溶剤	㊡	収穫7日前まで	2	2000～3000	○						
●アルバリン顆粒水溶剤	㊡	収穫7日前まで	2	2000～3000	○						
●オサダン水和剤Ⓒ	㊡	収穫7日前まで	2	1000～1500					○		
●ダニトロンフロアブルⒸ	㊡	収穫3日前まで	1	1000～2000					○		

●生育期～収穫期

　夏季、雨が少なくて乾燥が続くと、ハダニ類が発生する。ハダニは非常に小さくて葉裏に寄生するため、発生に気付くのが遅れがちである。葉に白いカスリ状の斑点を見つけたら、葉裏を調べて長さ1mm前後、赤橙色～淡黄色の虫の有無を確認する。葉脈間が白くなっていれば多発状態になっている。発生に気付いたら殺ダニ剤を葉裏にかかるよう丁寧に散布する。

　ワタアブラムシが寄生すると、新葉が縮れて団子状になるので、発生に気付いたら薬剤散布を行なう。

　ウリハムシの成虫は常時飛来するので、見つけしだい捕殺し、多いときには薬剤散布を行なう。放置すると成虫の被害ばかりでなく、幼虫による根の被害も増加し、根が少なくなった株は梅雨明け時、強い太陽のもとでは水分バランスが崩れて、葉が急にしおれて株全体が枯れることがある。

●野菜別防除対策 7　pp.28 - 29、32 参照

カボチャ　●ウリ科

病　気

●播種前～定植期

　発芽直後からアブラムシが寄生することでモザイク病が発生しやすくなる。モザイク病は一度発生すると防除できない。寒冷紗の被覆や、ポリフィルムのマルチでアブラムシの飛来と寄生とを防ぎながら殺虫剤を散布して防除する。

　立枯病は種子で伝染するので種子消毒（266頁）し、可能ならば連作を避け、作付け前に畑の土壌消毒（267頁）をする。発病後には薬剤を灌注する。

●定植期～生育期

　カボチャは比較的病気に強いが、定植時に生育が悪かったり根が腐敗していたりした場合は、立枯病の可能性があるので、前記の対策をとる。

●生育期～収穫期

　雨が多くなって畑の排水が悪く、一時的に冠水するようだと疫病が発生し、茎や葉が枯れたり果実が腐敗したりする。雨が直接茎、葉に当たらないようにするか、畑の排水をよくしたりして、薬剤を散布する。

　また葉に褐色の斑点を生じて枯れる褐斑細菌病や、べと病も雨に当てないようにし、薬剤を散布する。降雨期が過ぎ高温乾燥になると、とくにうどんこ病が発生しやすくなる。葉が黄色くなって枯れるので、薬剤を定期的に散布する。

害　虫

●播種前～定植期

　苗つくりは、ウイルス病を媒介するアブラムシ類の飛来を防止するため、寒冷紗などの防虫ネットなどで被覆して隔離栽培を行なう。

　ネコブセンチュウは発生に気付いてからでは対策がないので、前作にキュウリ、トマト、ニンジンなど、センチュウの発生しやすい作物を栽培した畑では栽培を避ける。発生が予想される畑では定植時にセンチュウ防除剤を土壌に混ぜ込む。

[カボチャ] 病気・害虫の年間発生

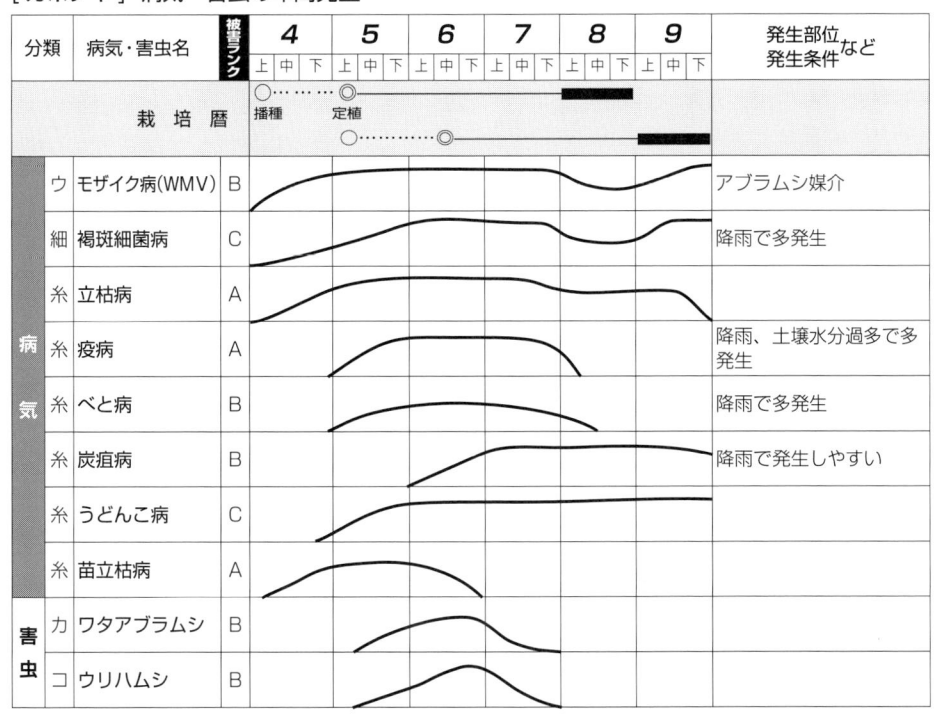

分類		病気・害虫名	被害ランク	4	5	6	7	8	9	発生部位など 発生条件
		栽培暦		播種	定植					
病気	ウ	モザイク病(WMV)	B							アブラムシ媒介
	細	褐斑細菌病	C							降雨で多発生
	糸	立枯病	A							
	糸	疫病	A							降雨、土壌水分過多で多発生
	糸	べと病	B							降雨で多発生
	糸	炭疽病	B							降雨で発生しやすい
	糸	うどんこ病	C							
	糸	苗立枯病	A							
害虫	カ	ワタアブラムシ	B							
	コ	ウリハムシ	B							

カボチャ●病気　薬剤と使用法

薬剤名	薬剤のタイプ	安全使用基準			褐斑細菌病	疫病	べと病	炭疽病	うどんこ病	立枯病	備考
		使用時期	使用回数	使用倍数							
オーソサイド水和剤80	殺	収穫14日前まで	5	400〜800			○	○			べと病は600倍
ジマンダイセン水和剤	殺	収穫30日前まで	2	600		○	○	○			つる枯病にも有効
ダコニール1000	殺	収穫7日前まで	3	1000			○	○			白斑病にも有効
Zボルドー	殺	—	—	500	○	○					
●アリエッティ水和剤	殺	収穫前日まで	3	400〜800		○	○				
モレスタン水和剤	殺	収穫3日前まで	3	2000〜4000					○		
●リドミル銅水和剤	殺	収穫14日前まで	3	800		○					
●ラリー水和剤	殺	収穫前日まで	3	4000〜8000					○		
●キルパー	土	播種、定植15〜24日前まで	1	原液60mℓ/灌注						○	

　コガネムシ類の幼虫は、畑を耕したり畝つくりをしているときに見つけしだい捕殺する。

●定植後〜生育期

　植えつけ直後から新芽や新葉の裏に、ワタアブラムシが集団で寄生して吸汁す

カボチャ●害虫　薬剤と使用法

薬剤名	薬剤のタイプ	安全使用基準			アブラムシ類	ハモグリバエ類	ネコブセンチュウ類	ウリハムシ成虫	備考
		使用時期	使用回数	使用倍数					
スミチオン乳剤	⑱	収穫14日前まで	3	1000〜2000	○				
ディプテレックス粉剤	⑱	収穫7日前まで	6	3〜4g/10a				○	
粘着くん液剤*2	⑱	収穫前日まで	−	100	○				
ネマトリンエース粒剤	⊕	定植前	1	20kg/10a			○		
アディオン乳剤G	⑱	収穫前日まで	5	2000〜3000	○				
●アルバリン顆粒水溶剤	⑱	収穫前日まで	2	2000	○				
●スタークル顆粒水溶剤	⑱	収穫前日まで	2	2000	○				
●ダントツ水溶剤	⑱	収穫3日前まで	3	2000〜4000	○				
●ベニカ水溶剤	⑱	収穫3日前まで	3	4000	○				
●トリガード液剤	⑱	収穫前日まで	3	1000		○			
●カスケード乳剤	⑱	収穫前日まで	3	2000		○			

る。アリの動向に注意し、葉や茎をたくさんうろうろしていれば、アブラムシ用の薬剤を散布する。

　黄色のウリハムシの成虫が丸い円を描くように葉を齧るので、見つけしだい捕殺する。天気のよい日は活発に飛び回って捕まえにくいが、早朝や曇った日では動きがにぶく捕殺しやすい。

●生育期〜収穫期

　常時飛来するウリハムシ類は成虫を捕殺する。

　カボチャは株の勢いが強いので、ワタアブラムシは少しくらいの発生なら、生育にほとんど影響はない。建物の陰など風通しの悪いところでは、ときどきハダニ類が多発して葉に点状の色抜けが起こり、葉が枯れることがある。

●野菜別防除対策 8　pp.30−32参照

メロン ●ウリ科

病気

●播種期〜定植期

　メロンは苗立枯病、つる割病、炭疽病、えそ斑点病、など種子伝染する病気があるので、播種前に種子消毒（266頁）をし、苗床の土は新しい土かあるいは土壌消毒（267頁）をする。

　苗立枯病には薬剤を用いる。この他えそ斑点病、つる割病、黒点根腐病は病原菌が土壌中に生息し、根から侵入して発病する。土壌消毒をするか、メロンを7、8年間休むとよい。

　定植後、葉に小斑点を生じ葉脈が褐色になったり、株元やその上方の茎が淡褐変したりすると、えそ斑点病である。ウ

[メロン] 病気・害虫の年間発生

分類		病気・害虫名	被害ランク	2	3	4	5	6	7	発生部位 発生条件 など
		栽培暦		播種		定植		収穫		
病気	ウ	モザイク病(CMV)	A							アブラムシ媒介
	ウ	えそ斑点病(MNSV)	A							土壌中の菌類、接触、種子伝染
	ウ	退緑黄化病(CCYV)	B							タバココナジラミ媒介、トマト黄化萎縮病も同様に媒介する
	細	軟腐病	C							土壌伝染
	細	斑点細菌病	C							降雨で多発する
	細	褐斑細菌病	C							降雨で多発する
	糸	つる割病	B							土壌伝染
	糸	黒点根腐病	A							着果後に発病
	糸	つる枯病	A							降雨で多発
	糸	べと病	C							
	糸	炭疽病	C							降雨で伝染が激しい
	糸	黒星病	C							低温気味で発生
	糸	うどんこ病	C							
	糸	苗立枯病	A							
害虫	カ	ワタアブラムシ	A							
	コ	ウリハムシ	A							
	ダ	ハダニ類	C							雨が少ないと増える
	ア	ミナミキイロアザミウマ	C							ビニールハウス近辺で発生しやすい
	ハ	ナスハモグリバエ	A							
	セ	ネコブセンチュウ類	B							砂質土で発生しやすい

イルスによる病気で、発病後の対策はないので抜き取る。

メロンがかなり生育してから日中しおれ朝夕に回復し、ついには枯れるのがつる割病である。対策は畑を消毒するか抵抗性品種（247頁）を用いるか、あるいはカボチャ台木の接ぎ木苗を利用する。

●定植期～生育期

えそ斑点病、黒点根腐病、つる割病など、土壌中の病原菌により発病する病気が多いので、連作を避け畑の土壌消毒を必ず行なう。

苗のころからアブラムシ、タバココナジラミが発生しているとウイルス病や退緑黄化病が発生しやすい。一度発生すると薬剤でも防除できないので、これらの害虫をメロンに寄生させないようにするか、殺虫剤を散布して防除する。

●生育期～収穫期

雨が続いたり、畑の排水が不良であったりすると斑点細菌病が発生しやすい。薬剤を散布するか、なるべく雨に当てないようにすることでも発生を抑えられる。

同じころべと病、炭疽病、黒星病も発生するので、それぞれに有効な薬剤を散布する。

つる枯病が発生すると被害が大きい。地際部の発病部分に薬剤を塗布するが、発病してからでは効果が低いので、よく観察して発病初期に塗布するようにする。

着果後に葉がしおれたら黒点根腐病の可能性が高い。定植時の土壌消毒の他、発病初期に薬剤の土壌灌注を行なう。

着果した後に好天気が続くとうどんこ病が発生しやすい。メロンはうどんこ病に弱くて、すぐに葉が黄化して枯れる。

害虫

●播種前～定植期

ウイルス病を媒介するアブラムシ類、アザミウマ類の飛来を防止するため、苗つくりは寒冷紗などの防虫ネットなどで

メロン●病気 薬剤と使用法

薬剤名	薬剤のタイプ	安全使用基準			黒点根腐病	斑点細菌病	つる枯病	べと病	炭疽病	うどんこ病	苗立枯病	備考
		使用時期	使用回数	使用倍数								
オーソサイド水和剤80	殺	収穫14日前まで	5	400～800			○	○	○			つる枯病、べと病は600倍
ビスダイセン水和剤	殺	収穫3日前まで	5	400～600			○	○	○			べと病、炭疽病は400～800倍
ダコニール1000	殺	収穫3日前まで	5	700～1000			○	○	○	○		うどんこ病は700倍、つる枯病は1000倍
●リドミル銅水和剤	殺	収穫7日前まで	3	800				○				
●リドミルMZ水和剤	殺	収穫7日前まで	3	1000				○				
トップジンM水和剤	殺	収穫前日まで	3	1500～2000			○					陥没病にも有効
トップジンMペースト	殺	発病初期（収穫21日前まで）	1	原液塗布			○					
●アミスター20フロアブル	殺	収穫前日まで	4	2000			○	○		○		
●リゾレックス水和剤	土	収穫21日前まで	2	500　3ℓ/㎡土壌灌注	○							

被覆して隔離栽培を行なう。

　ネコブセンチュウは根にコブをつくる害虫であるが、発生に気付いてからでは対策がないので、前作にキュウリ、トマト、ニンジンなどセンチュウの発生しやすい作物を栽培した畑では栽培を避ける。

　また、発生の危険がある畑では、定植前にセンチュウ用の薬剤を土に混ぜ込む。定植時に粒状の薬剤を土の中に混ぜ込むと、アブラムシ類の発生を長期間予防できる。

●定植後〜生育期

　植えつけ直後から、新芽や新葉の裏にワタアブラムシが集団で寄生して吸汁する。発生に気付いたら、天敵に影響の少ないアブラムシ用の薬剤を散布する。

　黄色のウリハムシの成虫が丸い円を描くように葉を齧るので、見つけしだい捕殺する。

メロン●害虫　薬剤と使用法

薬剤名	薬剤のタイプ	安全使用基準			アブラムシ類	ミナミキイロアザミウマ	コナジラミ類	ハダニ類	ウリハムシ成虫	トマトハモグリバエ	ネコブセンチュウ類	備考
		使用時期	使用回数	使用倍数								
アファーム乳剤Ⓒ	散	収穫前日まで	2	2000			○		○			
スミチオン乳剤	散	収穫前日まで	5	1000〜2000	○							
ダニ太郎	散	収穫前日まで	1	1000				○				
トレボン乳剤	散	収穫3日前まで	4	1000	○	○	○					
ベストガード水溶剤	散	収穫7日前まで	3	1000〜2000	○							
アディオン乳剤Ⓒ	散	収穫前日まで	5	2000〜3000	○							
コロマイト乳剤Ⓒ	散	収穫前日まで	2	1000				○	○			
ディプテレックス粉剤	散	収穫前日まで	4	3〜4kg/10a					○			
粘着くん液剤*2	散	収穫前日まで	−	100	○							
ベストガード粒剤	土	定植時	1	1〜2g/株	○							植え穴処理土壌混和
アドマイヤー1粒剤	土	定植時	1	2g/株	○							植え穴または株元土壌混和
オンコル粒剤1	土	定植時	1	3g/株	○							植え穴土壌混和
ネマトリンエース粒剤	土	定植前	1	15〜20kg/10a							○	全面土壌混和
●カスケード乳剤	散	収穫7日前まで	3	2000		○	○		○			
●ダニトロンフロアブル	散	収穫前日まで	1	1000〜2000				○				
●アーデント水和剤	散	収穫前日まで	5	1000〜1500	○	○			○			
●アクタラ顆粒水溶剤	散	収穫前日まで	3	2000〜3000	○				○			
●スタークル顆粒水溶剤	散	収穫3日前まで	2	2000〜3000	○							
●アルバリン顆粒水溶剤	散	収穫3日前まで	2	2000〜3000	○							
●チェス水和剤	散	収穫3日前まで	4	2000〜3000	○							
●ベニカ水溶剤	散	収穫前日まで	3	2000〜4000	○				○			
●スピノエース顆粒水和剤	散	収穫前日まで	2	5000								

天気のよい日は活発に飛び回って捕まえにくいが、早朝や曇った日では動きがにぶく捕殺しやすい。

●生育期〜収穫期

夏季、雨が少なくて乾燥が続くと、ハダニ類やアザミウマ類が発生する。虫は葉裏に寄生するために発生に気付くのが遅れがちである。葉に白いカスリ状の斑点を見つけたら葉裏を調べる。赤橙色〜淡黄色の丸い虫ならハダニ類、淡黄色で細長い虫ならアザミウマ類で、それぞれに適応した薬剤を散布する。

ウリハムシの成虫は常時飛来するので、見つけしだい捕殺し、多いときは薬剤散布を行なう。

ハウス内は気温が高くて、虫が繁殖するのに適しており、かつ天敵の飛来も少ないので、アザミウマ類、コナジラミ類、ハモグリバエ類、ハダニ類が多発しやすい。発生に気付いたら早期に薬剤散布を行なうのが基本で、多発してからの防除は時間と労力がかかるうえに、防除効果も劣る。

すす病が発生していたらワタアブラムシまたはコナジラミ類が多発している。葉裏を調べて診断をする。

●野菜別防除対策 9　　pp.33 - 35 参照

イチゴ ●バラ科

病　気

●定植期〜生育期

苗を養成する場合は、畑で健全な親株から育てた苗を用いる。とくに株が萎縮したものや葉がモザイクになったものは使用しない。また、前年のイチゴの生育が悪かった畑は土壌消毒（268頁）する。

定植後、伸びてきた葉がやや黄化したり、奇形になったり、あるいはしおれるような株、または葉に黒色円形の病斑、ランナーに褐色病斑を生じてその先が枯れるようなら炭疽病の可能性が高い。感染が広がる前に抜き取って1m以上深く土に埋めるか、焼却する。

●生育期〜収穫期

着果してから、雨が続いて排水が悪く、一時的に水がたまった場合に株がしおれて枯れたら疫病である。排水を良好にして薬剤を株元に灌注する。葉に蛇の目病、黒斑病、うどんこ病が発生したら有効薬剤を散布する。

害　虫

●定植後〜生育期

9月ころ、定植後の苗がハスモンヨトウの幼虫によって葉が食われて孔があき、ときには軸だけになることがある。付近にこの虫が好むサツマイモ、エダマメ、サトイモがあるときは要注意。

気温が下がると害虫は越冬に入るので、翌春までは問題はない。

●生育期〜収穫期

開花が始まるころからアブラムシ類が葉やつぼみに群生して吸汁するので、発生が多いときにはアブラムシ用の薬剤を散布する。

ハウス栽培やビニール被覆栽培するとハダニ類が多発することがあるが、通常の露地栽培では多発しない。

[イチゴ] 病気・害虫の年間発生

分類		病気・害虫名	被害ランク	10 上中下	11-1 上中下	2 上中下	3 上中下	4 上中下	5 上中下	6 上中下	発生部位 発生条件など
		栽 培 暦		○○定植					収穫		
病気	糸	萎黄病	A								土壌、苗伝染
	細	青枯病	C								土壌伝染、高温、地下水位が高いと発生しやすい
	糸	疫病	B								土壌の水分過多で発生しやすい
	糸	蛇の目病	C								被害が大きい
	糸	輪紋病	C								被害が大きい
	糸	グノモニア輪紋病	C								主にハウスで発生
	糸	黒斑病	C								空気伝染
	糸	うどんこ病	C								乾燥気味で多発生
	糸	炭疽病	A								
害虫	カ	アブラムシ類	A								
	ナ	ナメクジ類	B								果実の被害が大きい 湿り気のある畑で多発
	チ	ヨトウムシ類	C								隣接の野菜から移動・侵入

イチゴ●病気 薬剤と使用法

薬剤名	薬剤のタイプ	安全使用基準 使用時期	使用回数	使用倍数	萎黄病	炭疽病	蛇の目病	黒斑病	うどんこ病	疫病	備考
●トリフミン水和剤	殺	収穫前日まで	5	3000〜5000			○		○		蛇の目病は3000倍
モレスタン水和剤	殺	収穫前日まで	2	3000〜4000					○		
トップジンM水和剤	±	仮植え栽培期	3	300〜500 3ℓ/㎡株元灌注	○						または1時間根部浸漬
ロブラール水和剤	殺	収穫前日まで	4	1500				○			
オーソサイド水和剤80	殺	収穫30日前まで	3	800		○					
●リドミルMZ水和剤	±	育苗期	3	1000						○	
ベンレート水和剤	菌	仮植え前 定植後	3 1	500 1〜3時間根部浸漬	○	○					炭疽病は10〜30分間

イチゴ●害虫 薬剤と使用法

薬剤名	薬剤のタイプ	使用時期	使用回数	使用倍数	アブラムシ類	ハダニ類	ミカンキイロアザミウマ	ハスモンヨトウ	備考
スミチオン乳剤	殺	収穫7日前まで	2	2000	○				
ダニ太郎	殺	収穫前日まで	2	1000		○			
バロックフロアブル	殺	収穫前日まで	1	2000		○			
アファーム乳剤Ⓖ	殺	収穫前日まで	2	2000				○	
ゼンターリ顆粒水和剤*1	殺	収穫前日まで	4	1000				○	
粘着くん液剤*2	殺	収穫前日まで	-	100	○	○			
原液散布剤*3	殺			原液	○	○			
アディオン乳剤Ⓖ	殺	収穫前日まで	5	3000	○		○		
ベストガード水溶剤	殺	収穫前日まで	3	2000	○				
●アーデント水和剤	殺	収穫前日まで	4	1000	○	○	○		
●チェス水和剤	殺	収穫前日まで	3	2000	○				
●スピノエース顆粒水和剤	殺	収穫前日まで	2	5000			○		
●アタブロン乳剤	殺	収穫前日まで	3	2000			○	○	
●ノーモルト乳剤	殺	収穫前日まで	2	2000				○	
●カスケード乳剤	殺	収穫前日まで	3	4000			○	○	
●オサダン水和剤25Ⓖ	殺	収穫前日まで	3	1000〜1500		○			

　やや湿り気のある畑ではナメクジ類が発生し、果実の地面に接した部分がえぐりとったように食われる。皮肉なことに大きな果実がよく被害を受け、がっかりさせられる。

　被害に気付いたら、畑全面にナメクジ用の薬剤をばらまく。この薬剤は雨に当たると形が崩れて流れてしまうので、雨が予想されるときには行なわない。

● 野菜別防除対策 10　p.36 参照

オクラ ●アオイ科

病気

●播種期〜定植期

　前年あるいは前作で苗立枯病、半身萎凋病が発生した畑では栽培を避けるか、土壌消毒（268頁）をする。発芽後や定植直後に苗がしおれたら苗立枯病なので薬剤を処理する

●定植後〜生育期

　苗がある程度生長してから葉の色がやや黄色気味になって、なんとなく元気がなかったりしおれたりしたら半身萎凋病である。この病気は土壌伝染性なので播種あるいは定植前に土壌消毒しておく。葉に発生する葉すす病などの病気には、薬剤をかけムラのないよう丁寧に散布する。

●生育期〜収穫期

　このころになって半身萎凋病が発生したら、できるだけ収穫してしまう。収穫後は、翌年の栽培のために土中の根まで取り除いて1m以上深く土に埋めるか焼却する。葉すす病には薬剤を散布する。

害虫

●播種前〜定植期

　コガネムシ類の幼虫は、畑を耕したり畝つくりの際に、見つけしだい捕殺する。

●定植後〜生育期

　ワタアブラムシが新芽や新葉の裏に集団で寄生して吸汁するので、発生に気付いたらアブラムシ類専用の薬剤を散布する。

●生育期〜収穫期

　ワタノメイガの幼虫が葉を糸でつづって筒状にして葉を食べるので、葉の被害

[オクラ] 病気・害虫の年間発生

分類		病気・害虫名	被害ランク	3	4	5	6	7	8	9	発生部位 発生条件 など
		栽培暦		播種	定植						
病気	糸	苗立枯病	A								
	糸	葉すす病	B								高温乾燥で発生しやすい
	糸	半身萎凋病	A								地温が比較的低いときに発生
害虫	カ	ワタアブラムシ	B								
	チ	ワタノメイガ	B								
	チ	フタトガリコヤガ	C								
	チ	ハスモンヨトウ	C								隣接の野菜から移動・侵入
	チ	フキノメイガ	C								

オクラ●病気　薬剤と使用法

薬剤名	薬剤のタイプ	安全使用基準			苗立枯病	葉すす病	備考
		使用時期	使用回数	使用倍数			
●リゾレックス水和剤	⊕	播種時、子葉展開期	2	1000　1ℓ/㎡土壌灌注	○		
トップジンM水和剤	㊲	収穫前日まで	3	1500		○	

オクラ●害虫　薬剤と使用法

薬剤名	薬剤のタイプ	安全使用基準			アブラムシ類	オオタバコガ	ハスモンヨトウ	備考
		使用時期	使用回数	使用倍数				
オルトラン水和剤	㊲	収穫7日前まで	1	1000	○			
トレボン乳剤	㊲	収穫前日まで	3	1000	○			
アファーム乳剤Ⓒ	㊲	収穫前日まで	2	2000		○		
ゼンターリ顆粒水和剤*1	㊲	収穫前日まで	4	1000		○	○	発生初期
粘着くん液剤*2	㊲	収穫前日まで	−	100	○			
アディオン乳剤Ⓒ	㊲	収穫前日まで	3	2000	○	○		
●チェス水溶剤	㊲	収穫前日まで	3	3000	○			
●アクタラ顆粒水溶剤	㊲	収穫前日まで	3	2000	○			
●ダントツ水溶剤	㊲	収穫前日まで	3	2000〜4000	○			
●マトリックフロアブル	㊲	収穫前日まで	3	2000			○	
●スタークル顆粒水溶剤	㊲	収穫前日まで	2	2000	○			
●アルバリン顆粒水溶剤	㊲	収穫前日まで	2	2000	○			
●ベニカ水溶剤	㊲	収穫前日まで	3	2000〜4000	○			
●アタブロン乳剤	㊲	収穫前日まで	4	2000		○	○	

に気付いたら筒を開いて内部のイモムシを捕殺する。葉を開くと敏捷に逃げ去るので、取り逃がさないように注意する。

フタトガリコヤガの幼虫（緑色のアオムシ）が葉をかじって孔をあけるので、見つけしだい捕殺する。

● 野菜別防除対策 11　pp.37-38参照

トウモロコシ　●イネ科

病気

●定植前～定植期

　種子消毒（266頁）をしてから播種する。育苗する土壌や栽培する畑で、前年に株が枯れる病気が発生している場合は、作付けをやめるか土壌消毒（268頁）をしておく。

　発芽してからヒメトビウンカが発生したら、すじ萎縮病の予防のため薬剤を散布する。

●定植後～生育期

　定植してから葉が黄化する苗立枯病は種子と土壌から伝染する。発生してからでは防除法がないので、播種前に種子消毒をする。

　茎の途中が水浸状に褐変して倒れる倒伏細菌病は雨で蔓延する。梅雨期にはポリフィルムでハウスのように覆ってトウモロコシに雨が当たらないようにするとよい。

●生育期～収穫期

　子実がかなり肥大してきたころ、雨が続いて子実の一部が汚白色に膨れてきたら黒穂病である。種子伝染なので、立枯病の予防として種子消毒しておけば本病も防げる。この他、褐斑病やごま葉枯病などは、密植しないように植えつけて、葉が混み合わないように風通しをよくしておくとよい。

[トウモロコシ] 病気・害虫の年間発生

分類		病気・害虫名	被害ランク	4	5	6	7	8	9	発生部位 発生条件 など
病気	ウ	すじ萎縮病	C							ヒメトビウンカ媒介
	細	倒伏細菌病	A							種子伝染、降雨が多いと多発生する
	糸	苗立枯病	A							種子、土壌伝染
	糸	褐斑病	C							
	糸	ごま葉枯病	C							
	糸	黒穂病	B							雌穂に初感染、降雨が多いと多発生する
害虫	カ	アブラムシ類	B							
	チ	アワノメイガ	A							果実内に食入
	チ	アワヨトウ	A							
	チ	オオタバコガ	B							果実内に食入

栽培暦：播種／定植

害 虫

●播種前～定植期
前年度のトウモロコシの枯れた茎や葉は焼き捨てて、アワノメイガの越冬蛹をなくす。また、畑周辺の雑草も越冬場所となっているので、刈り取って処分する。

●定植期～生育期
穂の出る直前の葉をアワヨトウが食い荒らすので、被害のあった株の筒状部を調べ、中に潜んでいる幼虫を捕殺する。

葉裏にアブラムシ類が発生したとき、少なければ無視してよいが、多発していたらアブラムシ専用の薬剤を散布する。

●生育期～収穫期
雄穂が伸びて開花するころになると、アワノメイガの幼虫が穂状の花を糸でつづり合わせて、雄花やその軸を食べる。このころでは幼虫はつづり合わせた花の中に潜んでいるので薬剤散布をしても効果が十分にあがらない。そのため、畑全体の2割程度の株で筒状部から雄穂が伸びだしたころに薬剤を散布する。

また、幼虫が太い茎や雌花の鞘の中に移動して食入するので、雄穂は受粉が終わったと思われる時期（早いほどよい）に切り取って焼き捨て処分する。

切り取らない、または切り取ってそのまま付近に放置すると、新たに茎や雌花の鞘に食い込むほか、次の世代の発生源となる。

近年、オオタバコガの幼虫が雌花の鞘の中に食入する被害が現われているが、葉や花を食っている段階で見つけることはむずかしい。この幼虫を見つけたときは、捕殺するとともに薬剤を散布する。

トウモロコシ●病気　薬剤と使用法

薬剤名	薬剤のタイプ	安全使用基準			苗立枯病	備考
		使用時期	使用回数	使用倍数		
●チウラム80	畑	播種前	1	5g／種子1kg 粉衣して播種	○	

トウモロコシ（未成熟）●害虫　薬剤と使用法

薬剤名	薬剤のタイプ	安全使用基準			アブラムシ	アワノメイガ	オオタバコガ	ヨトウムシ	アワヨトウ	備考
		使用時期	使用回数	使用倍数						
アファーム乳剤⊂	畑	収穫3日前まで	2	1000～2000			○	○		
ディプテレックス粉剤	畑	収穫14日前まで	4	4kg/10a					○	
ゼンターリ顆粒水和剤*1	畑	収穫前日まで	4	1000		○	○			発生初期
粘着くん液剤*2	畑	収穫前日まで	-	100	○					
●マトリックフロアブル	畑	収穫前日まで	3	2000		○				
●アクタラ顆粒水溶剤	畑	収穫7日前まで	2	3000	○					

● 野菜別防除対策 **12** pp.39－40 参照

インゲンマメ ●マメ科

病気

●播種期〜定植期
発芽してからはモザイク病の予防のためアブラムシを防除する。

●定植期〜収穫期
葉が繁茂してから斑点ができて、黄色く枯れるようであればかさ枯病である。適用薬剤はないが、雨が当たらないようにすれば発病は抑えられる。また褐斑病やうどんこ病あるいは炭疽病は密植を避け茎葉が繁茂しすぎないように管理する。Part 1 に写真はないが灰色かび病が発生したら薬剤を散布する。

害虫

●播種前〜定植期
油粕、鶏糞、未熟有機物などを畑に入れるとタネバエを誘引し、播種した種が虫に食われて発芽しないことがあるが、通常はとくに問題となる害虫ではない。

アブラムシ類の発生を予防するには、播種時または定植時に粒剤を土の中に混ぜ込んでおく。

●定植後〜生育期
ジャガイモヒゲナガアブラムシの吸汁によって葉に黄色の斑紋が発生することがあるが、生育にはあまり影響しないの

[インゲンマメ] 病気・害虫の年間発生

分類		病気・害虫名	推奨ランク	4	5	6	7	8	9	発生部位 発生条件 など
		栽培暦		播種	定植					
病気	ウ	モザイク病	A							アブラムシ媒介
	細	かさ枯病	B							降雨が多いと多発生
	糸	褐斑病	B							
	糸	根腐病	A							土壌伝染
	糸	うどんこ病	B							比較的乾燥気味で多発生
害虫	カ	アブラムシ類	B							
	ア	アザミウマ類	B							
	ダ	ハダニ類	B							雨が少ないと多発
	チ	フキノメイガ	C							
	ハ	マメハモグリバエ	B							近年、増えている
	コ	コガネムシ類	C							

で無視してよい。マメアブラムシは新葉、新芽に群生して吸汁するので、多発すると生育に影響する。アブラムシ用の薬剤を散布する。

●生育期〜収穫期

コガネムシ類の成虫によって葉が食い荒らされて丸坊主にされることがある。放置すると被害が増大するので、発生に気付いたらすぐに捕殺する。

マメアブラムシは葉や新芽ばかりでなく、豆莢にも寄生するので、発生の多いときはアブラムシ用の薬剤を散布する。

夏乾燥するとハダニ類が発生するので、葉に点状の色抜け、豆莢が汚くなるなどの被害が現われたら、ハダニ用の防除薬剤を散布する。

近年、マメハモグリバエによる被害が増えている。葉に曲がりくねった白いすじが現われるのが特徴で、多発すると葉全体が白っぽくなり、株が衰弱するので早期に防除を行なう。

ビニールハウスの近くで栽培すると、ミナミキイロアザミウマが発生することがある。葉の裏面が褐変し、豆莢も黒く汚れる。被害に気付いたら早期に薬剤を散布する。

9月まで栽培が続くときには、ハスモンヨトウが発生して葉や豆莢を食い荒らす。数百個の卵を固まりにして産卵し、発生は卵のあった葉から始まる。葉裏を食われて透かし状になった葉があれば切り取って処分する。

インゲンマメ●病気　薬剤と使用法

薬剤名	薬剤のタイプ	安全使用基準			灰色かび病	備考
		使用時期	使用回数	使用倍数		
●セイビアーフロアブル	㊩	収穫前日まで	3	1000〜1500	○	

インゲンマメ●害虫　薬剤と使用法

薬剤名	薬剤のタイプ	安全使用基準			アブラムシ類	マメハモグリバエ	ハダニ類	ミナミキイロアザミウマ	備考
		使用時期	使用回数	使用倍数					
アファーム乳剤❻	㊩	収穫前日まで	2	2000	○				
粘着くん液剤*2	㊩	収穫前日まで	−	100	○		○		
アドマイヤー1粒剤	⊕	定植時または播種時	1	1〜2g/株	○				植え穴土壌混和
●アクタラ顆粒水溶剤	㊩	収穫前日まで	3	3000	○				
●カスケード乳剤	㊩	収穫前日まで	2	2000		○			
●アタブロン乳剤	㊩	収穫前日まで	2	2000				○	
●ニッソラン水和剤	㊩	収穫前日まで	1	2000			○		
●ダニトロン水和剤❻	㊩	収穫前日まで	1	1000〜2000			○		

●野菜別防除対策 13　pp.41 − 42 参照

エダマメ　●マメ科

病　気

●播種期～定植期
エダマメは萎凋病、黒根病、立枯病などの土壌伝染する病気が多いので、連作を避けることが望ましい。育苗床は新しい土を用いるか、種子を消毒（266頁）しておく。発芽後にはモザイク病の予防のためにアブラムシを防除する。

●定植後～収穫期
葉が繁茂してアブラムシが発生してきたらモザイク病予防のため防除する。

葉に小斑点が生じる斑点細菌病には薬剤を散布する。

葉がしおれて枯れるようなら土壌伝染する病気である。連作を避ける。

害　虫

●播種前～定植期
通常はとくに問題となる害虫はないが、油粕、鶏糞、未熟の有機物などを畑に入れるとタネバエを誘引し、播種した種が虫に食われて発芽しないことがある。

●定植後～生育期
この時期は致命的な被害を与える害虫の発生はない。

ジャガイモヒゲナガアブラムシの吸汁によって葉に黄色の斑紋が発生することがあるが、生育にはあまり影響しないので無視してよい。

葉を糸でつづり合わせるマメヒメサヤムシガなどの発生があるときは、葉を開いて内側にいる虫を捕殺する。コガネムシ類が葉をかじっているのを見つけたときには捕殺する。

[エダマメ] 病気・害虫の年間発生

分類		病気・害虫名	被害ランク	4 上中下	5 上中下	6 上中下	7 上中下	8 上中下	9 上中下	発生部位 発生条件 など
		栽培暦		播種　定植						
病気	ウ	モザイク病	A							アブラムシ媒介
	細	斑点細菌病	A							降雨が多いと多発生
	糸	萎凋病	B							土壌伝染
	糸	黒根腐病	A							土壌伝染 地際の茎が黒く腐敗する
	糸	立枯病	A							土壌伝染
害虫	カ	アブラムシ類	B							
	カ	カメムシ類	A							多発すると実がつかず、葉が茂る
	コ	コガネムシ類	C							

●生育期～収穫期

　豆莢を狙って吸汁するホソヘリカメムシ（暗褐色、アリ型）、アオクサカメムシ（緑色）、イチモンジカメムシ（緑色）の発生に注意する。

　これらのカメムシ類によって吸汁された豆莢は肥大せずに落下するので、葉は青々と茂り、豆莢がいつまでたっても着かない状態になる。防除には開花期から数回、殺虫剤を散布する。

　マルカメムシ（暗黄緑色または褐色、丸型）が葉、茎、新芽などに群生して吸汁するが、豆莢を攻撃しないので実害は低く、発生しても無視してよい。また、アブラムシ類も発生することがあるが、実害は低い。

　9月まで栽培が続くときには、ハスモンヨトウが発生して葉を食い荒らす。数百個の卵を固まりにして産卵する。発生は卵のあった葉から始まるので、葉裏を食われて透かし状になった葉があれば切り取って処分する。

エダマメ●病気　薬剤と使用法

薬剤名	薬剤のタイプ	安全使用基準			斑点細菌病	備考
		使用時期	使用回数	使用倍数		
ドイツボルドーDF	㊝	−	−	500	○	
●フェスティバルC水和剤	㊝	収穫前日まで	3	600	○	

エダマメ●害虫　薬剤と使用法

薬剤名	薬剤のタイプ	安全使用基準			アブラムシ	ハスモンヨトウ	カメムシ類	フタスジヒメハムシ	備考
		使用時期	使用回数	使用倍数					
オルトラン水和剤	㊝	収穫21日前まで	3	2000	○	○			
トレボン乳剤	㊝	収穫21日前まで	2	1000		○	○	○	
アファーム乳剤●	㊝	収穫3日前まで	2	1000～2000		○			
ゼンターリ顆粒水和剤	㊝	収穫前日まで	4	1000		○			発生初期
スミチオン乳剤	㊝	収穫21日前まで	4	1000～2000	○		○		
アクタラAL	㊝	収穫7日前まで	2	原液	○				
カダンスプレーEX	㊝	収穫7日前まで	2	原液	○				
●アクタラ顆粒水溶剤	㊝	収穫7日前まで	2	3000	○				
●ダントツ水溶剤	㊝	収穫3日前まで	3	2000～4000	○		○	○	
●ベニカ水溶剤	㊝	収穫3日前まで	3	2000～4000	○		○	○	
●スタークル顆粒水溶剤	㊝	収穫7日前まで	2	2000			○		
●アルバリン顆粒水溶剤	㊝	収穫7日前まで	2	2000			○		
●プレオフロアブル	㊝	収穫前日まで	2	1000		○			

● 野菜別防除対策 14　p.43 参照

エンドウ　●マメ科

病気

●播種期～定植期
連作を嫌うが連作する場合は立枯病の予防のため土壌をあらかじめ消毒（268頁）しておく。発芽後、アブラムシが発生したらモザイク病の予防のために防除する。

●定植期～収穫期
このころは低温期なので病気の発生はほとんどない。生育の後半、葉に斑点ができるようになったら褐斑病、褐紋病なので薬剤を散布する。暖かい場所ではアブラムシの防除を行なう。

株が枯れる立枯病は植えつけ前の土壌消毒以外に予防法はない。茎腐病に対しては発生の初期に、株元に薬剤を灌注して防除する。

害虫

●定植後～生育期
通常の栽培では気温が低いので害虫は発生することはない。秋早く栽培を始めると、ハスモンヨトウの幼虫が葉をかじって孔をあけることがある。

●生育期～収穫期
春季、ナモグリバエ幼虫による葉の食入被害が目立つ。葉に白い曲がりくねったすじが現われ、ときには株全体の葉が被害を受けて真っ白になることもある。多発すると株の枯れあがりが早くなり、収量にも影響するので、発生初期に薬剤

[エンドウ] 病気・害虫の年間発生

分類		病気・害虫名	被害ランク	9	10	11	12	1-4	5	6	発生部位 発生条件 など
		栽培暦		播種	定植						
病気	ウ	モザイク病	B								アブラムシ媒介
	糸	褐紋病	B								
	糸	褐斑病	B								
	糸	立枯病	A								土壌伝染
	糸	茎腐病	A								土壌伝染 地際部の茎が褐変
害虫	カ	アブラムシ類	B								
	ハ	ナモグリバエ	A								春季に激発する
	チ	ヨトウムシ	C								
	チ	ハスモンヨトウ	C								

エンドウ●病気　薬剤と使用法

薬剤名	薬剤のタイプ	安全使用基準 使用時期	使用回数	使用倍数	褐紋病	褐斑病	茎腐病	備考
トップジンM水和剤	稅	収穫前日まで	3	2000	○	○		
●リゾレックス水和剤	⊕	収穫7日前まで	2	1000　1ℓ/㎡　株元へ灌注			○	

エンドウ●害虫　薬剤と使用法

薬剤名	薬剤のタイプ	安全使用基準 使用時期	使用回数	使用倍数	アブラムシ	ナモグリバエ	ハスモンヨトウ	ヨトウムシ	ウラナミシジミ	備考
スミチオン乳剤	稅	収穫21日前まで	4	1000〜2000	○					
アファーム乳剤❻	稅	収穫3日前まで	3	2000			○			
ゼンターリ顆粒水和剤	稅	収穫前日まで	4	1000			○	○		発生初期
粘着くん液剤*2	稅	収穫前日まで	−	100	○					
アディオン乳剤❻	稅	収穫前日まで	3	3000		○		○	○	
●アルバリン顆粒水溶剤	稅	収穫前日まで	2	2000	○	○				
●スタークル顆粒水溶剤	稅	収穫前日まで	2	2000	○	○				
●マトリックフロアブル	稅	収穫前日まで	3	2000			○			
●プレオフロアブル	稅	収穫前日まで	2	1000			○			

を散布する。

　場所、年によって変動が大きいが、アブラムシ類も春季に発生する。緑色がエンドウヒゲナガアブラムシ、黒色がマメアブラムシで、葉ばかりでなく豆莢にも群生する。発生に気付いたらアブラムシ用の薬剤を散布する。

　春は葉を食い荒らすヨトウムシが発生することもある。葉の被害に気付いたら葉裏を調べて緑色の幼虫を捕殺する。

● 野菜別防除対策 15　p.44 参照

ソラマメ ●マメ科

病　気

●播種期～定植期
播種には、立枯病、白絹病の予防のために、新しい土か消毒した土を用いる。畑はソラマメの連作を避け、連作する場合は土壌消毒（268頁）をする。

●定植期～収穫期
繁茂してから葉がしおれたら立枯病の可能性があるので、薬剤を株元に灌注する。その他、輪紋をもった輪紋病や小さい褐色の斑点の赤色斑点病やさび病にはそれぞれに適用された薬剤を散布する。

この時期に株全体がしおれるのは茎腐病か菌核病であり被害が大きく、適用された薬剤がない。これらの病気が前年に発生していたら土壌を乾燥させるように管理すれば、発生はかなり抑えられる。

[ソラマメ] 病気・害虫の年間発生

分類		病気・害虫名	被害ランク	9	10	11-1	2	3	4	5	6	発生部位 発生条件 など
病気	細	立枯病	A									土壌伝染
	糸	茎腐病	A									移植後から発生
	糸	菌核病	A									茎に白色の菌糸が見られる
	糸	赤色斑点病	C									
	糸	褐斑病	C									
	糸	輪紋病	C									
	糸	さび病	C									
害虫	カ	アブラムシ類	A									春季に多発する

ソラマメ●病気　薬剤と使用法

薬剤名	薬剤のタイプ	安全使用基準			立枯病	赤色斑点病	輪紋病	さび病	備考
		使用時期	使用回数	使用倍数					
ジマンダイセン水和剤	殺	収穫30日前まで	3	400～600			○	○	
ビスダイセン水和剤	殺	収穫45日前まで	3	400～1000		○			
●タチガレン液剤	土	生育期　収穫30日前	3	500 0.2ℓ/株元灌注	○				

ソラマメ ●害虫　薬剤と使用法

薬剤名	薬剤のタイプ	安全使用基準			アブラムシ類	備考
		使用時期	使用回数	使用倍数		
スミチオン乳剤	㊕	収穫3日前まで	3	1000〜2000	○	
アディオン乳剤 G	㊕	収穫7日前まで	3	3000	○	
粘着くん液剤*2	㊕	収穫前日まで	−	100	○	
アドマイヤー1粒剤	±	定植時	1	2g/植え穴	○	植え穴土壌混和
●アドマイヤーフロアブル	㊕	収穫7日前まで	3	4000	○	

害虫

●播種前〜定植期
アブラムシ類の発生予防のために定植時に粒状の薬剤を土に混ぜ込むと、長期間アブラムシ類の寄生を防止できる。

●定植後〜生育期
アブラムシ類が新葉、新芽の間に寄生するが多発することは少ない。しかし、この虫が翌春の発生源になるので、年内に1回程度の薬剤散布がのぞましい。

●生育期〜収穫期
気温が上がり始めるとともに、アブラムシ類が急増する。緑色がソラマメヒゲナガアブラムシ、黒色がマメアブラムシで、新芽と新葉に群生する。発生初期にアブラムシ用の薬剤を散布する。

●野菜別防除対策 16　p.45参照

ラッカセイ ●マメ科

病気

●播種期〜生育期
前年、株元に白い絹糸状のカビが生え、株全体がしおれて枯れる白絹病が発生した畑は、植えつけ前にフロンサイド粉剤（20g/㎡）を土壌に混和しておく。

●生育期〜収穫期
生育初期にアブラムシやアザミウマなど、ウイルスを媒介する害虫を防除する。
葉に暗褐色の病斑が出たら黒渋病なので薬剤を散布する。その他の病気を予防するため、密植は避け茎葉の過繁茂を防止し、風通しを良好にする。

害虫

●播種後〜生育期
コガネムシ類やヒョウタンゾウムシの幼虫による、根や豆莢の被害が毎年発生するような砂質地の畑では、播種前に土に粒状の薬剤を混ぜ込んで予防する。
株の生育が悪い、株が弱って枯れてきた段階では手遅れで対策はない。
7〜9月ころ、オンブバッタが葉をかじることがあるが、実害はほとんどない。

●生育期〜収穫期
収穫時に豆莢が食われて、付近からコガネムシ類の幼虫が見つかったときは、

[ラッカセイ] 病気・害虫の年間発生

分類		病気・害虫名	被害ランク	5 上	中	下	6 上	中	下	7 上	中	下	8 上	中	下	9 上	中	下	10 上	中	下	発生部位 発生条件 など
		栽 培 暦					播種																	
病気	ウ	斑葉病	B																			アブラムシ媒介、種子、接触伝染
	ウ	えそ萎縮病	B																			アブラムシ媒介、接触伝染
	糸	黒渋病	B																			
	糸	莢褐斑病	B																			
	糸	茎腐病	B																			高温時に多発生しやすい
	糸	根腐病	B																			
	糸	白絹病	B																			高温期に発生
害虫	コ	コガネムシ類幼虫	A																			
	コ	トビイロヒョウタンゾウムシ幼虫	A																			収穫時に被害がわかる

ラッカセイ●病気　薬剤と使用法

| 薬 剤 名 | 薬剤のタイプ | 安全使用基準 | | | 黒渋病 | 褐斑病 | そうか病 | 備 考 |
		使用時期	使用回数	使用倍数				
トップジンM水和剤	散	収穫 7 日前まで	4	1500～2000	○	○	○	そうか病は 1500 倍
ダコニール 1000	散	収穫 14 日前まで	4	500		○		
硫黄粉剤 50	散	－	－	3 g /㎡	○	○		

ラッカセイ●害虫　薬剤と使用法

| 薬 剤 名 | 薬剤のタイプ | 安全使用基準 | | | コガネムシ類 | 備 考 |
		使用時期	使用回数	使用倍数		
●オンコル粒剤 5	土	播種時	1	9 kg /10 a	○	全面土壌混和
●フォース粒剤	土	播種時	1	9 kg /10 a	○	播溝土壌混和または全面土壌混和

これらの虫を捕殺するとともに、次年度は播種時から防除対策を行なう。

●野菜別防除対策 17　pp.46−49参照

キャベツ　●アブラナ科
（ブロッコリー・カリフラワーを含む）

―― 病　気 ――

●播種期〜定植期
　育苗土で苗を育てる場合には床土に新しい土を用いる。種子を消毒しないと発芽後にしおれたり枯れたりするので種子消毒（266頁）をする。

●定植期〜生育期
　前年生育中にしおれたり枯れたりする病気（萎黄病や根こぶ病など）が発生した畑では抵抗性品種（247頁）を用いるか、土壌消毒（268頁）をする。これらの病気は発生してからでは防除法がないので定植前の消毒が重要である。
　生育中に葉の縁からクサビ形に黄化したり、黒い小斑点を生じたら細菌による病気である。また、葉に輪紋のある病斑は黒斑病である。薬剤を散布する。

●生育期〜収穫期
　結球後に気温が高くなって地際部の茎や地面に接した葉が軟化腐敗する軟腐病、キャベツ、カリフラワーの黒腐病菌は葉の水孔から侵入し、ブロッコリーで花蕾を腐敗させる腐敗病には、それぞれの薬剤をなるべく早い時期から散布する。

―― 害　虫 ――

●播種前〜定植期
　発芽するとすぐにモンシロチョウやコナガが飛来して産卵する。播種時または発芽後すぐに、寒冷紗や不織布などの被覆資材で畝面を覆う。
　コガネムシ類の幼虫は、畑を耕したり畝つくりの際に見つけしだい捕殺する。
　雑草が茂っていた畑や隣に荒れた草地があるときは、カブラヤガ（ネキリムシ）の発生が予想される。苗の定植時にネキリムシ防除薬剤を植え穴にまいておく。

●定植後〜生育期
　モンシロチョウやコナガの幼虫が葉を食い荒らすので、発生に気付いたら薬剤を散布する。モンシロチョウの幼虫は捕殺が簡単だが、コナガの幼虫は小さくて、主に芯の部分に寄生しているので捕殺がむずかしい。とくに春から夏の栽培ではこれらの害虫が多発するので、薬剤散布は不可欠である。コナガは多くの薬剤に対して強い抵抗性を持っているので、より効果の高い薬剤を選択する。
　5〜6月と10月にヨトウムシが発生するので、畑を見回り、褐変した葉や小さな孔で透かし状になった葉に注意する。葉裏に数百匹の小さな幼虫が群生しているので、葉を切り取って処分する。
　葉裏にアブラムシ類がつくことがあるが、通常は実害が低いので無視してよい。
　秋栽培では、ダイコンシンクイの発生に注意する。芯と新葉が糸でつづられているのに気付いたら、開いて中の虫を捕殺するか薬剤散布を行なう。また、9月にはハスモンヨトウが葉を暴食する。葉裏を食われて透かし状になった葉を見つけたら切り取り処分をする。

●生育期〜収穫期
　大きく成長したモンシロチョウ、ヨトウガ、ハスモンヨトウなどの幼虫は結球を始めた葉、花房でも食い荒らすので、適宜薬剤を散布する。

アブラムシ類は多発すると、結球した葉の表面ばかりでなく球内部の葉にも寄生するので、結球前にアブラムシ類が目立つ場合には薬剤散布をする必要がある。

[キャベツ] 病気・害虫の年間発生

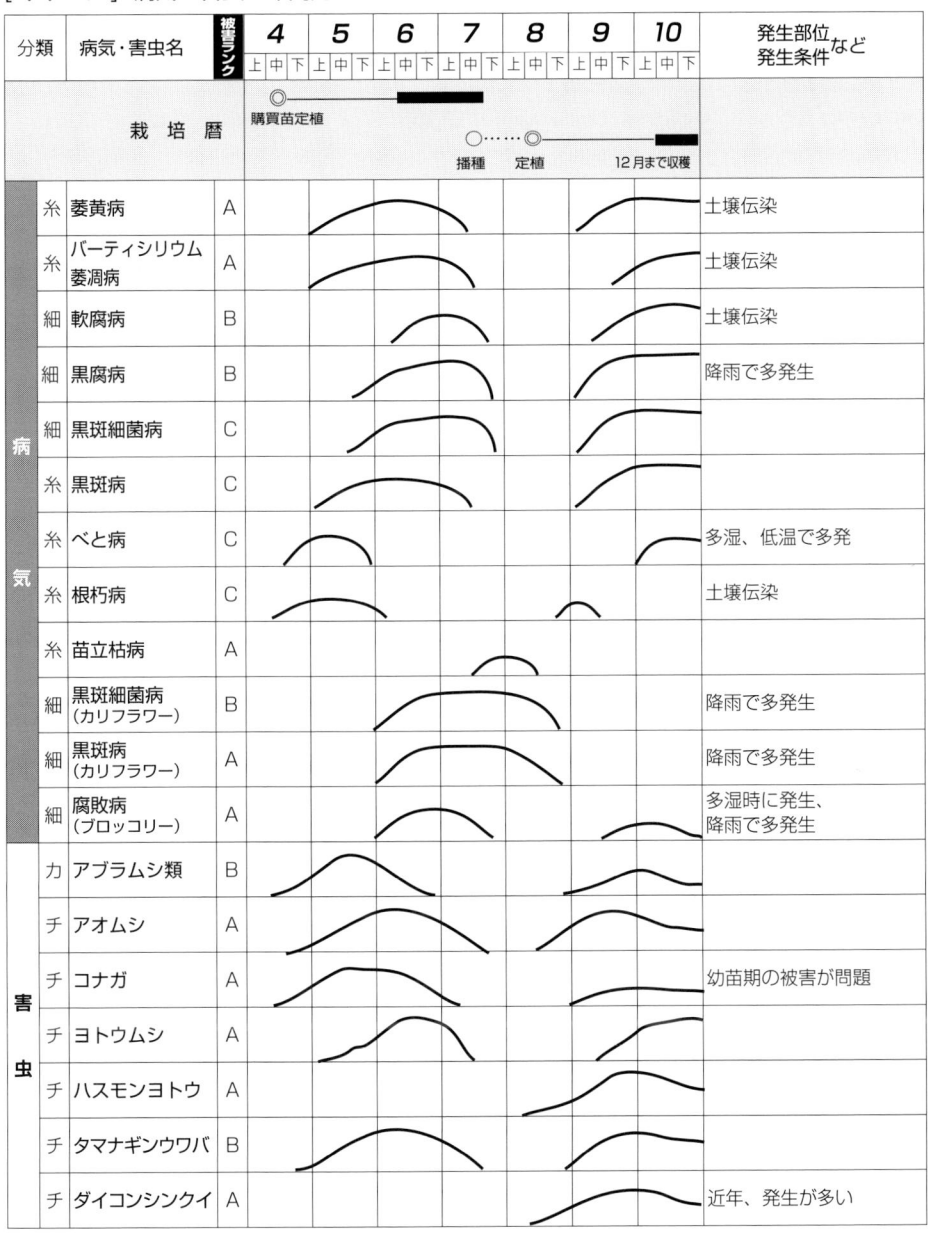

分類		病気・害虫名	被害ランク	4	5	6	7	8	9	10	発生部位 発生条件 など
病気	糸	萎黄病	A								土壌伝染
	糸	バーティシリウム萎凋病	A								土壌伝染
	細	軟腐病	B								土壌伝染
	細	黒腐病	B								降雨で多発生
	細	黒斑細菌病	C								
	糸	黒斑病	C								
	糸	べと病	C								多湿、低温で多発
	糸	根朽病	C								土壌伝染
	糸	苗立枯病	A								
	細	黒斑細菌病（カリフラワー）	B								降雨で多発生
	細	黒斑病（カリフラワー）	A								降雨で多発生
	細	腐敗病（ブロッコリー）	A								多湿時に発生、降雨で多発生
害虫	カ	アブラムシ類	B								
	チ	アオムシ	A								
	チ	コナガ	A								幼苗期の被害が問題
	チ	ヨトウムシ	A								
	チ	ハスモンヨトウ	A								
	チ	タマナギンウワバ	B								
	チ	ダイコンシンクイ	A								近年、発生が多い

栽培暦: 購買苗定植（4月下〜6月中）、播種（6月下〜7月中）、定植（7月下）、12月まで収穫

キャベツ●病気　薬剤と使用法

薬剤名	薬剤のタイプ	安全使用基準			軟腐病	黒腐病	べと病	黒腐病(ブロッコリー)	苗立枯病	備考
		使用時期	使用回数	使用倍数						
カスミンボルドー	散	収穫7日前まで	4	1000	〇	〇		〇		ブロッコリー 21日前/4回
●カッパーシン水和剤	散	収穫7日前まで	4	1000	〇	〇		〇		ブロッコリー 21日前/4回
●ナレート水和剤	散	収穫14日前まで	3	800〜1000	〇	〇				黒腐病は800倍
●スターナ水和剤	散	収穫7日前まで	3	1000	〇	〇				ブロッコリー軟腐病 14日前/2回 2000倍
Zボルドー	散	－	－	500	〇	〇	〇	〇		ブロッコリー軟腐病に有効
ダコニール1000	散	収穫14日前まで	2	1000			〇			ブロッコリーべと病 21日前/2回
ネビジン粉剤	±	播種〜定植前	2	30g/㎡ 全面土壌混和						根こぶ病に有効
●フロンサイド粉剤	±	播種〜定植前	2	40g/㎡ 全面土壌混和					〇	根こぶ病にも有効
●リドミルMZ水和剤	散	収穫30日前まで	3	1000					〇	

キャベツ●害虫　薬剤と使用法

薬剤名	薬剤のタイプ	安全使用基準			アブラムシ類	アオムシ	コナガ	ヨトウムシ	ハスモンヨトウ	ダイコンシンクイ	ネキリムシ類	備考
		使用時期	使用回数	使用倍数								
アファーム乳剤◎	散	収穫7日前まで	3	1000〜2000		〇	〇	〇	〇			
トレボン乳剤	散	収穫3日前まで	3	1000〜2000	〇	〇	〇					
ゼンターリ顆粒水和剤*1	散	収穫前日まで	4	1000		〇	〇		〇			発生初期
オルトラン水和剤	散	収穫7日前まで	3	1000〜2000	〇	〇	〇					
アクテリック乳剤	散	収穫7日前まで	4	500〜1000	〇							
モスピラン液剤	散	収穫7日前まで	6	250	〇	〇	〇					
アディオン乳剤◎	散	収穫3日前まで	5	2000	〇	〇	〇					
ディプテレックス粉剤	散	収穫7日前まで	6	3〜5kg/10a		〇						
ディプテレックス乳剤10	散	収穫7日前まで	6	200								
原液散布剤*3	散			原液	〇							
モスピラン粒剤	±	定植時	1	1g/株	〇	〇	〇					植え穴土壌混和
オンコル粒剤1	±	定植時	1	3〜6g/株	〇	〇						植え穴土壌混和
アドマイヤー粒剤1	±	定植時	1	0.5g/株	〇							植え穴土壌混和
デナポン5%ベイト	散	収穫14日前まで	3	3〜6kg/10a							〇	
ネキリトンK	散	定植時		3kg/10a							〇	
カルホス粉剤	散	植えつけ時	1	6kg/10a							〇	
●ブレオフロアブル	散	収穫7日前まで	2	1000		〇	〇	〇	〇			
●アタブロン乳剤	散	収穫7日前まで	4	2000		〇	〇	〇				
●スピノエース顆粒水和剤	散	収穫3日前まで	3	2500〜5000		〇	〇					
●トルネードフロアブル	散	収穫7日前まで	2	1000〜2000		〇	〇	〇				

● 野菜別防除対策 18　pp.50－53参照

ハクサイ　●アブラナ科
(コマツナを含む)

病気

●播種期～定植期

　前年、育苗中に苗が枯れたり、根にコブを生じたりした床土はあらかじめ土壌消毒（268頁）しておくか、根こぶ病の抵抗性品種（247頁）を用いる。発芽したらモザイク病予防のためにアブラムシを防除する。

　畑に直接播種する場合、前年に株が黄化して葉がハボタンのように垂れ下がる黄化病が発生した畑では、あらかじめ土壌消毒しておく。また、根こぶ病に対しては定植する前に石灰を施用して土壌のpHを高めたり、薬剤を土壌とよく混和したり、抵抗性品種を用いる。

●定植後～生育期

　定植後もモザイク病予防のためにアブラムシの防除を行なう。また本葉が10枚くらいになったころから日中しおれるようになったら根こぶ病の可能性が高い。この病気は発病してからでは防除できないので、作付け前に対策を行なう。

　生育中の黒斑細菌病は適用薬剤により、軟腐病との同時防除ができる。他の白斑病、黒斑病、べと病などの病気にはそれぞれの薬剤を散布する。結球し始めたころから軟腐病が発生しやすくなるので、とくに地面と接する葉の裏側に薬剤を十分に散布する。

●生育期～収穫期

　収穫が近くなってから畑に入ってハクサイを傷つけると軟腐病が発生しやすいので、薬剤を丁寧に散布する。この時期は他の斑点性病害と軟腐病との同時防除のため2つの薬剤を混合して散布する。

　結球してから葉が黄化して葉がハボタン状に垂れ下がったら黄化病である。この病気はハクサイの連作を避けるか、播種前や定植前に土壌消毒をする。また、晩生種を遅く栽培すれば被害は少し軽くなる。

　コマツナの白さび病は発病の初期に適用薬剤を散布すれば防除は容易である。

害虫

●播種前～定植期

　発芽するとすぐにモンシロチョウやダイコンハムシが飛来して産卵する。播種時または発芽後すぐに、寒冷紗や不織布などの被覆資材で畝面を覆う。

　雑草が茂っていた畑や隣に荒れた草地があるときは、ネキリムシ類の発生が予想される。苗の定植時にネキリムシ防除薬剤を畑全体、あるいは植え穴に混ぜ込み、土とよく混ぜる。

　定植時に粒状の薬剤を土の中に混ぜ込んでおくと、アブラムシ類の発生を長期間予防できる。

●定植後～生育期

　モンシロチョウの幼虫が葉を食い荒らすので、幼虫は見つけしだい捕殺する。小さな幼虫は捕殺がむずかしいので多発した時や栽培面積が広い場合には薬剤散布を行なう。

　コナガは発生するが、キャベツのように多発することはない。

　ダイコンハムシが9～10月に発生して、生育初期の株の葉を食い荒らすので、

[ハクサイ（コマツナ）] 病気・害虫の年間発生

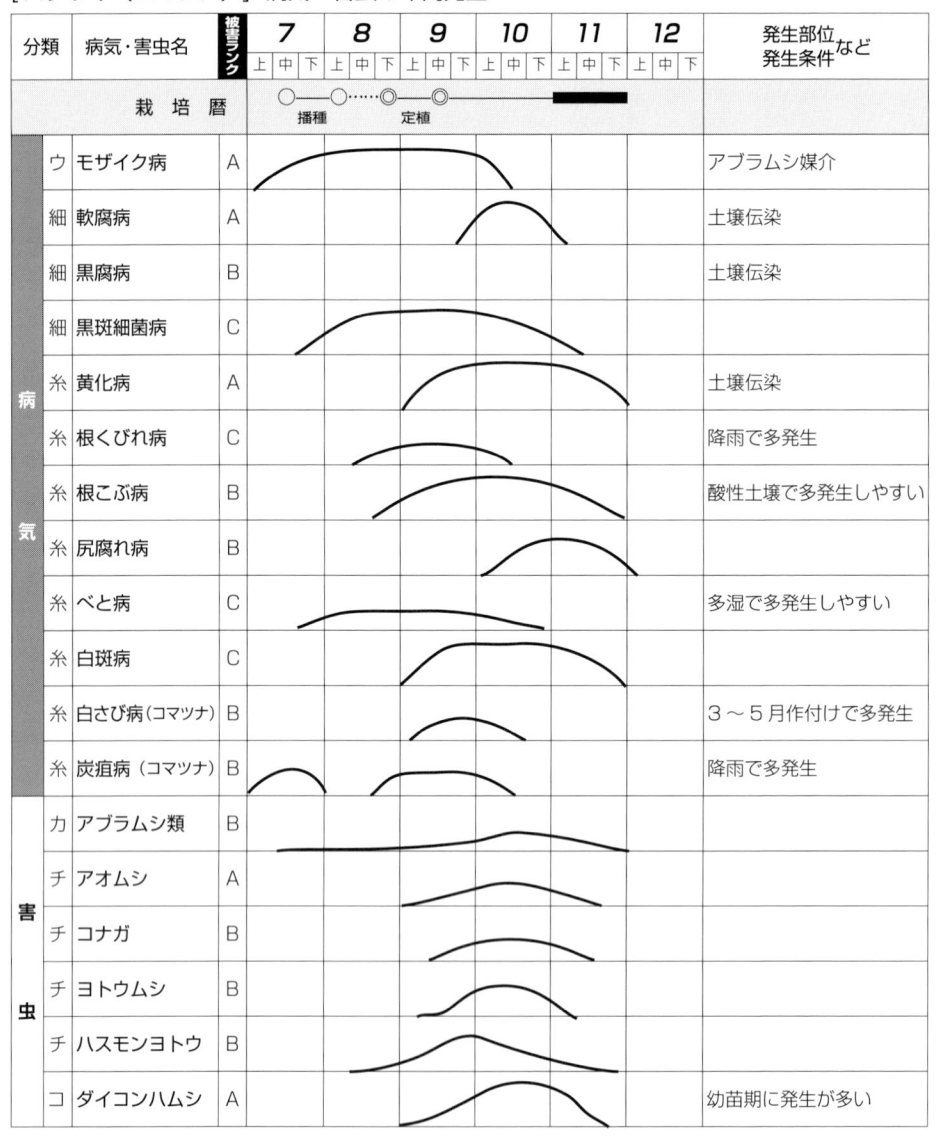

分類		病気・害虫名	被害ランク	7 上中下	8 上中下	9 上中下	10 上中下	11 上中下	12 上中下	発生部位 発生条件など
		栽培暦		○—○……○—— ━━━ 播種　定植						
病気	ウ	モザイク病	A							アブラムシ媒介
	細	軟腐病	A							土壌伝染
	細	黒腐病	B							土壌伝染
	細	黒斑細菌病	C							
	糸	黄化病	A							土壌伝染
	糸	根くびれ病	C							降雨で多発生
	糸	根こぶ病	B							酸性土壌で多発生しやすい
	糸	尻腐れ病	B							
	糸	べと病	C							多湿で多発生しやすい
	糸	白斑病	C							
	糸	白さび病（コマツナ）	B							3～5月作付けで多発
	糸	炭疽病（コマツナ）	B							降雨で多発生
害虫	カ	アブラムシ類	B							
	チ	アオムシ	A							
	チ	コナガ	B							
	チ	ヨトウムシ	B							
	チ	ハスモンヨトウ	B							
	コ	ダイコンハムシ	A							幼苗期に発生が多い

小さな青色のテントウムシのような虫は見つけしだい捕殺する。

9～10月にヨトウムシやハスモンヨトウの幼虫が葉を食い荒らして大きな孔をあける。葉が透かし状になる発生初期に、幼虫の群生している葉を処分する。

●生育期～収穫期

大きく成長したモンシロチョウ、ヨトウムシ、ハスモンヨトウなどは結球を始めた葉でも食い荒らすので、適宜薬剤散

ハクサイ ●病気　薬剤と使用法

薬剤名	薬剤のタイプ	安全使用基準			軟腐病	黒斑細菌病	べと病	白斑病	黒斑病	白さび病	根こぶ病	備考
		使用時期	使用回数	使用倍数								
ビスダイセン水和剤	殺	収穫30日前まで	1	600			○	○	○			
ダコニール１０００	殺	収穫7日前まで	2	1000				○	○	○		
オーソサイド水和剤80	殺	収穫7日前まで	5	600～1200				○	○			べと病は600倍
ジマンダイセン水和剤	殺	収穫30日前まで	1	600					○			
●スターナ水和剤	殺	収穫7日前まで	3	1000	○	○						
Zボルドー	殺	-	-	500	○							
●リドミルＭＺ水和剤	殺	収穫30日前まで	1	1000			○					
●バスアミド微粒剤	土	播種、定植21日前まで	1	20～30g/m² 全面土壌混和							○	
●フロンサイド粉剤	土	定植前	1	30～40g/m² 全面土壌混和							○	
ネビジン粉剤	土	播種、定植前	1	20～30g/m² 全面土壌混和							○	

布を行なう。アブラムシ類は多発すると、結球した葉の表面ばかりでなく、球内部の葉にも寄生するので、結球前にアブラムシ類が目立つ場合には薬剤散布をする必要がある。

コマツナ害虫

●播種期～生育期

発芽するとすぐにモンシロチョウやアブラムシ類などが飛来するので、播種時または発芽時から寒冷紗などの防虫ネットで被覆するか、不織布などの被覆資材で畝面を覆う。

雑草の生え茂っていた畑や周囲に荒れた雑草地があるときには、ネキリムシの侵入が予想されるので、早めに清掃を行なっておく。ネキリムシによる株の切り倒し被害が見つかったときは、被害株の周囲の土を浅く指で探って、土中にいる虫を見つけ出す。

キスジノミハムシの成虫が葉をかじって小さな孔をあけるので朝の活動のにぶいときに捕殺する。

●生育期～収穫期

アオムシがよく発生するので、見つけしだい捕殺する。また黒いアオムシ（カブラハバチ）が発生することがあるが、数は多くないので見つけしだい捕殺する。

黒色と橙色のツートンカラーのナガメが発生して、葉に白い小斑紋ができることもある。虫を見つけたら捕殺する。

9～10月には、青いダイコンサルハムシ、灰色のハスモンヨトウなどが発生して葉を食い荒らすので注意して捕殺する。

アブラムシ類が発生したときは、小さくて捕殺はむずかしいので、アブラムシ専用の薬剤を散布する。

ハクサイ ●害虫　薬剤と使用法

薬剤名	薬剤のタイプ	使用時期	使用回数	使用倍数	アブラムシ類	アオムシ	コナガ	ヨトウムシ	ハスモンヨトウ	ダイコンシンクイ	ネキリムシ類	備考
アファーム乳剤●	㊗	収穫7日前まで	3	1000～2000		○	○					
トレボン乳剤	㊗	収穫7日前まで	3	1000～2000	○	○	○					
トアローフロアブルCT*1	㊗	収穫前日まで	−	1000		○	○					発生初期
オルトラン水和剤	㊗	収穫14日前まで	3	1000～1500	○	○	○					
モスピラン液剤	㊗	収穫14日前まで	3	250	○							
アディオン乳剤●	㊗	収穫7日前まで	5	2000	○	○	○					
ディプテレックス粉剤	㊗	収穫7日前まで	5	3～5 kg/10a		○		○				
粘着くん液剤*2	㊗	収穫前日まで	−	100	○							
花ベジタ	㊗	収穫14日前まで	5	原液	○							
ベジタメートAL	㊗	収穫14日前まで	5	原液					○			
モスピラン粒剤	±	定植時	1	1 g/株	○	○	○			○		植え穴土壌混和
スタークル粒剤	±	定植時	1	2～3 g/株	○	○	○			○		植え穴土壌混和
アルバリン粒剤	±	定植時	1	2～3 g/株	○	○	○			○		植え穴土壌混和
ダイアジノン粒剤3	±	播種時	1	6 g/㎡							○	土壌混和
デナポン5%ベイト	㊗	収穫14日前まで	3	3～6 kg/10a						○		
ネキリトンK	㊗	播種時または定植時	1	3 kg/10a							○	
カルホス粉剤	±	播種時または植えつけ時	1	6 kg/10a							○	土壌表面散布 土壌混和処理
●カスケード乳剤	㊗	収穫14日前まで	2	2000～4000		○	○	○				
●アタブロン乳剤	㊗	収穫7日前まで	4	2000		○	○	○				
●スピノエース顆粒水和剤	㊗	収穫3日前まで	3	2500～5000		○	○	○				

●野菜別防除対策 *19*　pp.54 − 57 参照

ダイコン　●アブラナ科
(カブを含む)

―― 病　気 ――

●播種期
　種子は必ず消毒（266頁）しておく。前年に葉がしおれたり株が枯れたり病気が発生した畑では、なるべくアブラナ科以外の野菜を栽培する。

連作する栽培する場合はバーティシリウム黒点病、亀裂褐変症の防除のために土壌消毒（268頁）をしておく。

　発芽してからはモザイク病の媒介を防ぐためにアブラムシを防除する。

●生育期
　生育期もアブラムシの防除をする。雨が続く場合は細菌による黒斑細菌病が発生しやすい。畑の排水をよくしておき、雨が当たらないようにするか薬剤散布を

[ダイコン] 病気・害虫の年間発生

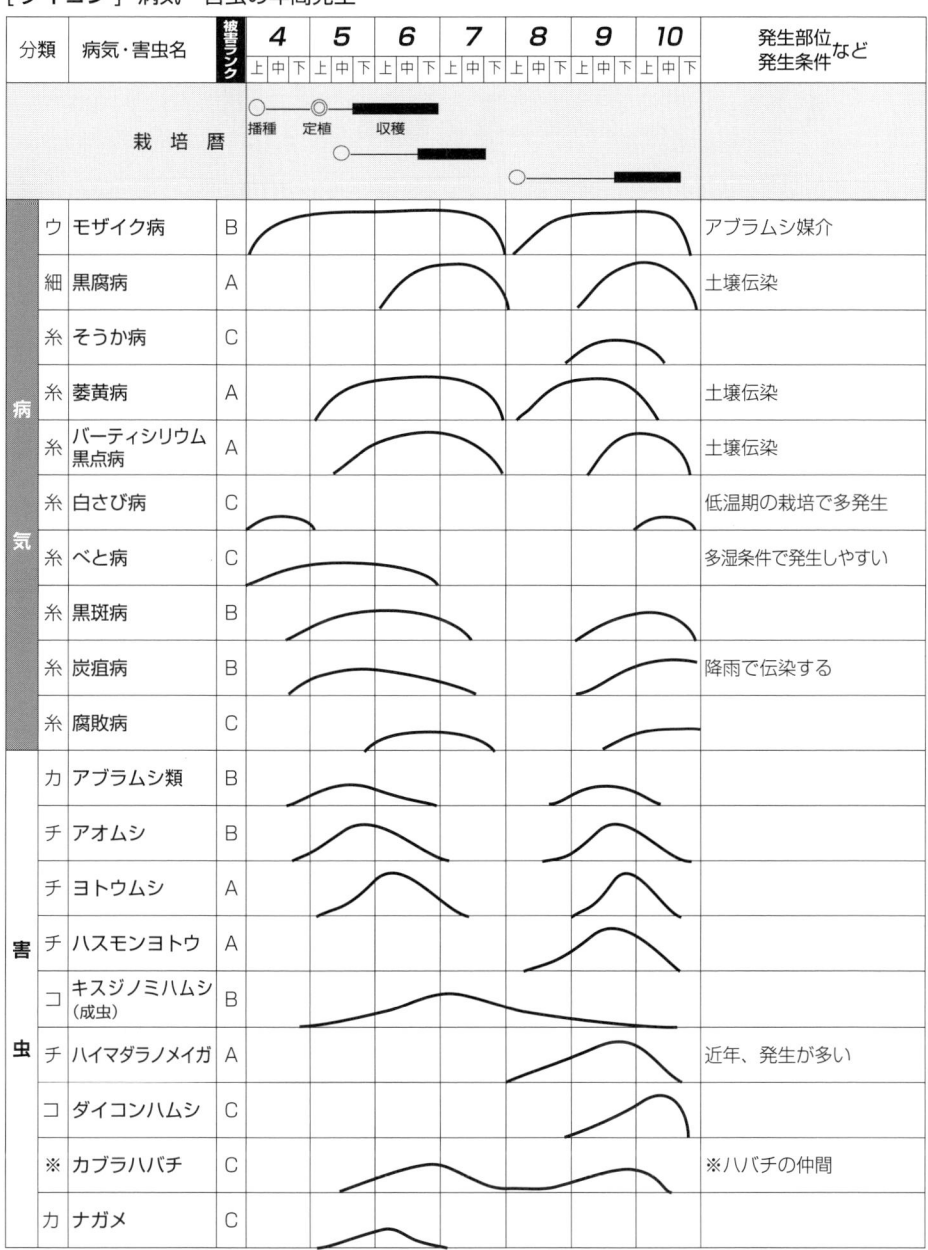

分類		病気・害虫名	被害ランク	4	5	6	7	8	9	10	発生部位 発生条件 など
		栽培暦		播種―定植―収穫							
病気	ウ	モザイク病	B								アブラムシ媒介
	細	黒腐病	A								土壌伝染
	糸	そうか病	C								
	糸	萎黄病	A								土壌伝染
	糸	バーティシリウム黒点病	A								土壌伝染
	糸	白さび病	C								低温期の栽培で多発生
	糸	べと病	C								多湿条件で発生しやすい
	糸	黒斑病	B								
	糸	炭疽病	B								降雨で伝染する
	糸	腐敗病									
害虫	カ	アブラムシ類	B								
	チ	アオムシ	B								
	チ	ヨトウムシ	A								
	チ	ハスモンヨトウ	A								
	コ	キスジノミハムシ（成虫）	B								
	チ	ハイマダラノメイガ	A								近年、発生が多い
	コ	ダイコンハムシ	C								
	※	カブラハバチ	C								※ハバチの仲間
	カ	ナガメ	C								

する。生育が悪くなったり、しおれたりする病気（バーティシリウム黒点病、萎黄病、そうか病など）は播種前の土壌消毒をしておかなければ防除できないの

ダイコン●病気　薬剤と使用法

薬剤名	薬剤のタイプ	安全使用基準			萎黄病	バーティシリウム黒点病	白さび病	べと病	炭疽病	備考
		使用時期	使用回数	使用倍数						
カスミンボルドー	殺	収穫14日前まで	3	1000						黒斑細菌病、軟腐病に効果
ダコニール1000	殺	収穫45日前まで	3	1000			○	○		
●ガスタード微粒剤	±	播種21日前まで	1	20〜30g/㎡ 全面土壌混和	○	○				根こぶ病にも有効

ダイコン●害虫　薬剤と使用法

薬剤名	薬剤のタイプ	安全使用基準			アブラムシ	アオムシ	コナガ	ヨトウムシ	ハイマダラノメイガ	センチュウ類	ネキリムシ類	備考
		使用時期	使用回数	使用倍数								
トレボン乳剤	殺	収穫21日前まで	3	1000〜2000	○	○	○	○	○			
オルトラン水和剤	殺	収穫14日前まで	3	1000	○	○	○	○				
アファーム乳剤C	殺	収穫7日前まで	3	1000〜2000		○	○	○	○			
アディオン乳剤C	殺	収穫30日前まで	4	2000	○	○	○	○				
ベストガード水溶剤	殺	収穫7日前まで	3	1000〜2000	○							
ゼンターリ顆粒水和剤*1	殺	収穫前日まで	4	1000		○	○	○				
ベジタメートAL	殺	収穫30日前まで	4	原液	○	○						
ディプテレックス粉剤	殺	収穫14日前まで	6	3〜5kg/10a				○				
ネキリントンK	殺	播種または定植時	1	3kg/10a							○	
デナポン5%ベイト	殺	収穫7日前まで	6	3〜8kg/10a							○	
カルホス粉剤	殺	播種時	1	6kg/10a							○	
ダイアジノン粒剤3	±	播種時	1	6〜8g/㎡							○	土壌混和
モスピラン粒剤	±	播種時	1	3kg/10a	○		○					播溝土壌混和
オルトラン粒剤	±	播種時	1	3〜4kg/10a	○	○	○					作条散布
アドマイヤー1粒剤	±	播種時	1	3〜6kg/10a	○							播溝土壌混和
ネマトリンエース粒剤	±	播種前	1	20kg/10a						○		
●スピノエース顆粒水和剤	殺	収穫7日前まで	3	2500〜5000		○	○	○				
●トルネードフロアブル	殺	収穫21日前まで	2	1000〜2000		○	○	○				
●アタブロン乳剤	殺	収穫14日前まで	3	2000		○	○	○				
●アクタラ顆粒水溶剤	殺	収穫7日前まで	2	2000	○							
●カスケード乳剤	殺	収穫14日前まで	3	2000〜4000		○	○	○				
●ノーモルト乳剤	殺	収穫21日前まで	2	2000		○	○					

で、次の作付け時に十分対処する。

●収穫期

　収穫したダイコンの内部に輪状に黒点を生じていたら萎黄病、バーティシリウム黒点病である。次作では、播種前に畑を消毒して対処する。また、ダイコンの内部が黒くなっていれば黒腐病で、これも播種前の土壌消毒を行なう。

　首のあたりやその下部の外側のみが黒くあざ状になっていればべと病なので薬剤を散布する。

害虫

●播種期

　発芽するとすぐにモンシロチョウやダイコンサルハムシ、アブラムシ類が飛来するので、播種時または発芽時に寒冷紗などの防虫ネットで被覆するか、不織布などの被覆資材で畝面を覆う。また、播種時に銀白色のフィルムで畝面を被覆するのも有効である。

　雑草の茂っていたような荒れた畑に栽培するときには、播種時にネキリムシ用の薬剤を土の中に混ぜ込んで予防する。収穫時に根部の肌が汚いのはセンチュウ類の被害であることが多いので、そのような被害のでる畑では定植前にセンチュウ用の薬剤を土の中に混ぜ込んでおく。

●生育期

　ハイマダラノメイガの幼虫が葉を糸でつづって食い荒らすので、発生に気付いたら被害部を調べて幼虫を捕殺するか薬剤散布を行なう。

　ダイコンハムシが9〜10月に発生して、生育初期の株の葉を食い荒らすので、小さな青色のテントウムシのような虫は見つけしだい捕殺する。

　モンシロチョウ、ヨトウガ、ハスモンヨトウの幼虫が葉を食い荒らすので、幼虫は見つけしだい捕殺する。多発したときや栽培面積が広い場合には薬剤散布を行なう。ヨトウガとハスモンヨトウの被害は、産卵された葉、株から被害が広がるので、透かし状になった葉に注目し、この虫の群生した葉を切り取ることによって、数百匹の虫を防除できる。

　アブラムシ類はモザイク病を媒介するばかりでなく、多発すると株全体に群生して吸汁するので、株は衰弱し、枯れることもあるので、発生に気付いたら薬剤散布を行なう。

●収穫期

　モンシロチョウ、ヨトウガ、ハスモンヨトウが発生するが、多発しないかぎり実害はない。

カブ害虫

●播種期〜生育期

　ダイコンサルハムシが9〜10月に発生して、生育初期の株の葉を食い荒らすので、小さな青色のテントウムシのような虫は見つけしだい捕殺する。

　アオムシが葉を食い荒らすので、孔あき葉に注目して捕殺する。黒色と橙色の美しいナガメが葉から汁を吸って白い斑紋ができることがあるが、実害は低い。

●生育期〜収穫期

　アオムシ、ヨトウムシ、ハスモンヨトウの幼虫などが葉を食い荒らすので、幼虫は見つけしだい捕殺する。葉が茂った状態では、少しくらい葉が食われても実害は少ない。多発した場合のみ薬剤を散布する。

●野菜別防除対策 20　p.58参照

タマネギ ●ユリ科

病　気

●播種前～定植期
　葉が緑色濃淡になって縮まる萎縮病の病原ウイルスは、アブラムシの寄生によって媒介されるので、薬剤散布によって防除する。
　生育中に腐敗する乾腐病は植えつけ前に根部を薬剤に浸漬する。

●定植後～生育期
　定植後に株がしおれたり、枯れたりするのは軟腐病か乾腐病の可能性が高い。これらの病気は植えつけ前に土壌消毒（268頁）をするか、苗を薬液に浸漬してから植えるとよい。

●生育期～収穫期
　畑で葉が倒れて悪臭を放つ病気は軟腐病で、薬剤では防除できない。発病株は抜き取って1m以上深く土中に埋める。
　雨が多いと白色疫病が発生しやすいので薬剤をムラのないように散布する。

害　虫

●播種前～定植期
　コガネムシ類やネキリムシ類は、畑を耕したり畝つくりの際に見つけ捕殺する。

●定植後～生育期
　株が地際で切り倒される被害が発生したら、ネキリムシが土の中に潜んでいる。被害株のまわりを指で浅く探るように掘ると、灰色～黒色のイモムシが見つかる

[タマネギ] 病気・害虫の年間発生

分類		病気・害虫名	被害ランク	9	10	11	12-3	4	5	6	発生部位 発生条件 など
		栽培暦		○—播種	・・・	・・○定植			━収穫		
病気	ウ	萎縮病	B								アブラムシ媒介
	ファ	萎黄病	B								ヨコバイ類媒介
	細	軟腐病	A								土壌伝染
	糸	乾腐病	B								土壌伝染
	糸	白色疫病	B								多雨で発生しやすい
	糸	灰色腐敗病	B								貯蔵中にも腐敗する
	糸	苗立枯病	A								
害虫	ア	ネギアザミウマ	C								
	チ	ヨトウムシ類	C								

ので捕殺する。放置すると1匹の虫が毎夜何本もの株を切り取るので被害が大きくなる。

● **生育期～収穫期**

常時発生するわけではないが、春季に黒いネギアブラムシが葉に群生することがときどきある。発生初期にアブラムシ類の防除薬剤を散布する。

また春季には、ネギアザミウマが葉の折れ曲がった箇所、葉の付け根のすき間に群生して吸汁することがあり、葉に点状～カスリ状の白い傷が発生する。放置すると株が衰弱するので、収穫期までに期間があるときには薬剤を散布する。

タマネギ●病気　薬剤と使用法

薬剤名	薬剤のタイプ	安全使用基準			軟腐病	乾腐病	白色疫病	苗立枯病	備考
		使用時期	使用回数	使用倍数					
●リドミルMZ水和剤	般	収穫7日前まで	3	500～750			○		
●スターナ水和剤	般	収穫7日前まで	5	1000	○				
●トリフミン水和剤	苗	定植直前まで	1	50　5分間苗根部浸漬		○			
●フロンサイド水和剤	苗	定植直前まで	1	50　5分間苗根部浸漬		○			
オーソサイド水和剤80	般	収穫14日前まで	5	600			○	○	

タマネギ●害虫　薬剤と使用法

薬剤名	薬剤のタイプ	安全使用基準			ネギアザミウマ	アブラムシ類	備考
		使用時期	使用回数	使用倍数			
オルトラン水和剤	般	収穫21日前まで	5	1000～1500	○		
スミチオン乳剤	般	収穫21日前まで	2	1000	○	○	
粘着くん液剤[*2]	般	収穫前日まで	－	100		○	

● 野菜別防除対策 21　pp.59-60 参照

ネ ギ　●ユリ科

病　気

● 播種前～定植期

　アブラムシの寄生によってウイルス病が媒介されるので、近くにネギが栽培されている場合には、寒冷紗を被覆したり、

[ネギ] 病気・害虫の年間発生

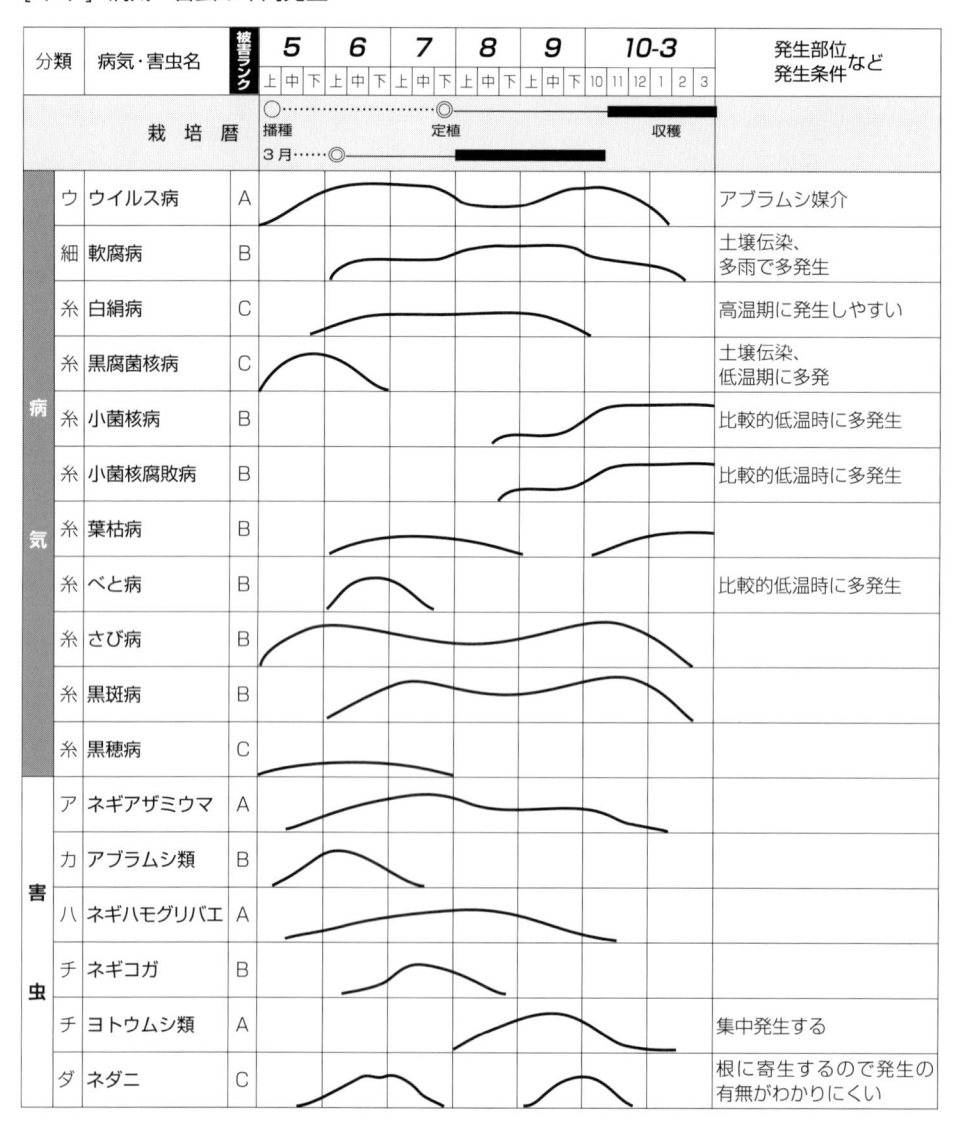

分類		病気・害虫名	被害ランク	5 上中下	6 上中下	7 上中下	8 上中下	9 上中下	10-3 10 11 12 1 2 3	発生部位 発生条件 など
		栽培暦		播種 3月		定植			収穫	
病気	ウ	ウイルス病	A							アブラムシ媒介
	細	軟腐病	B							土壌伝染、 多雨で多発生
	糸	白絹病	C							高温期に発生しやすい
	糸	黒腐菌核病	C							土壌伝染、 低温期に多発
	糸	小菌核病	B							比較的低温時に多発生
	糸	小菌核腐敗病	B							比較的低温時に多発生
	糸	葉枯病	B							
	糸	べと病	B							比較的低温時に多発生
	糸	さび病	B							
	糸	黒斑病	B							
	糸	黒穂病	C							
害虫	ア	ネギアザミウマ	A							
	カ	アブラムシ類	B							
	ハ	ネギハモグリバエ	A							
	チ	ネギコガ	B							
	チ	ヨトウムシ類	A							集中発生する
	ダ	ネダニ	C							根に寄生するので発生の 有無がわかりにくい

シルバーポリマルチをしてアブラムシの飛来を防止する。それでも完全には防げないので、殺虫剤を散布して防除する。

苗床で葉が黄化したり枯れたりして根に黒いネズミの糞状の固まりができていれば黒腐菌核病である。播種か定植前に薬剤を土壌処理するとよいが、本病の防除はむずかしいので、処理法にしたがって注意深く行なう。翌年もネギを栽培する場合には土壌消毒（268頁）をする。

● 定植期～生育期

苗床で、あるいは定植してからもアブラムシが加害すると葉が緑色濃淡のモザイクになってウイルス病が発生するので、アブラムシを防除する。

● 生育期～収穫期

雨が続くようなときはべと病が発生するので薬剤散布する。とくにさび病は発生してからでは薬剤の効果が低い。発生の初期をよく観察して予防的にムラのないよう丁寧に散布する。高温になって葉が倒れて悪臭を放つ場合は軟腐病なので、薬剤散布をする。

比較的低温で雨が多いと9～10月の収穫時に小菌核腐敗病などが発生するので、一度発生した畑では、土寄せのときに薬剤を処理する。

また、さび病や黒斑病が発生するような場合は薬剤を散布する。

害虫

● 播種前～定植期

雑草が茂っていた畑や隣に荒れた草地があるときは、ネキリムシ類の発生が予想されるので、苗の定植時にネキリムシ用の防除薬剤を畑全体にばらまく。

苗の植えつけ時に、粒状の殺虫剤を土の中に混ぜ込んでおくと、後日発生するネギアザミウマの予防効果が大きい。

● 定植後～生育期

常時発生するわけではないが、ときどき黒いネギアブラムシが葉に群生することがある。発生初期にアブラムシ類の防除薬剤を散布する。

ネギ●病気　薬剤と使用法

薬剤名	薬剤のタイプ	安全使用基準			軟腐病	白絹病	黒腐菌核病	小菌核腐敗病	葉枯病	べと病	さび病	黒斑病	備考
		使用時期	使用回数	使用倍数									
●アミスター20フロアブル	殺	収穫3日前まで	4	2000					○	○	○	○	
ダコニール1000	殺	収穫14日前まで	3	1000				○	○			○	
●ストロビーフロアブル	殺	収穫7日前まで	3	2000							○	○	
●リゾレックス粉剤	土	土寄せ前、収穫14日前まで	3	20～30g/㎡ 全面土壌混和		○							
●モンカット粒剤	土	収穫30日(土寄せ時)前まで	3	4～6g/㎡ 株元に散布			○						
●スターナ水和剤	殺	収穫21日前まで	3	2000	○								
Zボルドー	殺	―	―	500	○					○			
●アミスターオプティフロアブル	殺	収穫14日前まで	3	1000					○	○			
●キルパー	土	播種、定植10～24日前	1	原液60mℓ/㎡ 土壌に噴霧		○	○						

株が地際で切り倒される被害が発生したときは、カブラヤガの幼虫が土の中に潜んでいる。被害株のまわりの土を指で浅く探るように掘ると、灰色～黒色のイモムシが見つかるので捕殺する。放置すると1匹の虫が毎夜何本もの株を切り取るので被害が大きくなる。

●生育期～収穫期

夏季に葉が色あせて白っぽくなり、ときには株が衰弱して、枯れることがある。虫眼鏡で葉を調べて、葉に点状～カスリ状の白い傷がついておればネギアザミウマ、白い糸屑状の傷があればネギハモグリバエの被害なので、各害虫に応じた薬剤を散布する。とくに葉ネギでは被害が大きいので注意する。

葉が食い荒らされる被害が発生したときには、その被害を受けた葉の筒の中に黒褐色のイモムシ（シロイチモジヨトウ、ハスモンヨトウなどの幼虫）がいるので、

ネギ●害虫　薬剤と使用法

薬剤名	薬剤のタイプ	安全使用基準			ネギアザミウマ	ネギハモグリバエ	シロイチモジヨトウ	アブラムシ	ネギコガ	ネキリムシ類	備考
		使用時期	使用回数	使用倍数							
スミチオン乳剤	殺	収穫14日前まで	2	1000	○			○	○		
ゼンターリ顆粒水和剤*1	殺	収穫前日まで	4	1000			○				
トレボン乳剤	殺	収穫21日前まで	2	1000							
カルホス粉剤	殺	播種時または植えつけ時	2	6 kg/10 a						○	土壌表面散布
粘着くん液剤*2	殺	収穫前日まで	−	100				○			
モスピラン粒剤	殺	植えつけ時	1	6 kg/10 a	○	○					植え溝土壌混和
アドマイヤー1粒剤	殺	定植時	1	4 kg/10 a	○						植え溝土壌混和
オンコル粒剤1	殺	定植時	1	10 kg/10 a	○						植え溝土壌混和
ベストガード粒剤	殺	定植時	1	6 kg/10 a	○						植え溝処理土壌混和
ネキリトンK	殺	収穫30日前まで	2	3 kg/10 a						○	
●スタークル顆粒水溶剤	殺	収穫14日前まで	1	2000	○						
●アルバリン顆粒水溶剤	殺	収穫14日前まで	1	2000	○						
●アディオン乳剤Ⓒ	殺	収穫7日前まで	3	3000			○		○		
●アクタラ顆粒水溶剤	殺	収穫3日前まで	3	1000～2000	○	○					
●ダントツ水溶剤	殺	収穫3日前まで	3	2000～4000	○						
●ベニカ水溶剤	殺	収穫3日前まで	3	2000～4000	○						
●アタブロン乳剤	殺	収穫21日前まで	3	2000			○				
●スピノエース顆粒水溶剤	殺	収穫3日前まで	3	5000	○						
●フェニックス顆粒水和剤	殺	収穫7日前まで	3	2000			○				
●プレオフロアブル	殺	収穫3日前まで	4	1000			○				
●アファームエクセラ顆粒水和剤	殺	収穫7日前まで	3	1000	○		○				
●ガゼットMCフロアブル	殺	収穫14日前まで	1	1000		○					

捕殺する。通常畑の一部に発生するのみであるが、すでに畑全体に被害が広がっているときには薬剤を散布する。

外見上とくに害虫が発生していないにもかかわらず古葉が次つぎに枯れ、株の勢いも弱まっている場合は地際の株内にネダニが寄生して吸汁している可能性が高い。残念ながら有効な対策はない。

●野菜別防除対策 22　　p.61 参照

ニ ラ　●ユリ科

病 気

●播種前〜定植期

萎縮病は苗のときからアブラムシによって媒介されるので、近くにニラが栽培されていれば、定植後すぐに寒冷紗を被覆したり、薬剤を散布して防除する。

前作でいつの間にかニラが株絶えになった畑の土には乾腐病か株腐細菌病の病原菌が残っている。土壌消毒（268頁）をするか、他の作物を栽培する。

●定植期〜生育期

畑に定植してから収穫までの期間が長く、その間にアブラムシの寄生を受けて萎縮病が媒介されるのでアブラムシの防除を行なう。

また、栽培期間が長いので株腐細菌病に感染されやすい。薬剤を散布して防除する。この他乾腐病の防除には薬剤を土壌灌注する。

[ニラ] 病気・害虫の年間発生

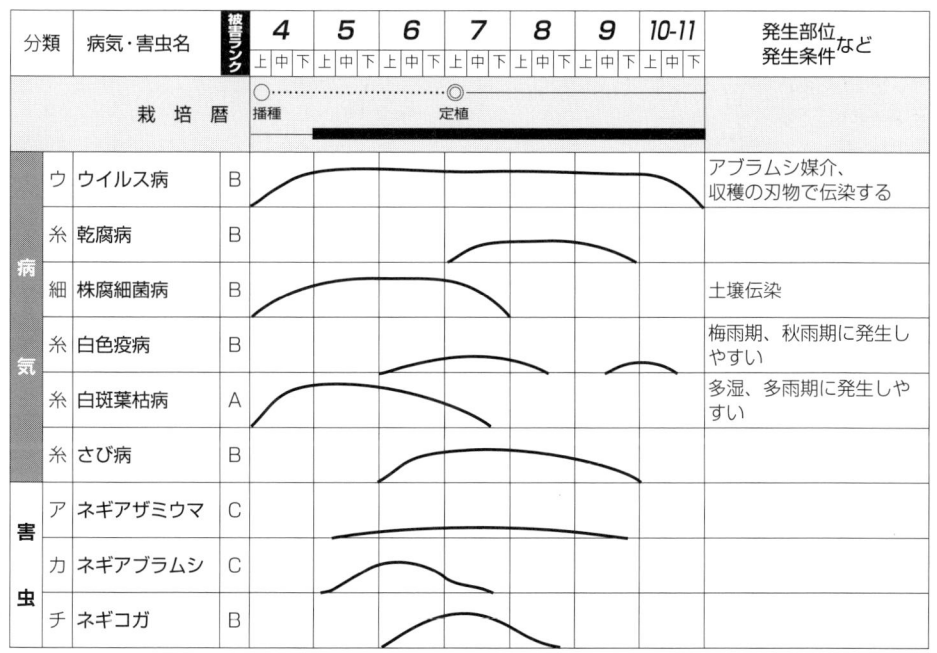

分類		病気・害虫名	被害ランク	4	5	6	7	8	9	10-11	発生部位 発生条件 など
病気	ウ	ウイルス病	B								アブラムシ媒介、収穫の刃物で伝染する
	糸	乾腐病	B								
	細	株腐細菌病	B								土壌伝染
	糸	白色疫病	B								梅雨期、秋雨期に発生しやすい
	糸	白斑葉枯病	A								多湿、多雨期に発生しやすい
	糸	さび病	B								
害虫	ア	ネギアザミウマ	C								
	カ	ネギアブラムシ	C								
	チ	ネギコガ	B								

栽培暦: 播種（4月頃）、定植（5月〜9月）

ニラ●病気　薬剤と使用法

薬剤名	薬剤のタイプ	安全使用基準			株腐細菌病	白斑葉枯病	さび病	乾腐病	備考
		使用時期	使用回数	使用倍数					
●ストロビーフロアブル	税	収穫前日まで	3	3000		○	○		
トップジンM水和剤	±	収穫21日前まで	1	1000 3ℓ/㎡灌注				○	
Zボルドー	税	—	—	500	○				
●アミスター20フロアブル	税	収穫14日前まで	2	2000		○			

ニラ●害虫　薬剤と使用法

薬剤名	薬剤のタイプ	安全使用基準			ネギアザミウマ	アブラムシ類	備考
		使用時期	使用回数	使用倍数			
アドマイヤー1粒剤	±	定植時	1	4kg/10a	○		植え溝土壌混和
粘着くん液剤*2	税	収穫前日まで	—	100		○	
●スピノエース顆粒水和剤	税	収穫前日まで	3	10000	○		
●ダントツ水溶剤	税	収穫3日前まで	3	2000〜4000	○	○	
●ベニカ水溶剤	税	収穫3日前まで	3	2000〜4000	○	○	
●アクタラ顆粒水溶剤	税	収穫14日前まで	3	2000	○		

●生育期〜収穫期

雨が続いたり湿度が高いと、葉に白い斑点が生じる白斑葉枯病が発生する。これは薬剤を散布すれば確実に防除される。

葉に橙黄色の斑点を生じるさび病には薬剤の効果が低いので予防的に散布するよう心がける。

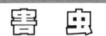

害　虫

●播種前〜定植期

アブラムシ類が発生しやすい畑では、定植時に粒状の薬剤を土の中に混ぜ込んで予防する。

定植後〜生育期に大きな被害を与える害虫はない。黒いネギアブラムシがときどき発生する程度である。

●生育期〜収穫期

大きな被害を与える害虫の発生はほとんどない。葉に集団で寄生する黒いネギアブラムシ、葉に点状〜カスリ状の傷を与えるネギアザミウマ、葉の表面を傷つけるネギコガが発生することがあるが、多発することはほとんどない。

● 野菜別防除対策 23　pp.61--62参照

ラッキョウ ●ユリ科
（エシャレット・ニンニク・ワケギを含む）

病　気

●植えつけ前
　萎縮病は発芽直後から媒介するアブラムシの寄生を受けて発病するので、植えつけ直後から寒冷紗を被覆してアブラムシの寄生を防ぐ。また前年ラッキョウが枯れたり、なんとなく消えて無くなったような畑では、作付けを止めるか種球を薬剤に浸漬して防除する。

●生育期～収穫期
　アブラムシで萎縮病が媒介されるので、前記のような方法で防除する。
　収穫したときに球茎が腐敗していれば乾腐病なので、それらを翌年の種球としないようにするか、翌年の植えつけ時に所定の薬剤を処理する。

害　虫

●植えつけ前
　ミイラ状になった種球は、ネダニが発生していたおそれがあるので植えつけない。

●生育期
　常時発生するわけではないが、ときどき黒いネギアブラムシが葉に群生することがある。発生初期にアブラムシ類の防除薬剤を散布する。
　株が地際で切り倒されたら、ネキリムシ類が土の中に潜んでいる。被害株のまわりを指で浅く探るように掘ると、灰色～黒色の幼虫が見つかるので捕殺する。放置すると1匹の虫が毎夜何本もの株を

[ラッキョウ] 病気・害虫の年間発生

分類		病気・害虫名	被害ランク	8	9	10	11	12-3	4-5	6	発生部位発生条件など
栽培暦				定植							
病気	ウ	ウイルス病	B								アブラムシ媒介
	細	春腐病（エシャレット・ニンニク）	B								低温期に発病する
	糸	乾腐病	B								土壌伝染
	糸	黒斑病（エシャレット）	B								
害虫	ア	ネギアザミウマ	C								
	ハ	ネギハモグリバエ	C								
	カ	ネギアブラムシ	C								
	ダ	ネダニ	C								根に寄生するので発生の有無がわかりにくい

ラッキョウ●病気　薬剤と使用法

薬剤名	薬剤のタイプ	安全使用基準			乾腐病	備考
		使用時期	使用回数	使用倍数		
●トリフミン水和剤	殺	植えつけ前まで	1	50　種球を5～30分間浸漬	○	乾腐病にも効果
トップジンM水和剤	土	収穫7日前まで	3	1000　0.7ℓ/㎡	○	

ラッキョウ●害虫　薬剤と使用法

薬剤名	薬剤のタイプ	安全使用基準			ネギアザミウマ	備考
		使用時期	使用回数	使用倍数		
スミチオン乳剤	殺	収穫14日前まで	2	1000	○	
●スタークル顆粒水溶剤	殺	収穫前日まで	3	2000	○	
●アルバリン顆粒水溶剤	殺	収穫前日まで	3	2000	○	
●スピノエース顆粒水和剤	殺	収穫3日前まで	3	2500	○	
●ダントツ粒剤	土	収穫21日前まで	2	6kg/10a	○	株元散布

加害して被害が大きくなる。

ネギアザミウマが寄生すると葉に点状～カスリ状の白い傷ができ、多発すると葉が色あせて白っぽくなり、ときには株が衰弱して、枯れることもある。発生の多いときには薬剤を散布する。

外見上とくに害虫が発生していないにもかかわらず古葉が次つぎに枯れ、株の勢いも弱まっている場合は地際の株内にネダニが寄生して吸汁している可能性が高い。残念ながら有効な対策はない。

●収穫期

ネダニが発生したおそれのある株から、次年度の種球はとらないようにする。

●野菜別防除対策 24　p.62参照

アスパラガス ●ユリ科

病気

●播種前～定植期

立枯病の予防のため新しい土壌を用いるか、土壌消毒（269頁）をする。発生した場合には初期に薬剤で処理する。この他苗立枯病には所定の薬剤で処理する。

●定植期～生育期

定植後の茎に褐色の斑点を生じる茎枯病には薬剤を散布する。茎が枯れると根茎の肥大が不良になって翌年の収穫量が減少する。生育期の防除が重要である。

●生育期～収穫期

根株が十分に充実していれば春～夏に

［アスパラガス］病気・害虫の年間発生

分類		病気・害虫名	被害ランク	3-4 上中下	5 上中下	6 上中下	7 上中下	8 上中下	9-2 上中下	発生部位 発生条件など
		栽培暦		養成畑 ○……○ 播種　定植						
病気	糸	茎枯病	A							多発生すると翌年の収穫が少なくなる
	糸	苗立枯病	B							
	糸	立枯病	A							土壌伝染
害虫	コ	ジュウシホシクビナガハムシ	A							発生地域が限られる
	チ	ヨトウムシ類	C							
	チ	ヨモギエダシャク	C							

アスパラガス●病気　薬剤と使用法

薬剤名	薬剤のタイプ	安全使用基準			茎枯病	苗立枯病	立枯病	備考
		使用時期	使用回数	使用倍数				
ダコニール１０００	散	収穫前日まで	3	1000	○			
●アミスター20フロアブル	散	収穫前日まで	4	2000	○			
●リゾレックス水和剤	土	定植～茎葉刈り取りまで（収穫14日前）	3	500　根元灌注		○		
トップジンM水和剤	散	収穫14日前まで	5	1000	○		○	

は次つぎに芽が伸びて収穫量が多くなる。したがって生育期に茎枯病の防除を十分に行なっておくことが重要である。

害虫

●収穫期

赤地に黒紋をつけた美しい甲虫（ジュウシホシクビナガハムシの成虫）が伸び始めた新芽をかじって傷物にしてしまう。また、頭が黒くて体全体が灰緑色のウジ状の幼虫も同時期に新芽の表面をかじる。

これらの虫を見つけたら捕殺する。東北地方と長野県で発生が多く、関西地区では見られない。

●収穫後～生育期

収穫後もジュウシホシクビナガハムシが秋まで発生を続けるので、見つけしだい捕殺し、発生が多ければ薬剤散布する。

ヨトウムシ、ハスモンヨトウ、オオタバコガ、ヨモギエダシャクなど葉を食い荒らす害虫がときどき発生するので、被害葉があれば付近を捜して捕殺する。多発したときには殺虫剤を散布する。

アスパラガス ●害虫　薬剤と使用法

薬剤名	薬剤のタイプ	安全使用基準			アブラムシ類	ジュウシホシクビナガハムシ	オオタバコガ	ハスモンヨトウ	ヨトウムシ	備考
		使用時期	使用回数	使用倍数						
アファーム乳剤●	㋝	収穫前日まで	2	2000			○	○	○	
アクテリック乳剤	㋝	収穫7日前まで	2	1000	○					
ゼンターリ顆粒水和剤*1	㋝	収穫前日まで	4	1000			○	○	○	発生初期
粘着くん液剤*2	㋝	収穫前日まで	−	100	○					
アディオン乳剤●	㋝	収穫前日まで	3	2000〜3000	○			○		
●ダントツ水溶剤	㋝	収穫前日まで	3	2000〜4000	○					
●ベニカ水溶剤	㋝	収穫前日まで	3	2000〜4000	○					
●カスケード乳剤	㋝	収穫前日まで	2	4000			○	○		
●ノーモルト乳剤	㋝	収穫前日まで	2	2000						
●アーデント水和剤●	㋝	収穫前日まで	2	1000	○			○	○	
●プレオフロアブル	㋝	収穫前日まで	2	1000			○	○	○	

●野菜別防除対策 25　pp.63 − 65 参照

ホウレンソウ　●アカザ科

病気

●播種期〜生育期

播種後に立ち枯れになる病気が多発するので、必ず種子消毒（266頁）を行なう。また前作で立ち枯れた株が多く発生した畑では、土壌消毒（269頁）を行なう。

また、前年の株を取り残した畑では、それらを取り除いてから新たな種子を播くようにする。

播種後には、モザイク病を媒介するアブラムシ、萎黄病を媒介するヨコバイの飛来を防止するため、寒冷紗を被覆するか薬剤を散布して防除する。畑の排水をよくし、畝も高くして播種する。

●生育期〜収穫期

本葉が2〜3枚になるころまでに葉が急にしおれたり枯れたりする病気には薬剤を灌注するが、発生がひどいときには播種しなおす。

葉にビロード状のカビが生じたらべと病であり、薬剤を散布する。最近の品種はこの病気に抵抗性をもっているが、従来の品種では本病が発生しやすい。

葉が黄化してしおれたり、枯れたりすれば萎凋病、株腐病、立枯病のいずれかである。これらの病気は有効な薬剤が異なるので、Part 1の写真と図を見ながら病気を診断し、それぞれに適用された薬剤を播種前に処理をする。

その他、多くの病気が発生する。斑点細菌病、疫病、炭疽病、べと病は雨が多いと発病しやすい。萎凋病、株腐病、立

[ホウレンソウ] 病気・害虫の年間発生

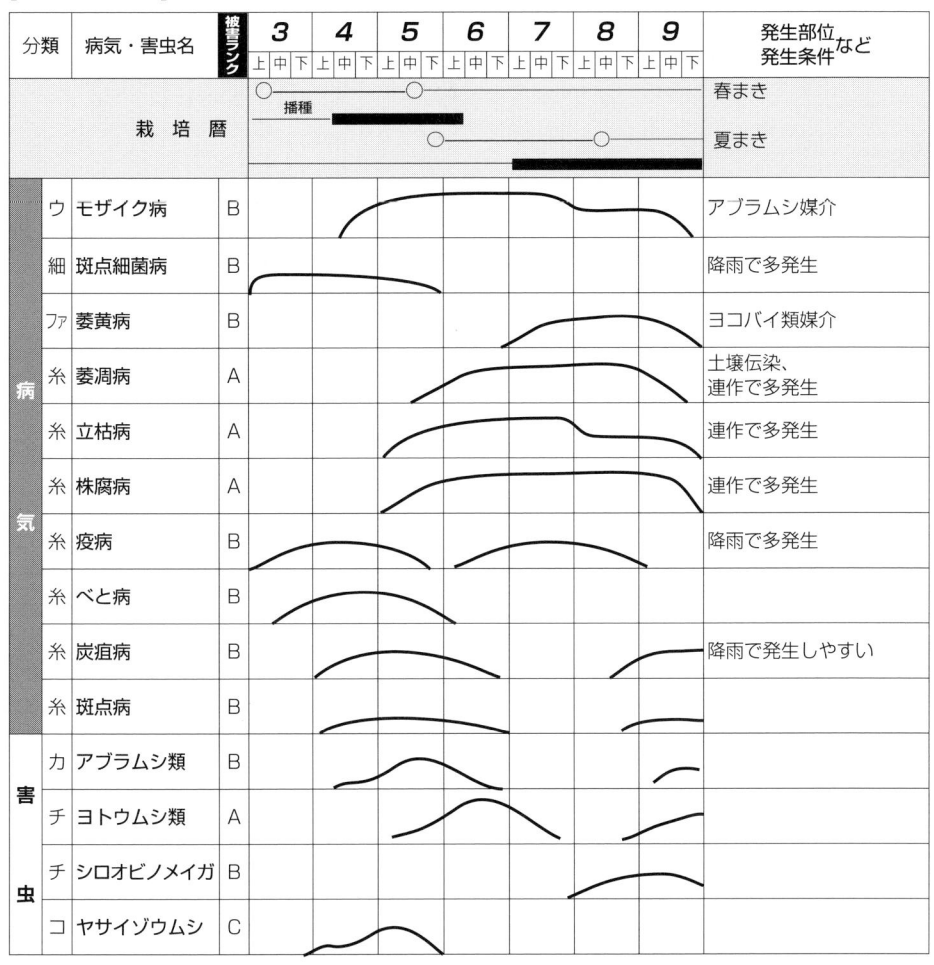

分類		病気・害虫名	被害ランク	3	4	5	6	7	8	9	発生部位 発生条件 など
栽培暦				播種							春まき
											夏まき
病気	ウ	モザイク病	B								アブラムシ媒介
	細	斑点細菌病	B								降雨で多発生
	ファ	萎黄病	B								ヨコバイ類媒介
	糸	萎凋病	A								土壌伝染、 連作で多発生
	糸	立枯病	A								連作で多発生
	糸	株腐病	A								連作で多発生
	糸	疫病	B								降雨で多発生
	糸	べと病	B								
	糸	炭疽病	B								降雨で発生しやすい
	糸	斑点病	B								
害虫	カ	アブラムシ類	B								
	チ	ヨトウムシ類	A								
	チ	シロオビノメイガ	B								
	コ	ヤサイゾウムシ	C								

枯病は連作すると発生しやすいので、多発生した畑では連作を避ける。

害　虫

●播種～生育期

雑草が茂っていた畑や隣に荒れた草地があるときは、ネキリムシ類の発生が予想される。苗の切り倒し被害や苗数の減少に注意し、被害株近辺の土を指で浅くさぐって幼虫を見つけて捕殺する。

モモアカアブラムシが葉裏に寄生して吸汁するので、葉の縮れ、湾曲などの症状に気付いたら葉裏を調べ、アブラムシの寄生があれば薬剤を散布する。

農家がハウス内で栽培するとき、ワラやヌカなどの有機物をすき込むと、ときどき白く非常に小さなコナダニが無数に発生することがある。新芽が大きな被害

を受けやすいので、発生に気付いたら、すぐに薬剤散布を行なう。

● **生育期〜収穫期**

葉が食われて孔があくような場合は、ヨトウムシ類（ヨトウガ、ハスモンヨトウ）が葉裏にいるので探して捕殺する。多発したときは薬剤散布を行なう。

葉に孔があき、かつ葉が糸でつづられ

ホウレンソウ●病気　薬剤と使用法

薬剤名	薬剤のタイプ	安全使用基準			萎凋病	立枯病	株腐病	べと病	備考
		使用時期	使用回数	使用倍数					
●リドミル粒剤2	±	播種前	1	9g/㎡ 土壌混和				○	
●バスアミド微粒剤	±	播種21日前	1	20〜30g/㎡ 土壌混和	○	○	○		
●リゾレックス粉剤	±	播種前	1	20〜40g/㎡ 全面土壌混和			○		
●タチガレン粉剤	±	播種時〜播種3日前	1	40g/㎡ 土壌混和		○			
●キルパー	±	播種、定植の10〜24日前	1	原液60ml/㎡ 土壌灌注	○				
ビスダイセン水和剤	散	本葉2葉期まで 収穫45日前まで	2	500				○	

ホウレンソウ●害虫　薬剤と使用法

薬剤名	薬剤のタイプ	安全使用基準			アブラムシ類	ヨトウムシ類	ハスモンヨトウ	ホウレンソウケナガコナダニ	シロオビノメイガ	ネキリムシ類	備考
		使用時期	使用回数	使用倍数							
スミチオン乳剤	散	収穫21日前まで	2	1000〜2000	○						
アファーム乳剤C	散	収穫3日前まで	2	2000			○	○			
アディオン乳剤C	散	収穫21日前まで	2	3000	○						
ゼンターリ顆粒水和剤*1	散	収穫前日まで	4	1000		○	○				
粘着くん液剤*2	散	収穫前日まで	−	100	○						
ブルースカイAL	散	収穫前日まで	2	原液	○						
アブラムシAL	散	収穫前日まで	2	原液	○						
ガードベイトA	±	生育初期	2	3kg/10a						○	株元施用
野菜ひろばN	±	生育初期	2	3kg/10a						○	株元施用
●アルバリン顆粒水溶剤	散	収穫3日前まで	2	3000	○						
●スタークル顆粒水溶剤	散	収穫3日前まで	2	3000	○						
●アクタラ顆粒水溶剤	散	収穫3日前まで	2	2000	○						
●カスケード乳剤	散	収穫3日前まで	3	4000		○	○				
●ノーモルト乳剤	散	収穫7日前まで	2	2000		○					

ているときは、シロオビノメイガの幼虫がいるので、つづられた葉を開いて幼虫を捕殺する。

晩秋～早春にヤサイゾウムシ（長さ5～10㎜、淡黄色、ウジ状で軟らかい）の幼虫が新芽の部分に住み着き葉を食べるが、実害は低い。しかし、収穫時に虫がいることに気付かず台所まで直行することがある。

●野菜別防除対策 26　pp.66－67参照

シソ ●シソ科

病　気

●播種期～定植期

育苗中にアブラムシがウイルス病を媒介するおそれがあるので、防除する。

●定植期～収穫期

前年に青枯病が発生した畑ではあらかじめ土壌消毒（269頁）しておき、この時期もアブラムシの防除を行なう。

葉に斑点性の病気が発生したら初期に薬剤を散布する。また、褐色の小さい斑点はさび病で、これは多発生してからの防除がむずかしいので初期防除に努める。

害　虫

●定植後～生育期

ベニフキノメイガが葉を糸でつづり合わせ、内部から食い荒らし、やがてつづられた葉はぼろぼろになる。数は多くないので葉を開いて中の虫を捕殺する。

アブラムシ類が新葉、新芽に群生して

[シソ] 病気・害虫の年間発生

分類		病気・害虫名	被害ランク	4	5	6	7	8	9	10	発生部位 発生条件 など
		栽培暦		播種　定植			収穫				
病気	糸	さび病	B								多発生すると防除しにくい
	糸	斑点病	B								多湿で多発生
	糸	褐斑病	B								多湿で多発生
害虫	カ	アブラムシ類	B								発生すると葉が縮れる
	チ	ベニフキノメイガ	A								
	バ	オンブバッタ	C								
	チ	ヨトウムシ類	C								
	ダ	ハダニ類	C								

シソ●病気　薬剤と使用法

薬剤名	薬剤のタイプ	安全使用基準			さび病	斑点病	褐斑病	青枯病	備考
		使用時期	使用回数	使用倍数					
●トリフミン水和剤	劇	収穫開始10日前まで	3	5000	○				
ダコニール1000	劇	収穫前日まで	4	1000		○			株元散布
●アミスター20フロアブル	劇	収穫前日まで	2	2000		○			
●バスアミド微粒剤	±	播種14日前まで	1	30g/㎡ 土壌混和				○	

シソ●害虫　薬剤と使用法

薬剤名	薬剤のタイプ	安全使用基準			アブラムシ類	ハスモンヨトウ	ハダニ類	ヨトウムシ	備考
		使用時期	使用回数	使用倍数					
アファーム乳剤Ⓒ	劇	収穫7日前まで	2	2000		○	○	○	
ダニ太郎	劇	収穫3日前まで	1	1500			○		
ゼンターリ顆粒水和剤*1	劇	収穫前日まで	4	1000		○		○	発生初期
コロマイト乳剤Ⓒ	劇	収穫前日まで	2	2000			○		
粘着くん液剤*2	劇	収穫前日まで	-	100	○		○		
ブルースカイAL	劇	収穫7日前まで	3	原液	○				
アブラムシAL	劇	収穫7日前まで	3	原液	○				
アディオン乳剤Ⓒ	劇	収穫5日前まで	2	4000	○	○			
●ダニトロンフロアブルⒸ	劇	収穫28日前まで	1	2000			○		
●ニッソラン水和剤	劇	収穫14日前まで	1	3000			○		
●プレオフロアブル	劇	収穫7日前まで	2	1000		○			
●モレスタン水和剤	劇	収穫10日前まで	3	3000			○		

吸汁するために、新葉が縮れて丸まる。発生に気付いたらアブラムシ用の薬剤を散布する。

●生育期～収穫期

　ベニフキノメイガ、アブラムシ類は連続的に発生を続けるので、防除対策が必要である。

　夏季には、ハダニ類がしばしば多発する。葉に白い点状の色抜けが見つかれば、ハダニ類が発生しているので、ハダニ用の薬剤を散布する。葉が白っぽく見える状態ではすでに多発状態になっている。

　9月になると、葉を食い荒らすハスモンヨトウが発生することがある。通常、隣接のキャベツやサツマイモの畑から移動してくることが多いので捕殺する。

　7～10月、オンブバッタがときどき葉を食って孔をあけるので、見つけたときに捕殺する。

● 野菜別防除対策 27　pp.68－69 参照

レタス　●キク科

病気

●播種前〜定植期

　発芽後からアブラムシが寄生して、モザイク病を媒介するので防除する。

　前年にすそ枯病、根腐病が発生した畑は土壌消毒（269頁）しておく。

●定植後〜生育期

　健全な苗を定植すれば、結球期ころまでは病気で枯れることはない。ただし、雨が続くとべと病が発生しやすく、また管理作業で葉に傷をつけると細菌による腐敗病、斑点細菌病が、気温が高いと軟腐病が発生しやすいので、傷をつけないように注意する。発病したら薬剤を散布する。

　ヨコバイによって萎黄病が媒介されるのでヨコバイを防除する。

[レタス]　病気・害虫の年間発生

分類		病気・害虫名	被害ランク	4	5	6	7	8	9	10	発生部位・発生条件 など
		栽培暦		播種	定植	収穫					
病気	ウ	モザイク病	B								アブラムシ媒介
	ファ	萎黄病	A								アブラムシ媒介
	細	軟腐病	A								土壌伝染
	細	腐敗病	A								降雨時多発生、降雨直後の収穫は不可
	細	斑点細菌病	B								降雨で多発生
	糸	根腐病	B								土壌伝染
	糸	菌核病	B								低温時に多発生
	糸	すそ枯病	B								収穫時に多発生
	糸	灰色かび病	B								低温多雨で発生しやすい
	糸	べと病	C								高湿度で発生しやすい
害虫	カ	アブラムシ類	B								
	チ	ヨトウムシ類	C								
	ナ	ナメクジ類	C								球体内に侵入する

レタス●病気　薬剤と使用法

薬剤名	薬剤のタイプ	安全使用基準			軟腐病	腐敗病	斑点細菌病	菌核病	すそ枯病	灰色かび病	べと病	備考
		使用時期	使用回数	使用倍数								
ダコニール1000	殺	収穫14日前まで	3	1000						○	○	
●モンカットフロアブル40	殺	収穫7日前まで	3	1000～2000				○				
●リゾレックス水和剤	殺	収穫7日前まで	3	1000				○				
●スターナ水和剤	殺	収穫14日前まで	2	2000	○	○						
カスミンボルドー	殺	収穫7日前まで	4	1000		○	○					
●カッパーシン水和剤	殺	収穫7日前まで	4	1000		○	○					
トップジンM水和剤	殺	収穫7日前まで	2	1500～2000				○		○		
Zボルドー	殺	－	－	500～800		○						
●アミスター20フロアブル	殺	収穫7日前まで	4	2000					○	○	○	
●ナレート水和剤	殺	収穫21日前まで	2	1000	○	○	○					

レタス●害虫　薬剤と使用法

薬剤名	薬剤のタイプ	安全使用基準			アブラムシ類	オオタバコガ	ハスモンヨトウ	ヨトウムシ	ナモグリバエ	ネキリムシ類	備考
		使用時期	使用回数	使用倍数							
トレボン乳剤	殺	収穫14日前まで	3	1000	○						
オルトラン水和剤	殺	収穫14日前まで	3	1000		○	○				
アファーム乳剤C	殺	収穫3日前まで	3	1000～2000		○	○				
ベストガード水溶剤	殺	収穫3日前まで	3	2000	○						
アディオン乳剤C	殺	収穫7日前まで	5	2000～3000	○		○				
ゼンターリ顆粒水和剤*1	殺	収穫前日まで	4	1000		○	○	○			
粘着くん液剤*2	殺	収穫前日まで	－	100	○						
原液散布剤*3	殺			原液	○						
ネキリトンK	殺	収穫21日前まで	2	3kg/10a						○	土壌表面株元処理
モスピラン粒剤	±	定植前日～定植当日	1	0.5g	○	○			○		株元散布
ダイアジノン粒剤3	±	植えつけ前	1	6～9g/㎡						○	土壌混和
●アルバリン顆粒水和剤	殺	収穫3日前まで	2	2000～3000	○						
●スタークル顆粒水和剤	殺	収穫3日前まで	2	2000～3000	○						
●マトリックフロアブル	殺	収穫7日前まで	3	1000～2000		○	○				
●ファルコンフロアブル	殺	収穫3日前まで	2	2000～4000		○	○				
●スピノエース顆粒水和剤	殺	収穫3日前まで	3	2500～5000		○	○				
●アクタラ顆粒水溶剤	殺	収穫7日前まで	2	2000	○						
●トルネードフロアブル	殺	収穫7日前まで	2	2000		○	○				

●生育期〜収穫期

　結球し始めるころからなんとなく元気がなくなり、地際部の茎にくぼんだ褐色病斑が生じたらすそ枯病である。発病の初期であれば薬剤散布で防除される。薬剤は、株元の地際の葉を持ち上げて褐色に変色した部分に丁寧に散布する。

　株元が軟化腐敗して悪臭がしていたら軟腐病である。まわりの土とともに抜き取り、1m以上深く土に埋める。発病の初期であれば薬剤を散布する。

　収穫が降雨期だと葉が褐色〜暗褐色、ベトベトになる腐敗病が発生する。腐敗病は、葉に雨や早朝の水滴がついていて、収穫の際に葉の傷口から病原細菌が侵入して発病する。降雨直後や早朝の収穫は避け、収穫7日前には薬剤を散布しておく。

害虫

●定植期〜生育期

　雑草が茂っていた畑で栽培するときや近くに荒地があるときはネキリムシが発生するおそれがある。株の切り倒し被害に気をつけ、被害が出たら、株のまわりの土を軽くほじって幼虫を探し出す。

　ヨトウムシやハスモンヨトウの幼虫が葉を食い荒らすので、被害に気付いたら葉裏を調べて虫を捕殺する。

　これらの害虫は卵を固めて産みつけるので、被害は1枚の葉から始まる。透かし状になった葉を見つけたら切り取って処分する。

　アブラムシ類が発生したら、アブラムシ用の薬剤を散布する。放置すると結球内にも入り込むので早めに防除する。

●生育期〜収穫期

　オオタバコガが結球内部へ食入するので、結球部が食われているのを発見したら、すぐに薬剤を散布する。内部へ食入した幼虫は防除することができない。

　ナメクジ類の被害がある畑では、結球が始まる前に畑全体にナメクジ駆除剤を散布して予防する。この薬剤は雨で溶けやすいので、降雨前には処理しない。

●野菜別防除対策 28　　p.70 参照

シュンギク　●キク科

病気

●播種前〜生育期

　本葉が生育するころに、ビロード状のカビや褐色の斑点を生じたらべと病なので、それを摘み取って薬剤を散布する。

　淡褐色の斑点は炭疽病である。降雨で発生しやすいので薬剤で十分に防除する。

　土壌水分が高かったり、湿度が高いとべと病が発生しやすいので畑の排水を良好にしておく。また、雨が続くと水滴で病斑部から炭疽病の病原菌が飛散しやすくなる。葉に雨が当たらないよう処置をしておくか、十分に薬剤を散布しておく。

　ヨコバイによっててんぐ巣病が媒介されるので、ヨコバイを防除しておく。

●生育期〜収穫期

　葉を摘み取って収穫すると炭疽病が発生しやすいので、薬剤を散布する。

[シュンギク] 病気・害虫の年間発生

分類	病気・害虫名	被害ランク	4 上中下	5 上中下	6 上中下	7 上中下	8 上中下	9 上中下	10 上中下	発生部位 発生条件 など
	栽培暦		播種─収穫							春まき / 夏まき / 秋まき
病気	(ア) てんぐ巣病	B								ヨコバイ類媒介
病気	(糸) 炭疽病	A								降雨で多発生
病気	(糸) べと病	C								高湿度で多発生
害虫	(チ) ヨトウムシ類	B								
害虫	(ア) アザミウマ類	C								
害虫	(ハ) マメハモグリバエ	B								

シュンギク●病気　薬剤と使用法

薬剤名	薬剤のタイプ	安全使用基準 使用時期	使用回数	使用倍数	炭疽病	べと病	備考
アミスター20 フロアブル	®	収穫前日まで	2	2000	○		

シュンギク●害虫　薬剤と使用法

薬剤名	薬剤のタイプ	安全使用基準 使用時期	使用回数	使用倍数	アブラムシ類	マメハモグリバエ	アザミウマ類	シロイチモジヨトウ	ハスモンヨトウ	備考
アファーム乳剤 C	®	収穫7日前まで	2	2000		○	○	○		
ゼンターリ顆粒水和剤 *1	®	収穫前日まで	4	1000				○	○	発生初期
粘着くん液剤 *2	®	収穫前日まで	−	100	○					
アディオン乳剤 C	®	収穫21日前まで	2	4000	○					
ベストガード粒剤	⊕	収穫3日前まで	1	9kg/10a	○	○				生育期株元処理
●スタークル顆粒水溶剤	®	収穫前日まで	2	3000	○	○				
●アルバリン顆粒水溶剤	®	収穫前日まで	2	3000	○	○				
●トリガード液剤	®	収穫7日前まで	2	1000		○				
●カスケード乳剤	®	収穫7日前まで	2	2000〜4000				○	○	

害虫

●播種前～定植期
通常はとくに問題となる害虫はない。アブラムシ類の発生が多い畑では、播種前にアブラムシ用薬剤を土壌施用する。

●定植期～生育期
ヨトウムシによって葉が食い荒らされて孔だらけにされることがある。発生に気付いたときはすでに大きな幼虫になって、土の中に潜んでいるので虫は見つからない。夜間の活動時間（8時ごろ）に懐中電灯を持って見回り、葉上にいる虫を捕殺する。たまに黒いケムシ（ヒメアカタテハというチョウの幼虫）が葉を食べるので、見つけたら捕殺する。9〜10月にはハスモンヨトウが隣接の畑から侵入してくることもある。これも見つけしだい捕殺する。

●生育期～収穫期
近年、マメハモグリバエが増えている。曲がりくねった白いすじのある葉を見つけたら防除する。多発すると1枚の葉に何匹もの虫が潜入して葉が真っ白になる。

●野菜別防除対策 29　pp.70－72参照

ゴボウ ●キク科

病気

●播種前～生育期
萎凋病、黒あざ病は土壌中の病原菌によって発病するので、発病畑では連作を避けるか種子消毒（266頁）を行なう。

葉に黒い病斑を生じたら黒斑細菌病である。これは降雨で多発するので、発病初期に薬剤を散布する。また、この期間に葉がしおれたら萎凋病である。作付け前に土壌消毒（269頁）しておく。

●収穫期
ゴボウの表面が黒褐色に変色する黒あざ病が前年に発生し、今年も発生するおそれがある場合には、播種前に薬剤を土壌に混和しておかなければ防除できない。

前年にネグサレセンチュウが発生した場合には、播種前に薬剤を土壌に混和し防除しておく。

害虫

●播種前
ゴボウはネコブセンチュウの被害を受けやすいので、前作にキュウリやトマト、カボチャ、ニンジンなど、センチュウの発生しやすい作物を栽培した畑では栽培を避ける。また、発生が予想される畑では、播種前にセンチュウ用の防除薬剤を土に混ぜ込んでおく。

●播種～生育期
長さ1cm前後、緑色のゴボウハマキモドキの幼虫が葉裏に住み着き、裏面を浅くかじるので、その部分は半透明になる。被害を受けた部分は葉の肥大とともに裂けて虫食い孔となるが、実害は少ないので無視してよい。

ヨトウムシやハスモンヨトウの幼虫は、集団で葉を食い荒らすので発生すると被害が大きくなる。数百個の卵をひと固まりにして産卵するため、被害は卵のある1枚の葉が透かし状に、褐色となって始

[ゴボウ] 病気・害虫の年間発生

分類		病気・害虫名	被害ランク	4 上中下	5 上中下	6 上中下	7 上中下	8 上中下	9 上中下	10-2 上中下	発生部位 発生条件など
		栽培暦		播種					収穫		
病気	ウ	モザイク病	B								アブラムシ媒介
	細	黒斑細菌病	C								降雨で多発生
	糸	萎凋病	A								土壌伝染
	糸	黒あざ病	A								土壌伝染
	糸	角斑病	B								
	糸	白絹病	B								土壌伝染
害虫	セ	ネグサレセンチュウ	B								土壌中で感染する
	カ	アブラムシ類	B								
	チ	ヨトウムシ類	B								
	チ	ゴボウハマキモドキ	C								
	カ	アワダチソウグンバイ	B								近年、増えつつある
	セ	ネコブセンチュウ類	B								地中で被害が進むので目に見えない

ゴボウ●病気　薬剤と使用法

| 薬剤名 | 薬剤のタイプ | 安全使用基準 | | | 黒斑細菌病 | 黒あざ病 | ネグサレセンチュウ | 備考 |
		使用時期	使用回数	使用倍数				
カスミンボルドー	殺	収穫14日前まで	3	1000	○			
●カッパーシン水和剤	殺	収穫14日前まで	3	1000	○			
●リゾレックス粉剤	土	播種前まで	1	40g/㎡ 全面土壌混和		○		
●ネマトリンエース粉剤	土	播種前まで	1	20g/㎡ 土壌混和			○	
●ラグビーMC粒剤	土	播種前まで	1	20g/㎡ 播き溝土壌混和			○	

ゴボウ●害虫　薬剤と使用法

薬剤名	薬剤のタイプ	安全使用基準			アブラムシ	ネコブセンチュウ	ネグサレセンチュウ	備考
		使用時期	使用回数	使用倍数				
スミチオン乳剤	殺	収穫14日前まで	2	1000〜2000	○			
オルトラン水和剤	殺	収穫45日前まで	1	1000	○			
粘着くん液剤*2	殺	収穫前日まで	−	100	○			
ネマトリンエース粒剤	土	播種時	1	20 kg/10 a		○	○	
アディオン乳剤C	殺	収穫7日前まで	5	3000	○			

まる。見つけしだい被害葉を切り取ることによって、数百匹の虫を防除できる。

●生育期〜収穫期

しばしば真っ黒なアブラムシが葉裏や葉柄に群がって吸汁する。多発したときはアブラムシ専用の薬剤を散布する。

収穫時、根にコブができ、変形して寸詰まりとなることがたまに起こる。これがネコブセンチュウの被害で、出てからでは後の祭りである。次に栽培する作物の選択に注意する。ギニアグラスやクロタラリアを栽培するとセンチュウの密度が大幅に減少する。

収穫時、根部の表面が齧られて凸凹の傷だらけになっていることがあるが、これはトビイロヒョウタンゾウムシの幼虫が齧ったもので、翌年、その畑での栽培を避ける以外に有効な対策はない。

●野菜別防除対策 30　　p.73参照

フキ　●キク科

病　気

●植えつけ期

連作を避ける。前年の高温期に株が枯れたフキは、白絹病のおそれがあるので、そのような畑は避けて前年に発病していない畑を用いる。

●生育期〜収穫期

生育中に葉が枯れる葉枯病には薬剤を散布する。高温期にしおれ、株元に白いカビが生じていれば白絹病の可能性が高いので、連作を避ける。

元気がなく、長期間しおれる症状は半身萎凋病の可能性があるので、植えつけ前に薬剤処理（269頁）をしておく。

害　虫

●定植期〜生育期

フキアブラムシが発生すると葉がこぶし状に丸まってくる。小発生のときは無視してよいが、ほとんどの葉が被害を受けたときはアブラムシ用の薬剤を散布する。

ハスモンヨトウが発生して葉を食うことがあるが、通常の発生では虫を捕殺する程度でよい。

●**生育期～収穫期**

とくに問題となる害虫はない。秋の植えつけ用の種茎を残すときは、フキノメイガが葉茎から食入して根株まで移動するので、次の作の健全な根株がなくなるときがある。5～6月の収穫が終わったら、2～3回薬剤を散布して食入防止を図る。

[フキ] 病気・害虫の年間発生

分類		病気・害虫名	被害ランク	8	9	～	4	5	6	7	8	発生部位 発生条件など
				上 中 下	上 中 下		上 中 下	上 中 下	上 中 下	上 中 下	上 中 下	
栽培暦				◎………◎— 植えつけ			—— 2年目以降					
病気	糸	白絹病	A									高温期に多発生
病気	糸	葉枯病	B									
病気	糸	黒斑病	B									
害虫	ア	アブラムシ類	C									
害虫	チ	ハスモンヨトウ	B									
害虫	チ	フキノメイガ	B									種株の被害が大きい

フキ●病気 薬剤と使用法

薬剤名	薬剤のタイプ	安全使用基準 使用時期	使用回数	使用倍数	白絹病	葉枯病	備考
•バリダシン液剤	㊏	収穫7日前まで	5	500 3ℓ/㎡ 灌注	○		
•バシタック水和剤75	㊏	定植前まで	1	1000～1500 2～3ℓ/㎡ 灌注	○		
•リゾレックス水和剤	㊏	収穫21日前まで	1	1000 3ℓ/㎡ 灌注	○		
ベンレート水和剤	㊔	収穫7日前まで	2	2000		○	

フキ●害虫 薬剤と使用法

薬剤名	薬剤のタイプ	安全使用基準 使用時期	使用回数	使用倍数	フキノメイガ	ハスモンヨトウ	備考
トレボン乳剤	㊔	収穫14日前まで	3	1000	○		
ゼンターリ顆粒水和剤*1	㊔	収穫前日まで	4	1000		○	発生初期
•カウンター乳剤	㊔	収穫14日前まで	2	2000		○	
•アタブロン乳剤	㊔	収穫3日前まで	3	2000		○	

● 野菜別防除対策 31　pp.74－75 参照

ニンジン　●セリ科

病　気

●播種期
　前年に根腐病、萎凋病、しみ腐病など、枯れる病気が発生した畑では、他の作物を栽培するか、連作する場合には種子消

[ニンジン] 病気・害虫の年間発生

分類		病気・害虫名	被害ランク	3 上中下	4 上中下	5-6 上中下	7 上中下	8 上中下	9-10 上中下	11 上中下	発生部位 発生条件 など
		栽 培 暦		播種						2月末まで	
病気	ウ	黄化病	B								アブラムシ媒介
	ウ	モザイク病	B								アブラムシ媒介
	ファ	萎黄病	A								ヨコバイ類媒介
	細	こぶ病	B								土壌伝染
	細	軟腐病	B								土壌伝染
	糸	褐色根腐病	C								土壌伝染
	糸	白絹病	C								高温期多発生
	糸	黒色根腐病	C								土壌伝染
	糸	しみ腐病	B								土壌の水分過多で発生しやすい
	糸	黒葉枯病	A								被害大きい
	糸	斑点病	C								
	糸	うどんこ病	C								
害虫	セ	ネグサレセンチュウ	B								土壌伝染
	カ	アブラムシ類	B								
	チ	キアゲハ	B								
	チ	ヨトウムシ類	B								
	セ	ネコブセンチュウ類	B								収穫時にコブの有無がわかる

毒（266頁）、土壌消毒（269頁）をする。

発芽後、アブラムシが発生したらモザイク病を媒介するので、アブラムシを防除する。気温が高くて雨が続くような場合には軟腐病が発生しやすいので薬剤を散布する。また、葉が繁茂すると黒葉枯病、斑点病、うどんこ病が発生するので、これも薬剤防除する。

●生育期～収穫期

春播き夏穫りの栽培では葉に各種の病気が発生するので、それぞれの適用薬剤を散布する。根部に水がしみたような症状のしみ腐病は播種前に土壌消毒しておかなければ防除できない。

害虫

●播種前

ニンジンは根にコブをつくるネコブセンチュウの被害を受けやすいので、前作にキュウリ、トマト、カボチャなどセン

ニンジン●病気　薬剤と使用法

薬剤名	薬剤のタイプ	安全使用基準			萎凋病	軟腐病	しみ腐病	黒葉枯病	斑点病	うどんこ病	備考
		使用時期	使用回数	使用倍数							
ダコニール1000	殺	収穫7日前まで	5	1000					○		
●ベルクートフロアブル	殺	収穫14日前まで	5	1000					○	○	○
●トリフミン水和剤	殺	収穫前日まで	3	3000						○	
●スターナ水和剤	殺	収穫7日前まで	3	1000		○					
●ガスタード微粒剤	土	播種・定植21日前	1	20～30g/m²土壌混和	○		○				根腐病にも有効
●カッパーシン水和剤	殺	収穫14日前まで	2	1000		○		○	○		
カスミンボルドー	殺	収穫14日前まで	2	1000		○					

ニンジン●害虫　薬剤と使用法

薬剤名	薬剤のタイプ	安全使用基準			アブラムシ類	ハスモン	キアゲハ	ネキリムシ類	ネコブセンチュウ	ネグサレセンチュウ	備考
		使用時期	使用回数	使用倍数							
ディプテレックス粉剤	殺	収穫14日前まで	3	5kg/10a			○				
ネキリトンK	殺	収穫14日前まで	4	3kg/10a				○			土壌表面株元処理
ゼンターリ顆粒水和剤*1	殺	収穫前日まで	4	1000		○					発生初期
粘着くん液剤*2	殺	収穫前日まで	－	100	○						
ネマトリンエース粒剤	土	播種前	1	15～20kg/10a					○	○	全面土壌混和
●スタークル顆粒水溶剤	殺	収穫30日前まで	2	2000	○						
●アルバリン顆粒水溶剤	殺	収穫30日前まで	2	2000	○						
●バイデートL粒剤	土	播種前	1	20～50kg/10a					○	○	全面土壌混和

チュウの発生しやすい作物を栽培した畑では栽培を避ける。

また、発生が予想される畑では、播種前にセンチュウ用の防除薬剤を畑の土に混ぜ込んでおく。

●播種～生育期

雑草が茂っていた畑に播種すると、ネキリムシ類の被害が予想される。苗の切り倒し被害に注意し、被害が出たら、被害株のまわりを指で浅く掘るようにして土の中の幼虫を探す。被害が多ければ、ネキリムシ用の薬剤を株元にばらまく。

キアゲハ、ハスモンヨトウ、ヨモギエダシャク、キクキンウワバなどの葉を食い荒らす害虫がときどき発生するので、葉の被害に気付いたら虫を探して捕殺する。

白いニンジンアブラムシが葉に群生して吸汁することがある。多発すると葉が変形し、株の生長も衰えるので、アブラムシ用の薬剤を散布する。

●生育期～収穫期

収穫時、根に無数のコブが連なってまともなニンジンがないということが起こる。これがネコブセンチュウの被害で、出てからでは後の祭りである。次に栽培する作物の選択に注意する。ギニアグラスやクロタラリアを栽培するとセンチュウの密度が大幅に減少する。

収穫時、根部の表面が齧られて凸凹の傷だらけになっていることがあるが、これはトビイロヒョウタンゾウムシの幼虫が齧ったもので、その畑での栽培を避ける以外に有効な対策はない。

●野菜別防除対策 *32*　pp.76－77参照

ミツバ　●セリ科

病　気

●播種期～根株養成期

前年に株が枯れた畑では、あらかじめ土壌消毒（269頁）しておく。梅雨期に雨が多いとべと病が発生しやすいので薬剤を散布する。また根が腐敗して立ち枯れる根腐病には、前期の土壌処理をしておけば防げる。

●生育期～収穫期

温床とした軟化栽培で被害が大きい菌核病は、その発生初期に薬剤で処理する。

土寄せする栽培では、初春に地温が上昇してくると根腐病、菌核病が発生するので、発生初期に薬剤で処理する。

害　虫

●定植期～生育期

アブラムシ類が発生すると葉が縮れて丸まるので、発生に気付いたらアブラムシ用の薬剤を散布する。

ヨトウムシ、キアゲハの幼虫がときどき発生して葉を食い荒らす。葉の被害に気付いたら葉裏を調べて虫を捕殺する。

雨が当たらないところで栽培すると、ハダニ類が発生して葉に点状の色抜けが起こり、被害が進むと葉の色が悪くなって枯れる。

●生育期～収穫期

アブラムシ類、キアゲハの発生は生育期間中続く。

[ミツバ] 病気・害虫の年間発生

分類		病気・害虫名	被害ランク	4 上	4 中	4 下	5 上	5 中	5 下	6 上	6 中	6 下	7-8 上	7-8 中	7-8 下	9-10 上	9-10 中	9-10 下	11 上	11 中	11 下	12 上	12 中	12 下	1 上	1 中	1 下	2 上	2 中	2 下	3 上	3 中	3 下	発生部位・発生条件など
		栽培暦					○播種												●掘り上げ、植えつけ					△土寄せ											
病気	ウ	モザイク病	A																															アブラムシ媒介
	ファ	てんぐ巣病	A																															ヨコバイ類媒介 軟化床では生長しない
	細	斑点細菌病	C																															降雨時に多発生
	糸	べと病	C																															多湿時に発生しやすい
	糸	さび病	C																															
	糸	株枯病	A																															土壌伝染
	糸	斑点病	B																															
	糸	菌核病	A																															土壌伝染、低温多湿で多発生、軟化床では中期以降に多発生
	糸	根腐病	A																															土壌水分過剰で多発生、水耕栽培で多発生
害虫	カ	アブラムシ類	B																															
	チ	キアゲハ	B																															
	チ	ヨトウムシ類	C																															

ミツバ●病気 薬剤と使用法

薬剤名	薬剤のタイプ	使用時期	使用回数	使用倍数	べと病	菌核病	根腐病	備考
ダコニール1000	殺	根株養成期 収穫75日前	3	1000	○			
ロブラール水和剤	土	伏せ込み栽培 収穫30日前	1	1000 2ℓ/㎡ 灌注		○		
●タチガレン液剤	殺	収穫14日前 (または伏せ込み前まで)	1	2000			○	
●リドミル銅水和剤	殺	播種期	1	800	○			

ミツバ●害虫 薬剤と使用法

薬剤名	薬剤のタイプ	安全使用基準			アブラムシ類	キアゲハ	ハダニ類	ハスモンヨトウ	ヨトウムシ	備考
		使用時期	使用回数	使用倍数						
アファーム乳剤Ⓖ	㊩	収穫7日前まで	2	2000		○	○	○	○	
ゼンターリ顆粒水和剤*1	㊩	収穫前日まで	4	1000				○	○	発生初期
コロマイト乳剤Ⓖ	㊩	収穫3日前まで	2	2000			○			
粘着くん液剤*2	㊩	収穫前日まで	−	100	○					
●アドマイヤー顆粒水和剤	㊩	収穫7日前まで	2	10000	○					
●カスケード乳剤	㊩	収穫7日前まで	2	2000		○	○			
●スピノエース顆粒水和剤	㊩	収穫7日前まで	2	5000				○		

●野菜別防除対策 33　　p.78 参照

セルリー ●セリ科

病 気

●播種期～定植期

　斑点病などの病気には薬剤を散布する。定植期に気温が上昇するころ地際部付近が軟化腐敗する軟腐病には薬剤を発病初期に散布して防除する。

●定植期～収穫期

　夏季には軟腐病が発生しやすい。軟腐病菌は傷口からしか侵入感染しないので、管理作業のときに地際部に傷をつけないように注意し、発病初期から薬剤を散布する。この他、葉の病気には薬剤を用いる。

[セルリー] 病気・害虫の年間発生

分類		病気・害虫名	被害ランク	5	6	7	8	9	10	11	12	発生部位 発生条件など
		栽培暦		播種		定植			収穫			
病気	糸	斑点病	B									
	細	軟腐病	A									土壌伝染、株元から発病する
	糸	葉枯病	B									
害虫	ハ	マメハモグリバエ	B									
	ダ	ハダニ類	B									
	カ	アブラムシ類	C									
	チ	ハスモンヨトウ	C									

165

害虫

●播種前～定植期
アブラムシの発生が多いところでは、定植時に粒状の薬剤を土の中に混ぜ込むと長期間アブラムシの寄生を予防することができる。

●定植期～生育期
アブラムシ類が発生すると葉が縮れて丸まるので、発生に気付いたらアブラムシ用の薬剤を散布する。

夏季、乾燥が続くとハダニ類が発生して、葉に点状の色抜けが起こる。放置すると葉全体の色が悪くなり、枯れることもあるので、早めにハダニ用の薬剤を、葉裏をねらって散布する。

近年、マメハモグリバエの発生が増えている。葉に曲がりくねった白いすじが現われ、多発すると葉全体が白いすじで占められ、株の勢いが衰える。発生初期に薬剤を散布する。

●生育期～収穫期
気温が下がると害虫類の発生は下火になるが、9月ころからハスモンヨトウが発生することがある。葉の被害に気付いたら幼虫を探して捕殺する。

セルリー●病気　薬剤と使用法

薬剤名	薬剤のタイプ	安全使用基準			斑点病	軟腐病	備考
		使用時期	使用回数	使用倍数			
●アミスター20 フロアブル	殺	収穫3日前まで	4	2000	○		
●カッパーシン水和剤	殺	収穫14日前まで	3	1000	○	○	
ダコニール1000	殺	収穫21日前まで	2	1000	○		
ビスダイセン水和剤	殺	収穫30日前まで	1	600	○		
●スターナ水和剤	殺	収穫14日前まで	3	2000		○	

セルリー●害虫　薬剤と使用法

薬剤名	薬剤のタイプ	安全使用基準			アブラムシ類	マメハモグリバエ	ハスモンヨトウ	ヨトウムシ	備考
		使用時期	使用回数	使用倍数					
アファーム乳剤Ｇ	殺	収穫3日前まで	3	2000		○	○	○	
ゼンターリ顆粒水和剤*1	殺	収穫前日まで	4	1000			○		発生初期
粘着くん液剤*2	殺	収穫前日まで	−	100	○				
モスピラン粒剤	土	定植時	1	0.5g/株	○				植え穴土壌混和
●スタークル顆粒水溶剤	殺	収穫14日前まで	2	2000	○				
●アルバリン顆粒水溶剤	殺	収穫14日前まで	2	2000	○				
●スピノエース顆粒水和剤	殺	収穫3日前まで	3	2500			○		
●カスケード乳剤	殺	収穫14日前まで	3	4000			○	○	
●トリガード液剤	殺	収穫7日前まで	3	1000		○			

●野菜別防除対策 34　　p.78 参照

パセリ ●セリ科

ボルドー剤を除くと、いずれの薬剤も散布してから、収穫が可能になるまでの日数が長いので、薬剤散布には十分に注意する。

病　気

●播種期
疫病、立枯病などの発生のおそれがあれば、前年発病した畑での連作を避け、新しい畑で栽培する。

●生育期～収穫期
気温が上昇し始めるころから発生する斑点病、うどんこ病には薬剤を散布する。そのころ、雨が続くと疫病が発生し始めるので薬剤を散布する。収穫などで葉柄や葉に傷をつけると軟腐病が多発生するので、収穫後にはただちに薬剤をかけムラがないよう丁寧に散布する。

害　虫

●定植期～生育期
アブラムシ類の発生が予想される畑では、定植時にアブラムシ防除用の粒状の薬剤を土の中に混ぜ込む。

夏季、乾燥が続くとハダニ類が発生して、葉に点状の色抜けが起こる。放置すると葉全体の色が悪くなり、枯れることもあるので、早めにハダニ用の薬剤を、葉裏をねらって散布する。

キアゲハ、ヨトウガ類の幼虫が葉を食い荒らすので、見つけたときは捕殺する。大きくなった幼虫は食う量も多いので発生に注意する。

[パセリ] 病気・害虫の年間発生

分類		病気・害虫名	被害ランク	4	5	6	7	8	9	10	発生部位 発生条件 など
病気	細	軟腐病	A								夏期の高温、多雨で多発生する
	糸	疫病	C								土壌水分過多、多雨で多発生する
	糸	斑点病	C								種子、土壌伝染、降雨で蔓延する
	糸	うどんこ病	C								高温、乾燥気味で発生しやすい
	糸	立枯病	C								土壌伝染
害虫	チ	ヨトウムシ類	C								
	チ	キアゲハ	B								
	ダ	ハダニ類	C								
	カ	アブラムシ類	C								

●生育期～収穫期

気温が低下するまでハダニ類、キアゲハ、ヨトウガ類の発生が続くので、その防除対策は欠かせない。

パセリ●病気　薬剤と使用法

薬剤名	薬剤のタイプ	安全使用基準			軟腐病	疫病	うどんこ病	備考
		使用時期	使用回数	使用倍数				
アミスター20フロアブル	㊵	収穫45日前まで	1	2000			○	
ストロビーフロアブル	㊵	収穫14日前まで	1	3000			○	
Zボルドー	㊵	－	－	800	○			
トリフミン水和剤	㊵	収穫30日前まで	2	8000			○	
リドミル粒剤2	㊥	収穫21日前まで	3	10～20g/㎡		○		
キノンドー粒剤	㊥	収穫90日前まで	1	20g/㎡	○			

パセリ●害虫　薬剤と使用法

薬剤名	薬剤のタイプ	安全使用基準			アブラムシ類	キアゲハ	ミナミキイロアザミウマ	ハダニ類	ハスモンヨトウ	ヨトウムシ	備考
		使用時期	使用回数	使用倍数							
ゼンターリ顆粒水和剤*1	㊵	収穫前日まで	4	2000		○			○		発生初期
アファーム乳剤Ⓒ	㊵	収穫7日前まで	1	2000					○		
コロマイト乳剤Ⓒ	㊵	収穫3日前まで	1	2000			○				
粘着くん液剤*2	㊵	収穫前日まで	－	100	○		○				
アドマイヤー1粒剤	㊥	定植時	1	0.5g/株	○	○					植え穴土壌混和
●カスケード乳剤	㊵	収穫7日前まで	1	4000					○		
●スピノエース顆粒水和剤	㊵	収穫14日前まで	2	2500						○	
●ブルースカイ粒剤	㊥	定植時	1	1g/株	○		○				

●野菜別防除対策 35　pp.79－81参照

サツマイモ　●ヒルガオ科

病気

●育苗～定植期

斑紋モザイク病やつる割病は、前作で発病したイモから苗をとると発病する。帯状粗皮病のイモや生育が悪かった株のイモは用いないで、健全なイモから苗を仕立てるようにする。

つる割病の発生地では植えつける前に、苗の根部を薬液に浸けてから植えるか、薬剤を土壌に混和して植えつける。立枯病、つる割病は病原菌が土壌中に生

[サツマイモ] 病気・害虫の年間発生

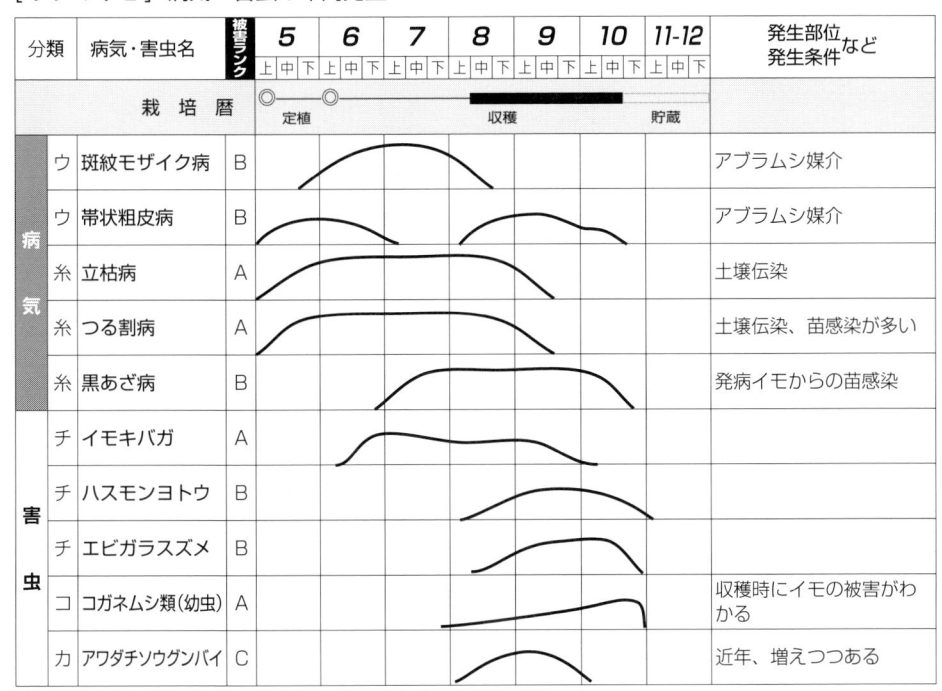

分類		病気・害虫名	被害ランク	5	6	7	8	9	10	11-12	発生部位 発生条件 など
		栽培暦		定植		収穫				貯蔵	
病気	ウ	斑紋モザイク病	B								アブラムシ媒介
	ウ	帯状粗皮病	B								アブラムシ媒介
	糸	立枯病	A								土壌伝染
	糸	つる割病	A								土壌伝染、苗感染が多い
	糸	黒あざ病	B								発病イモからの苗感染
害虫	チ	イモキバガ	A								
	チ	ハスモンヨトウ	B								
	チ	エビガラスズメ	B								
	コ	コガネムシ類（幼虫）	A								収穫時にイモの被害がわかる
	カ	アワダチソウグンバイ	C								近年、増えつつある

サツマイモ●病気　薬剤と使用法

薬剤名	薬剤のタイプ	安全使用基準			つる割病	黒斑病	備考
		使用時期	使用回数	使用倍数			
ベンレート水和剤	菌	植えつけ前	1	500〜1000 苗基部を20〜30分間浸漬	○	○	
トップジンM水和剤	菌	植えつけ前	1	200〜500 苗基部を浸漬		○	
●バスアミド微粒剤	土	植えつけ21日前	1	20〜30g/㎡ 土壌混和	○		

息していて、植えられた苗の茎や根から侵入する。これらの病気が発生するおそれがある畑は事前に土壌消毒（269頁）しておく。

また立枯病はpHがやや高いと発生しやすいので、定植前に石灰を施さない。また土壌温度が高いと発生しやすいので、畝は高すぎないようにする。

●定植期〜収穫期

斑紋モザイク病、帯状粗皮病はアブラムシによって媒介されるので、定植後からアブラムシを防除する。立枯病は畑の土が乾燥すると発生しやすいので、敷きワラをして土の乾燥を防ぐ。

生育中の立枯病、黒あざ病に対しては薬剤がないので、苗つくりでこれらの病

気に侵されていないイモを用いる。

害虫

●定植前
コガネムシ類の幼虫は、畑を耕したり畝つくりの際にすべて捕殺する。収穫時にイモの被害（表面が食われて傷になっている）が多い畑では、定植時に粒状の殺虫剤を土壌に混ぜ込んで予防を図る。

●定植後〜生育期
6〜7月ころにコガネムシ類の成虫が飛来して土に潜って産卵する。これを防ぐ手立てはないので、苗の植え込み時での予防が決め手である。

イモキバガの幼虫が葉を二つ折りにして、その中に潜んで葉を食べる。被害が目立つが、サツマイモの生長のほうが早いので実害は低いと思われる。

近年、アワダチソウグンバイがサツマイモの葉裏に寄生して吸汁する被害が増え始めている。吸汁された部分には褐色の斑点や斑紋が現われる。多発すると葉が枯れることもあるが、現段階ではとくに防除する必要はない。

●生育期〜収穫期
イモコガの幼虫による葉の被害が続くが無視してもかまわない。

9月ころ、ハスモンヨトウが発生して葉を食い荒らすことがある。発生初期は畑の一部で被害が出るので、近くの葉を調べて幼虫を捕殺するか薬剤散布を行なう。

葉を暴食するエビガラスズメの幼虫は見つけしだい捕殺する。この虫は常時発生する害虫ではなく、運悪く成虫が飛来して産卵された畑のみが被害を受ける。

サツマイモ●害虫　薬剤と使用法

薬剤名	薬剤のタイプ	安全使用基準			ハスモンヨトウ	イモコガ	ナカジロシタバ	コガネムシ類	備考
		使用時期	使用回数	使用倍数					
トレボン乳剤	㊩	収穫7日前まで	3	1000	○	○			
スミチオン乳剤	㊩	収穫7日前まで	5	1000〜2000		○			
アファーム乳剤Ⓖ	㊩	収穫3日前まで	3	1000〜2000	○				
アディオン乳剤Ⓖ	㊩	収穫7日前まで	5	3000		○			
ディプテレックス粉剤	㊩	収穫14日前まで	4	4〜4.5kg/10a	○	○	○		
ゼンターリ顆粒水和剤*1	㊩	収穫前日まで	4	1000	○				発生初期
カルホス粉剤	㊩	挿苗前	1	9kg/10a				○	土壌混和処理
ダイアジノン粒剤3	㊩	植えつけ前	1	6〜8g/㎡				○	植え付け前
アドマイヤー1粒剤	㊩	植えつけ時	1	4kg/10a				○	作条土壌混和
●アタブロン乳剤	㊩	収穫7日前まで	5	2000	○				
●プレオフロアブル	㊩	収穫7日前まで	2	1000	○				
●トルネードフロアブル	㊩	収穫7日前まで	2	2000	○				
●マトリックフロアブル	㊩	収穫7日前まで	3	2000	○				
●ノーモルト乳剤	㊩	収穫7日前まで	2	1500	○	○			

● 野菜別防除対策 36　pp.82 – 83 参照

サトイモ ●サトイモ科

病　気

●種イモの準備～植えつけ期
　種イモは健全なものを選ぶ。前年に立枯病、乾腐病、白絹病、疫病などが発生した畑では連作を避ける。連作する場合は土壌消毒（269頁）しておき、排水の悪い畑は排水を良好にしておく。

●植えつけ後～収穫期
　発芽したらアブラムシの防除を行なってモザイク病の媒介を防止する。
　葉がしおれたり枯れたりすると根腐病のおそれがあるので、排水を良好にする。
　収穫したイモが乾燥気味に腐敗していれば乾腐病である。この病気は種イモから伝染したり、土壌中で病原菌に感染して起きるので、土壌を消毒するか発病畑での連作を避ける。翌年はこのようなイモを種イモに用いないようにする。

害　虫

●種イモの準備～植えつけ期
　コガネムシ類の幼虫は、畑を耕したり畝つくりの際に見つけ、すべて捕殺する。
　ワタアブラムシの発生が予想される畑では、植えつけ時に粒状の薬剤を土の中に混ぜ込んでおくと、かなりの期間寄生を防止できる。

●植えつけ後～生育期
　ワタアブラムシが葉裏に群生して吸汁する。ときには葉裏がアブラムシで埋めつくされるほどに多発することもある。

[サトイモ] 病気・害虫の年間発生

分類		病気・害虫名	被害ランク	4	5	6	7	8	9	10	発生部位 発生条件など
病気	ウ	モザイク病	B								アブラムシ媒介
	糸	根腐病	A								土壌水分過多で多発生
	糸	茎腐病	B								貯蔵中にも発病する
	糸	乾腐病	B								土壌伝染、病イモからでも発病する
	糸	斑紋病	C								
害虫	カ	ワタアブラムシ	B								
	ダ	カンザワハダニ	B								乾燥すると多発しやすい
	チ	ハスモンヨトウ	A								多発すると茎に食入する
	チ	セスジスズメ	B								老熟幼虫の食害量は大きい

サトイモ●病気　薬剤と使用法

薬剤名	薬剤のタイプ	安全使用基準			乾腐病	備考
		使用時期	使用回数	使用倍数		
●ガスタード微粒剤	±	植えつけ21日前	1	20〜30g/㎡ 土壌混和	○	

サトイモ●害虫　薬剤と使用法

薬剤名	薬剤のタイプ	安全使用基準			ハスモンヨトウ	アブラムシ類	ハダニ類	備考
		使用時期	使用回数	使用倍数				
トレボン乳剤	㊝	収穫14日前まで	3	1000	○			
ダニ太郎	㊝	収穫3日前まで	1	1000			○	
ゼンターリ顆粒水和剤*1	㊝	収穫前日まで	4	1000	○			
粘着くん液剤*2	㊝	収穫前日まで	−	100		○	○	
アドマイヤー1粒剤	±	植えつけ時	1	4kg/10a		○		植え溝土壌混和
モスピラン粒剤	±	植えつけ時	1	3〜6kg/10a		○		植え溝土壌混和
アディオン乳剤G	㊝	収穫7日前まで	5	2000	○	○		
●ブレオフロアブル	㊝	収穫7日前まで	2	1000	○			
●マトリックフロアブル	㊝	収穫7日前まで	3	2000	○			

尾端から排出された粘り気のある排泄物が葉上に付着し、そこに埃やアブラムシの白い脱皮殻が付着し、すす病菌の誘発などにより葉は黒く汚れる。葉の枯死などは起こらないが、多発するとイモの発育にも悪影響を与えるので、発生が多ければアブラムシ類専用の薬剤を散布する。

大型の黒い目玉模様のあるセスジスズメの幼虫が葉をかじって孔をあける。成長すると大人の人差し指よりも大きくなって暴食する。見つけしだい捕殺する。

●生育期〜収穫期

夏季、カンザワハダニがしばしば多発して吸汁し、葉が点状に白く色が抜ける。多発すると葉全体が白っぽくなり、枯れることもある。小さな虫で見つけにくいが、葉の色に注目するとよい。発生が多ければハダニ用の薬剤を散布する。

8月下旬ころからハスモンヨトウの幼虫が現われて葉を食い荒らす。成虫が数百個の卵をひと固まりにして産卵し、ふ化した幼虫が葉裏を浅く集団でかじる。被害は1枚の葉の褐変から始まるので、葉色に注意し、見つけしだい虫が群生している被害葉を切り取って処分する。

● 野菜別防除対策 37　pp.83 – 84参照

ショウガ　●ショウガ科
（ミョウガを含む）

病　気

●定植期～生育期

　葉に緑色濃淡のモザイク症状が見られたら、種根茎がモザイク病に汚染されている場合が多い。アブラムシでも病原ウイルスが媒介されるので、薬剤を散布して防除する。また、次年度はこの症状の株の根茎を種根茎として用いない。

　この他種根茎の一部があめ色になっていると根茎腐敗病なので、これを使用しないか必ず薬剤処理をしてから用いる。

●生育期～収穫期

　根茎腐敗病が発生した畑では連作を避けるか、土壌を消毒（269頁）する。

　健全な種根茎を用いたつもりでも、生育中に葉が黄化し、しおれたり枯れたりして、根茎が褐色に軟化腐敗すれば根茎腐敗病である。すぐに薬剤を灌注する。

　栽培中に葉に大きな褐色の病斑ができて枯れたら葉枯病である。また地際部近くの茎に発生する褐色円形の斑点は紋枯病なので、ムラのないよう薬剤散布する。

害　虫

●定植期～生育期

　アワノメイガやイネヨトウが茎のなかに食入して内部を食い荒らし、食入口から黄褐色の虫糞を排出する。放置すると、次つぎに被害茎が増えるので、被害茎を見つけたら茎を切り開いて内部に潜んでいる虫を捕殺する。

　芯に当たる葉が褐変している茎は、どこかに食入を受けているので、虫糞の出ている箇所を探す。

[ショウガ（ミョウガ）] 病気・害虫の年間発生

分類		病気・害虫名	被害ランク	4 上中下	5 上中下	6 上中下	7 上中下	8 上中下	9 上中下	10 上中下	発生部位 発生条件 など
		栽培暦		○定植					収穫		
病気	糸	根茎腐敗病	A								根茎、土壌伝染、土壌水分が多いと多発生
	糸	葉枯病	C								降雨が続くと多発生
	糸	いもち病	C								
	糸	紋枯病	B								土壌伝染、地際部に多発生
	糸	白星病	C								
	ウ	ウイルス病	B								ショウガ、ミョウガ共通アブラムシ媒介
病気	チ	フキノメイガ	B								幼虫が茎内に潜る
	チ	イネヨトウ	B								

ショウガ●病気　薬剤と使用法

薬剤名	薬剤のタイプ	安全使用基準			根茎腐敗病	いもち病	紋枯病	白星病	備考
		使用時期	使用回数	使用倍数					
●モンカットフロアブル40	殺	収穫3日前まで	5	2000			○		
●リドミル粒剤2	土	収穫30日前まで	3	10～20 g/㎡ 定植前に作条に土壌混和	○				生育中では土壌表面に散布
●ランマンフロアブル	土	収穫30日前まで	3	500 1～3ℓ/㎡ 土壌灌注	○				
ベンレート水和剤	殺	収穫21日前まで	2	1000		○			
●シトラーノフロアブル	殺	収穫14日前まで	5	1000			○	○	
ダコニール1000	殺	収穫14日前まで	5	1000			○	○	ミョウガ葉枯病紋枯病に有効

ショウガ●害虫　薬剤と使用法

薬剤名	薬剤のタイプ	安全使用基準			アワノメイガ	ハスモンヨトウ	備考
		使用時期	使用回数	使用倍数			
トレボン乳剤	殺	収穫7日前まで	3	1000	○		
オルトラン水和剤	殺	収穫45日前まで	2	1000	○		
ゼンターリ顆粒水和剤*1	殺	収穫前日まで	4	1000		○	
●ノーモルト乳剤	殺	収穫7日前まで	2	2000		○	
●マトリックフロアブル	殺	収穫前日まで	3	1000～2000		○	
●トルネードフロアブル	殺	収穫7日前まで	3	2000	○	○	

●生育期～収穫期

　アワノメイガは年に2～3回発生し、収穫期近くになっても発生するので、常に芯葉の色の変化に注目し、見つけしだい捕殺する。

　また、黒っぽい毛虫（ナシケンモン）が展開中の新葉を食い荒らすことがある。被害に気付いたら虫を探して捕殺する。

　9～10月にハスモンヨトウが発生して葉や茎を食い荒らすことがある。虫食い被害に気付いたら葉や茎を調べて虫を捕殺する。

Part.3
ここが肝心
病気・害虫別
防除対策

[植物の種類と病原菌との関係]

　植物を侵すのは約一万種を超える、ウイルスや細菌、菌類（大部分は菌類）であり、ひとつの病原菌は一種類、もしくは数種類の植物しか侵す能力がない。

　すなわち病原菌と植物との侵す、侵されるという関係は遺伝的に決まっているのである。

　また、ヒトは人種と関係なく同じ病原菌に侵されれば、同じ症状の病気になるが、植物ではその種類ごとに異なった症状が出たりする。

　この章では、各病気・害虫ごとにその生態や防除のポイントを紹介する。

病気別防除対策

病気別防除対策　1-1

モザイク病・ウイルス病

（CMV、WMV、TuMV など：アブラムシ媒介、接触伝染）

病原菌名：CMV －キュウリ・モザイク・ウイルス
被害ランク：A
発生しやすい野菜：エンドウ、ジャガイモ、カブ、カボチャ、カリフラワー、キャベツ、コマツナ、シュンギク、ショウガ、スイカ、セルリー、ダイコン、ピーマン、ブロッコリー、ホウレンソウ、メロン、レタスなど多数
発生部位：全身感染

病原菌名：WMV －カボチャ・モザイク・ウイルス
被害ランク：A
発生しやすい野菜：ニガウリ、ヘチマ、オクラ、エンドウ、ソラマメ、カボチャ、キュウリ、シロウリ、スイカ、トウガン、メロン、ユウガオなど多数
発生部位：全身感染

病原菌名：PRSV －パパイヤ・輪点・ウイルス
被害ランク：A
発生しやすい野菜：ユウガオ、ヘチマ、カボチャ、キュウリ、スイカ、メロンなど
発生部位：全身感染

病原菌名：TuMV －カブ・モザイク・ウイルス
被害ランク：A
発生しやすい野菜：カブ、キャベツ、タカナ、ミズナ、コマツナ、シュンギク、ブロッコリー、ホウレンソウ、ダイコン、ニガウリ、オクラ、エンドウ、ソラマメ、カボチャ、キュウリ、スイカ、トウガン、メロンなど多数
発生部位：全身感染
症状：葉のモザイク、奇形、しおれ、生育不良など

●症状と診断のポイント

葉が緑色濃淡のモザイク症状になったり、葉の幅が細く糸葉状になったり、あるいは株全体が萎縮したりする。

これらウイルスが感染すると生育が不良となり、果実の肥大も悪く収穫が不可能になる。

キュウリなどでは果実の表面が凸凹のコブ状になることもある。トマトでも果実が凸凹になって着色も悪くなり、内部の維管束が白色あるいは褐変して、すじ腐れとなる。

CMV、WMV、TuMV は、とくにトマト、ピーマン、キュウリ、メロン、カボチャやマメ科などで被害が大きく、TuMV はハクサイ、ダイコン、カブなどアブラナ科野菜での被害が大きい。

●発生生態

CMV、TuMV は寄主範囲が広く多くの植物に感染する。モザイク病の病原ウイルスは各種のアブラムシにより媒介される他、管理作業のときに接触伝染する。

●発生を防ぐポイント

CMV、WMV、TuMV を防除するにはアブラムシの飛来、寄生の防止と管理作業中の手指による接触、あるいは衣服による接触伝染を防止する以外には防除法がない。肥培管理をよくしても、野菜を丈夫に育ててもこの病気に罹ることを防げない。

発病した株は根とともに抜き取って1m 以上深く土に埋めるか焼却する。

モザイク病・ウイルス病の伝染環

防除
殺虫剤散布
殺虫剤土壌施用

アブラムシが寄生してウイルスを保毒する

誘引などの管理作業によってウイルスが感染する

葉がモザイクになったり奇形になる

ウイルス粒子

維管束

ウイルス粒子

管理作業

健全株　ウイルス株

保毒アブラムシ

保毒アブラムシが吸収する

ウイルス粒子　収穫時にハサミによってウイルスが伝染する

無毒のアブラムシ

アブラムシはウイルスを保毒する

アブラムシが寄生・吸汁する

発病した株

防除
殺虫剤散布
殺虫剤土壌施用

防除
殺虫剤散布
殺虫剤土壌施用

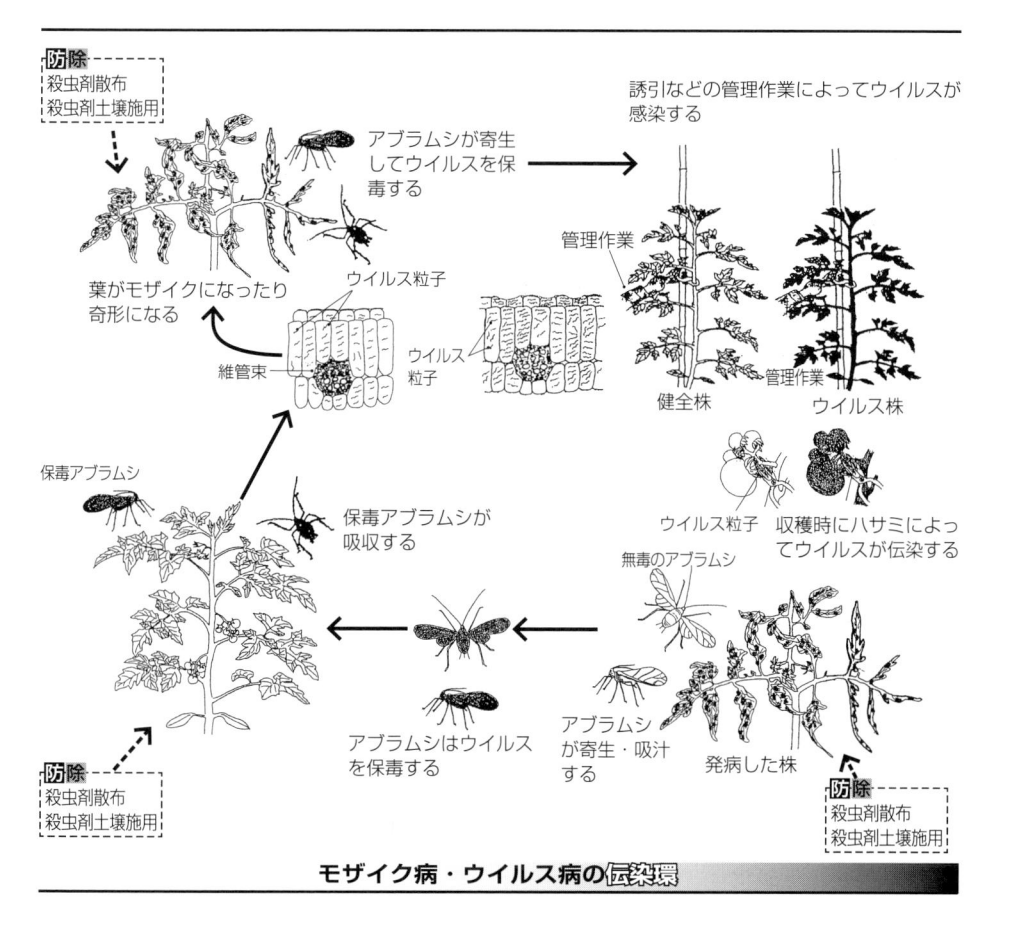

病気別防除対策 1-2

モザイク病

(TMV：種子伝染、土壌伝染、接触伝染)

病原菌名：TMV－タバコ・モザイク・ウイルス
被害ランク：A
発生しやすい野菜：トマト、ナス、ホウレンソウ、ワサビ、イチゴ、シソ、ニンニク、ラッキョウなど多数
発生部位：全身感染
症状：葉のモザイク、奇形、しおれ、果実に褐・白いすじ腐れ、生育不良など

● 症状と診断のポイント

　病原ウイルスのTMVはトマト、ピーマン、マメ科、キクなど22科198種の植物に感染し、葉がモザイク症状になったり、茎などに褐色で縦長の枯死斑紋を生じたり、果実の肥大が悪くなったりする。

● 発生生態

　このウイルスの伝染力は強力で、種子に潜伏していて種子伝染や土壌伝染をし、さらに接触伝染などもする。

● 発生を防ぐポイント

　抵抗性品種を選ぶ。抵抗性品種がなけ

れば消毒済みの種子を用い、土壌伝染を防止するために4〜5年くらいは同じ野菜を作付けないようにする。

発病株は管理作業を最後にまわすか、根ごと抜き取って1m以上深く土に埋めるか、焼却する。肥培管理でその株に活力を与えても、丈夫になることはなく、ウイルス病を防止することはできない。薬剤による防除も期待できない。

病気別防除対策 2

黄化えそ病
（アザミウマ媒介、汁液伝染）

病原菌名：トマト・黄化えそ・ウイルス
被害ランク：A
発生しやすい野菜：キュウリ、ネギ、トウガン、レタス、ピーマン、メロン、スイカなど
発生部位：全身感染
症状：茎、果実のえそ斑点、生長点の黄化、大型の輪紋など

黄化えそ病の伝染環

- えそ病斑
- 輪紋病斑
- えそ病斑
- アザミウマが表皮細胞を傷つけて吸汁する
- 傷
- ウイルス粒子
- ピーマンの細胞内にウイルスが増殖する
- 吸汁して保毒したアザミウマ
- 発病株　発病後にアザミウマが寄生・吸汁してウイルスを保毒する
- 【防除】殺虫剤散布／殺虫剤土壌施用
- 発病果実
- 発病株の果実を収穫するとハサミにウイルスが付着する
- 健全な果実
- ウイルスが付着する
- ウイルス付着
- ウイルスが付着したハサミで果実を収穫すると伝染する
- 切断部
- ウイルス粒子
- 切断された傷口からウイルスが感染する
- アザミウマが寄生するとウイルスを保毒する
- 発病する
- 【防除】殺虫剤散布／殺虫剤土壌施用
- 幼虫の体内にウイルスを保毒する
- 幼虫は保毒したまま土中で蛹になる
- 保毒したまま成虫になって飛翔する
- 寄生吸汁
- 保毒虫
- 健全株
- 【防除】殺虫剤散布／殺虫剤土壌施用

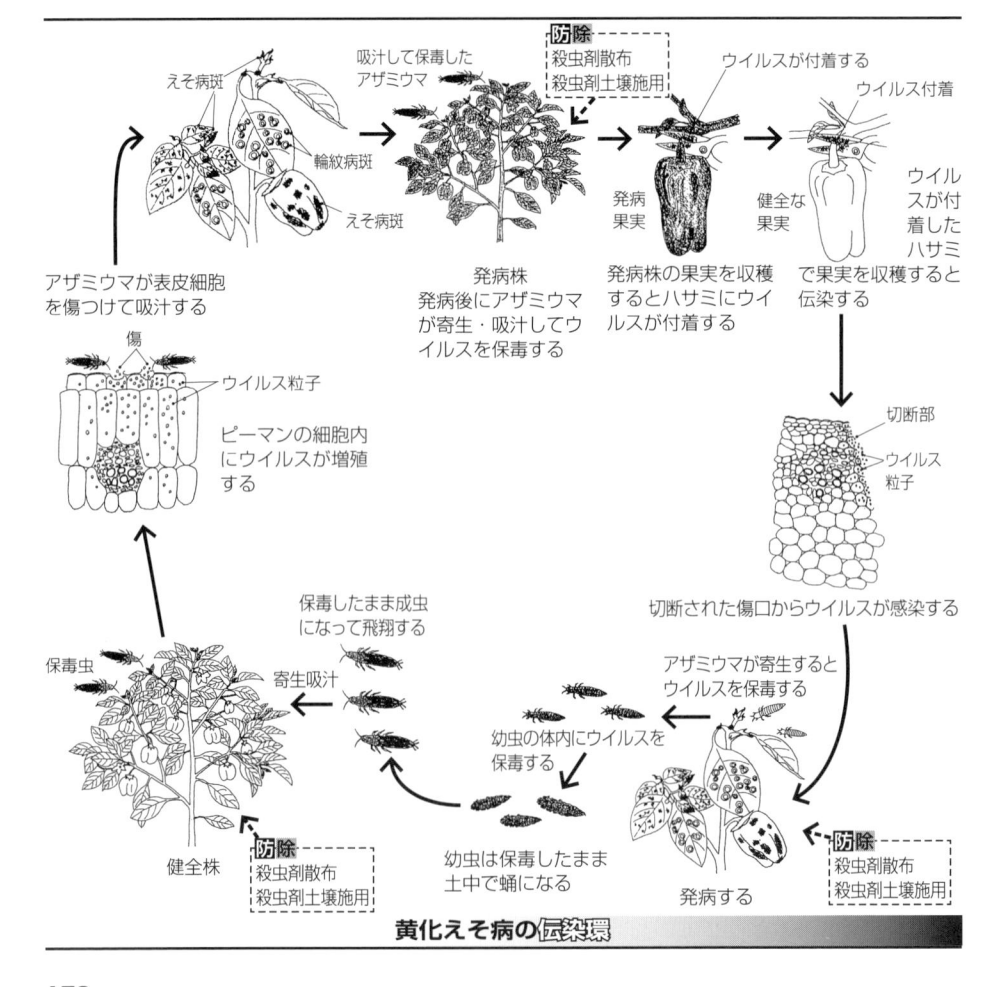

●症状と診断のポイント

　葉が黄化して、褐色のえそ斑を生じて枯れる。ピーマンでは生長点付近が枯れる。茎にもえそ斑点を生じる。ひどいと葉がしおれて枯れる。

●発生生態

　この病原ウイルスはアザミウマ（スリップス）によって媒介され、発病株の汁液によって容易に伝染するが、病気の株との接触では伝染しないといってもよい。

　アザミウマの幼虫が病気の株に寄生してその汁を吸うと病原ウイルスを保毒する。その後、蛹を経て成虫になってから、健全な株に寄生してその汁を吸うと、ウイルスを3～4週間も持続して伝染させる。

　このウイルスは多くの植物に感染しキュウリ、ネギ、トウガン、トマト、ラッカセイ、ダリア、タバコなどの他シロザやイヌホオズキなどの雑草も発病する。これらの植物に寄生してウイルスを保毒したアザミウマがピーマンに飛来し、汁を吸うときにウイルスを媒介する。

●発生を防ぐポイント

　発病してからは防ぐ手だてがないので媒介するアザミウマを防除する。畑のまわりの発病したピーマン、キュウリ、トマト、タバコ、ダリア、また雑草のシロザ、イヌホオズキなどを取り除くか、それらに寄生しているアザミウマを防除する。

　家庭菜園で採用するのはむずかしいが、近紫外線を除去するビニールでハウスを被覆するとアザミウマがハウス内に入らないので、被害がひどい場合にはこの方法による防除効果が高い。まわりのトマト、ラッカセイ、ダリアなどに寄生しているアザミウマを防除する。

病気別防除対策 3

えそ斑点病

（種子伝搬―土壌伝染〈菌類媒介〉、接触伝染）

病原菌名：メロン・えそ斑点・ウイルス（MNSV）
この他の土壌中の菌類媒介ウイルス病：ホウレンソウ・モザイク病、エンドウ・茎えそ病、イチゴ、トマト・ウイルス病、レタス・ビッグベイン病、ジャガイモ・塊茎褐色輪紋病
被害ランク：A
発生しやすい野菜：メロンえそ斑点病はメロン、スイカ
発生部位：葉、茎などのしおれ、地際部、果実などに褐色、大小の斑点
症状：葉に小さいえそ斑と大型の褐色病斑、地際部の褐変、果実のえそ斑

●症状と診断のポイント

　茎頂付近の若い葉に黄褐色の微細なえそ斑点を多数生じ、しおれたりしてひどいと枯れる。

　生長した葉では縁から葉脈に沿って樹枝状に褐変する。茎にもえそ斑を生じて枯れ込んだり、地際部付近の茎に褐色のえそ斑をつくる。これは鳥の脚症状と呼ばれ、ひどいとしおれる。また、茎には不整形のえそ斑を生じる。

　果実では幼果のうちは表面にえそ斑点を生じ、肥大しても果面でのネットの出方が悪くなる。根はアメ色～褐色になって細根がなくなる。生育の初～中期は小斑点と鳥脚症状、中～後期は大型病斑と茎とにえそ斑を生じる。

●発生生態

　メロンえそ斑点病は、土壌中の菌類によって病原ウイルスが媒介される他、接触伝染をして葉や果実に褐色の斑点を

えそ斑点病（メロン）の伝染環

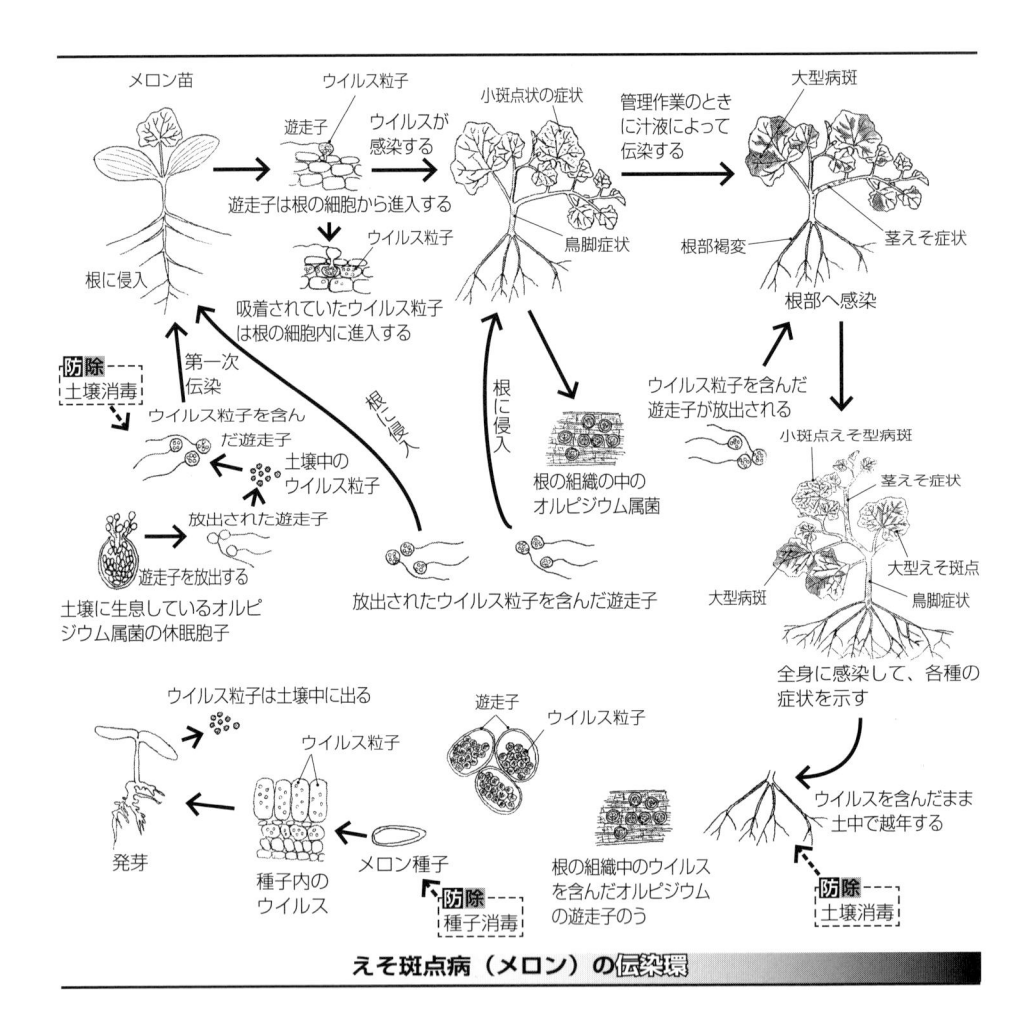

つくる。感染した種子を播種するとウイルスが土壌中に放出され、土壌中の糸状菌（オルピジウムというカビ）がこのウイルスを取り込む。そしてその糸状菌がメロンの根に侵入してウイルスを感染、発病させ、さまざまな症状を起こす。

やや早い栽培〜初夏に発生が多く、夏栽培では発生が少ない傾向がある。

●発生を防ぐポイント

土壌中に生息している菌類（カビ）が媒介するので土壌消毒（267頁）する。

その他乾熱消毒（251頁）した種子を用い、病原ウイルスに感染した支柱などを熱水（80℃3分間）などで消毒したり、育苗床の土や畑は太陽熱消毒する。ウイルスを土壌中で根に媒介するオルピジウムという菌は雨水がたまった水の中で生育しやすいので、このような水を育苗床や畑の灌水には用いない。管理作業でも伝染するので発病株はただちに抜き取り焼却する。発病の疑いのある株は最後に管理するように心がける。

病気別防除対策 4

てんぐ巣病
(ヨコバイ媒介)

病原菌名：ファイトプラズマ
被害ランク：A
発生しやすい野菜：
ミツバてんぐ巣病ファイトプラズマ：てんぐ巣病—ミツバ、シュンギク
萎黄病—ニンジン、セリ、ネギ、タマネギ、セルリー
マメてんぐ巣病ファイトプラズマ—ラッカセイ、エダマメ、ソラマメ、インゲンマメ、フダンソウ
トマト萎黄病ファイトプラズマ—トマト、レタス、パセリ、シュンギク、セルリー、ニンジン
アスター萎黄病ファイトプラズマ；紫染萎黄病—ジャガイモ、トマト、ニンジン
発生部位：全身感染
症状：細かい葉がホウキ状に発生する、生長を止めることがある

●症状と診断のポイント

畑や軟化床で発病し、畑でははじめ葉の周縁が黄化あるいは白化したり、葉柄がねじれたり、曲がったり、縮れたり、

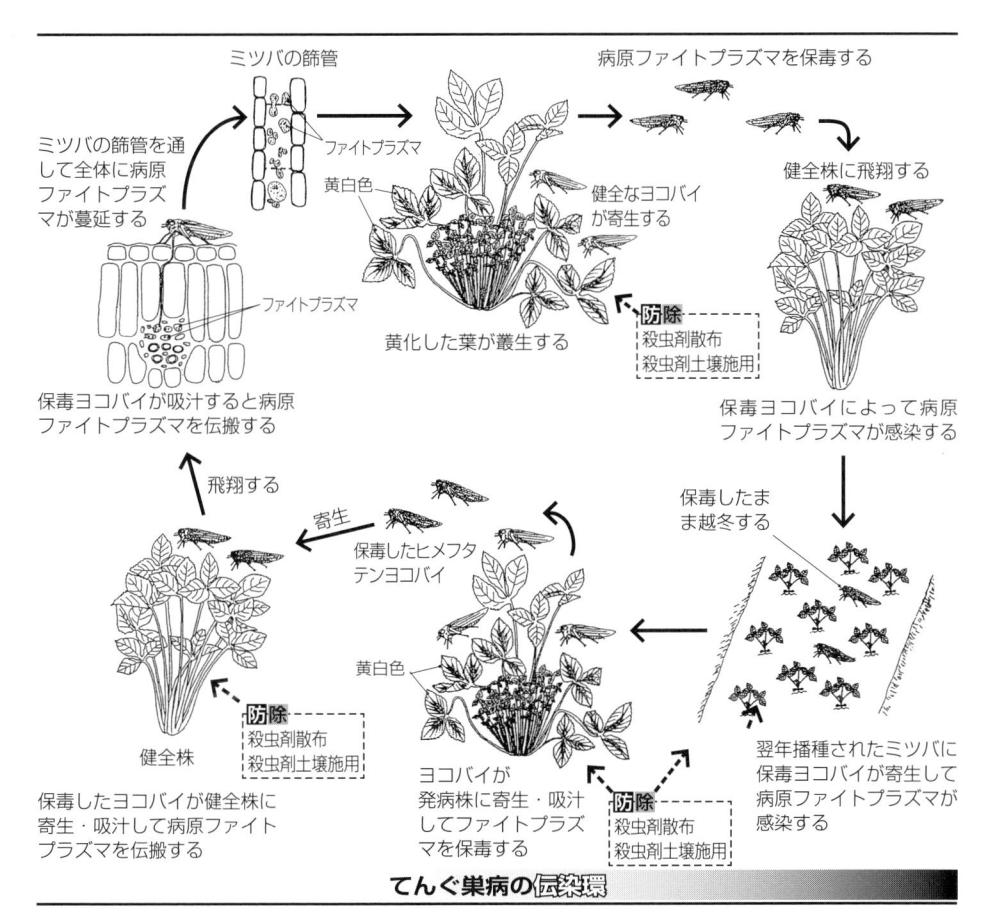

てんぐ巣病の伝染環

奇形になったり、株全体が萎縮し、また小型の葉が株元からホウキ状に叢生したりする。とくにミツバの軟化床では発病株のほとんどがホウキ状になる。

●発生生態

この病原菌はヒメフタテンヨコバイでのみ媒介され、卵を通しては媒介されない。

ミツバでは、ヒメフタテンヨコバイが前年の畑で発病株に寄生し、病原菌（ファイトプラズマ）を保毒したまま越冬する。翌春、新たに発芽したミツバに成虫が寄生、吸汁するときに保毒していた病原菌を感染させる。

または、その年に産卵されふ化した成虫が、病気になったミツバに寄生して吸汁、保毒する。そして他の無病のミツバに飛来、吸汁して病原菌を媒介する。

●発生を防ぐポイント

病気そのものを防ぐ特効薬がないので、媒介するヒメフタテンヨコバイを防除する。前作で収穫し損なった発病株を必ず取り除き、新しい畑ではヒメフタテンヨコバイを防除する。

この病原菌ファイトプラズマはミツバの他、ホウレンソウ、ニンジン、シュンギク、セリ、ネギ、タマネギ、セルリーなど20種類の野菜の他、ニチニチソウ、エゾギク、などの草花や薬草のミシマサイコに発病する。

さらに媒介虫ヒメフタテンヨコバイは雑草のタネツケバナ、カヤツリグサ、スズメノカタビラなどにも寄生して生育、繁殖するため伝染環が保たれてしまう。これらの野菜、草花、薬草や雑草にも寄生させないように防除する。

病気別防除対策 5

青枯病
（土壌伝染）

病原菌名：*Rastonia* 属菌（細菌）
被害ランク：A
発生しやすい野菜：イチゴ、インゲンマメ、カブ、カボチャ、キュウリ、シソ、ジャガイモ、シュンギク、ソラマメ、ダイコン、トマト、ナス、ピーマン、ラッカセイ
発生部位：根
症状：根の褐変腐敗、枯死、葉が緑色のまま急にしおれて枯れる

●症状と診断のポイント

野菜がある程度大きく育ったときや、葉や茎が緑色のまま急にしおれて、回復することなく枯れる。病原菌の密度が高ければ苗のときに枯れる。主に気温が高い梅雨明けころから夏に発生する。

しおれるのは、土壌中に生息している病原細菌が野菜の根から侵入し、毒素を出して水分の通る組織（維管束）を壊すためである。このような症状が発生すると、病気とは考えずに、水のやり方や肥料のやり方がまずいか、連作が原因かと勘違いしてしまうことが多いので、注意したい。

この病気は防除がむずかしいので、連作を避けるか、土壌消毒するなど適切な対策をとらねばならない。

●発生生態

この病原細菌は土壌中に生息している。火山灰土のような土に比べ、大昔から河によって少しずつ運ばれた沖積土、とくに比較的重い砂質で雨が降るとベトベト、乾燥するとカチカチになるような

土壌を好む。

さらに地下水位が高く、掘るとすぐに水が出るような畑で発生が多い。まわりに水田があるような場所ではとくに発生しやすい。

土壌温度が17、8～30℃くらいまでの間で発生しやすく、また病原菌は土中70～80cmの深さでも生育しているので、トマト、ナスのように根が深くまで伸長する野菜で被害が大きい。

● 発生を防ぐポイント

抵抗性品種や抵抗性台木（246～248頁）を用いるか、同じ野菜や発病しやすい野菜を連作せず、発病しない野菜と輪作する。その他、畑の排水をよくし、畝を高くして根まわりの土壌水分が多くならないようにするか、土壌消毒（267～269頁）をする。

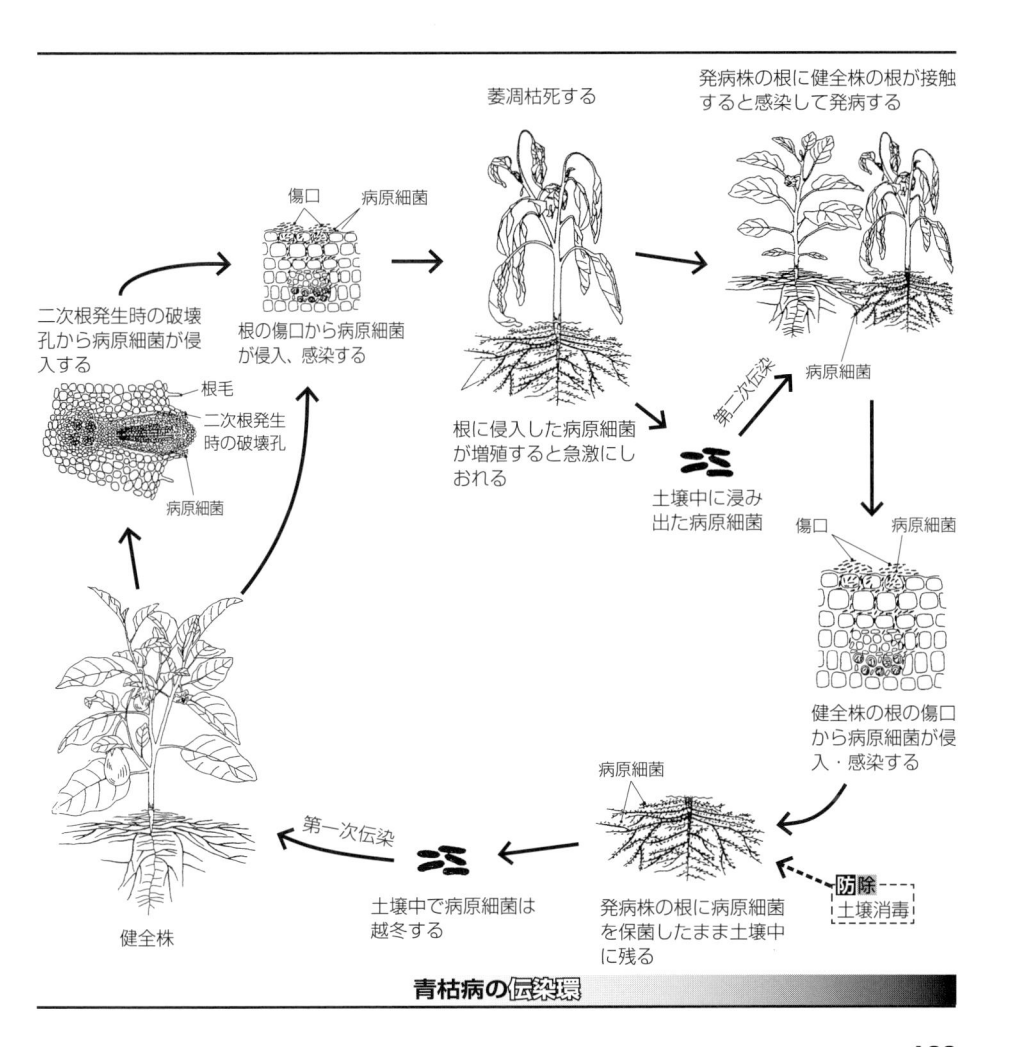

青枯病の伝染環

病気別防除対策 6

軟腐病
（土壌、接触伝染）

病原菌名：*Erwinia* 属菌（細菌）
被害ランク：A
発生しやすい野菜：カブ、カリフラワー、キャベツ、キュウリ、ジャガイモ、セルリー、ダイコン、タマネギ、トウガラシ、トマト、ナス、ニラ、ニンジン、ニンニク、ネギ、ハクサイ、パセリ、ピーマン、メロン、ヤマイモ、ラッキョウ、レタス、ブロッコリー、ワサビ、イチゴなど、ほとんどの野菜
発生部位：葉、茎、花蕾、果実、根、イモなど全身

症状：軟化腐敗、悪臭を放つ

●症状と診断のポイント

はじめ地表に接した葉の基部や葉、葉柄（白い部分）に淡黄白色で水がしみたような斑点ができ、それがしだいに淡褐色〜灰褐色に拡大して軟化、腐敗する。腐敗すると独特の悪臭を放つ。症状の進行は早く、株全体が腐敗する。

ダイコンでは、葉の基部から白色のダイコンが地面と接する部分が、淡黄色に水がしみたように軟化腐敗して悪臭を放つ。ニンジンでも葉の基部と接する部分が褐色に腐敗して悪臭を放つ。

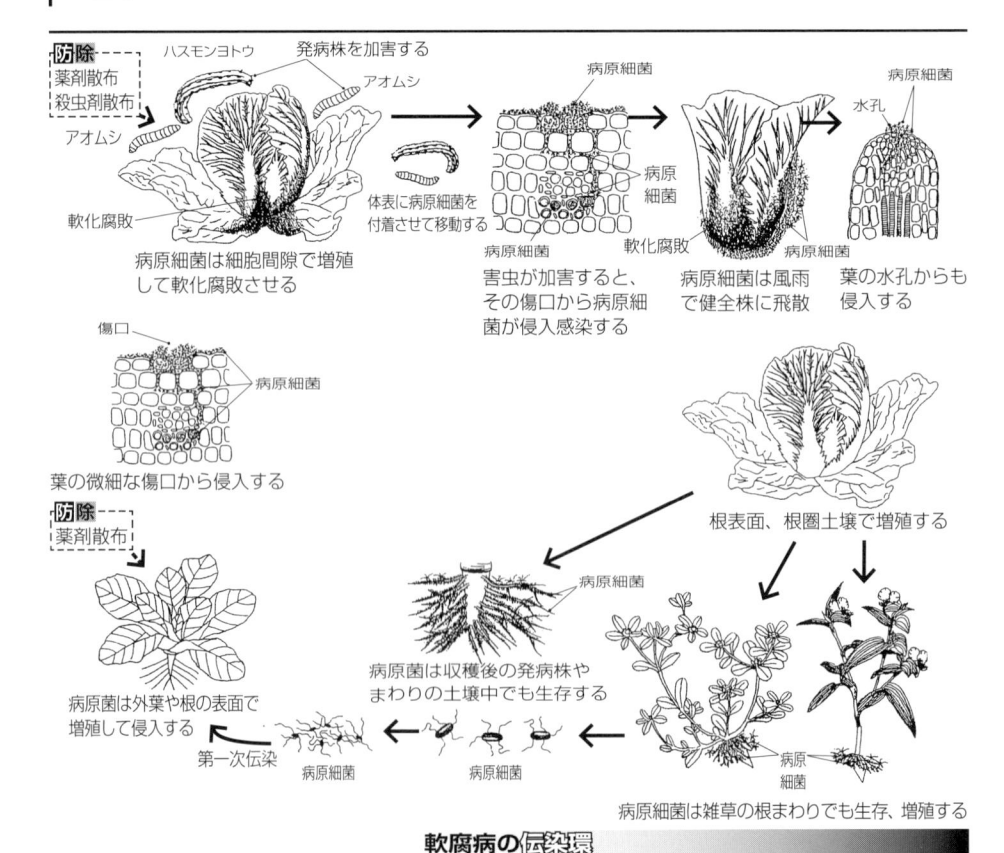

軟腐病の伝染環

ハクサイ、キャベツ、ダイコン、ニンジンなどは、台所などに置いたものがベトベトに腐って悪臭を放つようになる。

●発生生態

この病原菌はどこの土壌中にも生息している。気温が比較的高くとくに雨が続くと、水滴が土粒とともに野菜類に跳ね上がって、微細な傷口から侵入して発生しやすい。また、害虫が病原菌を運ぶこともある。細菌なので植物の表皮細胞を分解する酵素はもたない。

この病原菌はやや高い気温を好み、雨滴の跳ね上がりでハクサイなどの葉に付着する。葉や茎などに生じた微細な傷口から侵入する以外に気孔や水孔、毛茸(もうじ)の折れ口あるいは害虫の食害痕、風や管理作業中に生じた傷口から組織の内部に侵入、組織内で増殖し軟化腐敗させる。この病気は台風で発生が助長されるが、晩秋～冬季など気温が低下すると発生は少なくなる。

●発生を防ぐポイント

発病の初期に薬剤を丁寧に散布する。病原細菌は作物の表面の細胞を分解する酵素を持たず、傷口や葉の水孔などの開口部からしか侵入できない。管理作業ではとくに土に接する茎や葉に傷をつけないように十分注意する。

この病原菌はほとんどの野菜に感染して発病させる。害虫が病原菌を体につけて運んだり、食害痕も侵入口となるので、本病とともに害虫の防除にも努める。

やや高い気温を好み、降雨が続くとくに発生しやすい。病原細菌はどこの土壌にも生息しているが、連作すると発生しやすい。

病気別防除対策 7

斑点細菌病、腐敗病など
(細菌によって茎葉に生じる斑点性の病気)

病原菌名：*Pseudomonas* 属、*Xanthomonas* 属菌のほか *Acidovovax* 属（汚斑細菌病）など
被害ランク：A
発生しやすい野菜：キュウリ、スイカ、オクラ、セルリー、レタス、ナス、ニンニク、ナス、タマネギ、トウモロコシ、パセリ、ダイコン、ホウレンソウ、カボチャ、キャベツ、ハクサイ、ニラなど
発生部位：葉、茎、つる、果実など
症状：葉に水浸状の斑点、葉脈に沿った樹枝状の褐変病斑、果実の腐敗

●症状と診断のポイント

キュウリ、トマト、レタス、ハクサイ、キャベツなどの葉には細菌による斑点性の病気が発生する。

キュウリの斑点細菌病は降雨が続いたり、空気湿度が高いときには葉脈に区切られたやや角形で大きな褐色病斑を、比較的乾いた条件では褐色で水浸状の小さな斑点を多数生じる。

キュウリ、メロン、カボチャなどの褐斑細菌病は葉脈に沿って樹枝状に褐変したり、褐色で水浸状の斑点をつくる。キュウリの縁枯細菌病は葉縁のみが淡褐色に変色する。

キャベツ、ハクサイの黒斑細菌病はアブラナ科野菜の葉に水浸状の黒色か暗褐色の小斑点ができる。

これらの特徴は葉を陽に透かして見ると、病斑のまわりに黄色のカサが見られることである。この他、ウリ科の果実が汚斑細菌病菌により軟化腐敗する。

●発生生態

　雨やかん水時、土が葉に跳ね上がるときに、土中の病原細菌が葉に付着し、小さな傷口や水孔、気孔から侵入する。

　湿度が高かったり、降雨があると葉の組織内で増殖して病斑を形成し、どんどん拡大して葉を枯らす。

　果実の汚斑細菌病は種子伝染する。15～30℃くらいの気温で発病しやすい。

●発生を防ぐポイント

　この病気は薬剤散布だけでは不完全だが、発病のごく初期に薬剤を散布すれば、かなり抑えられる。同じ薬剤を2回以上連続使用しないように注意する。

　これらの細菌による病気は薬剤防除がむずかしいので、畑をよく観察して発病の初期に病気の葉を摘除して焼却する。

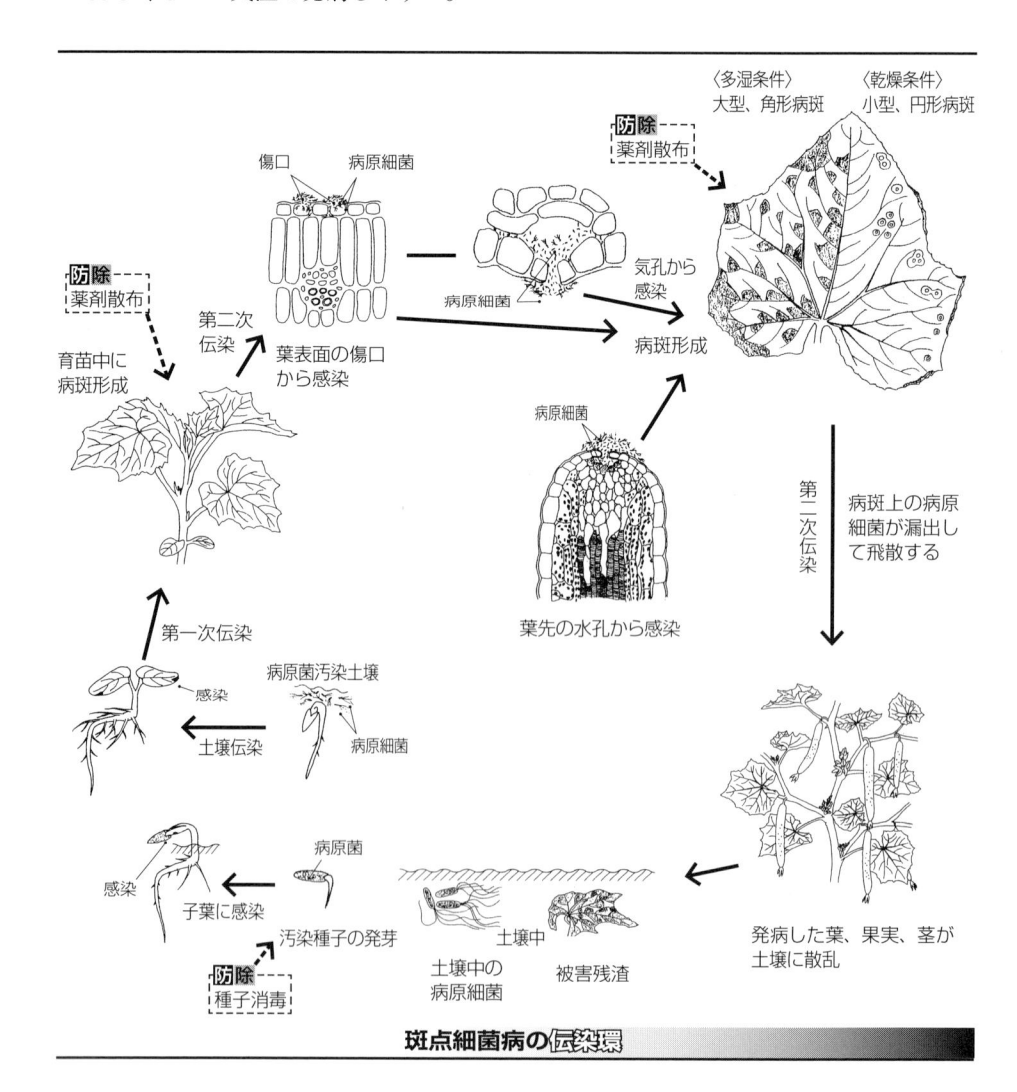

斑点細菌病の伝染環

病気別防除対策 8

黒腐病

病原菌名：*Xanthomonas* 属菌（細菌）
被害ランク：B
発生しやすい野菜：イチゴ、シュンギク、カブ、カリフラワー、キャベツ、ダイコン、ハクサイ、ニンジン、カボチャ、キュウリ、スイカ、メロン、ユウガオ、ダイズ、ゴボウ、インゲンマメ、エンドウ、ピーマン、トマト、レタスなど多数
発生部位：葉、茎、莢
症状：葉縁からの黒色病斑が拡大する、ダイコン内部の黒変、アブラナ科マメ類の莢の黒色斑点

●症状と診断のポイント

キャベツやハクサイでは、葉縁にクサビ形の黄色の病斑となって葉脈が黒変する。

ブロッコリーでは花蕾の内部が軟化腐敗し、表面も変色して腐敗する。

ダイコンでは葉が黄変し、葉柄も黒変して枯れる。ダイコンを切断すると中央部から外側へと黒色に腐敗し、ひどいとダイコン全体が黒変する。

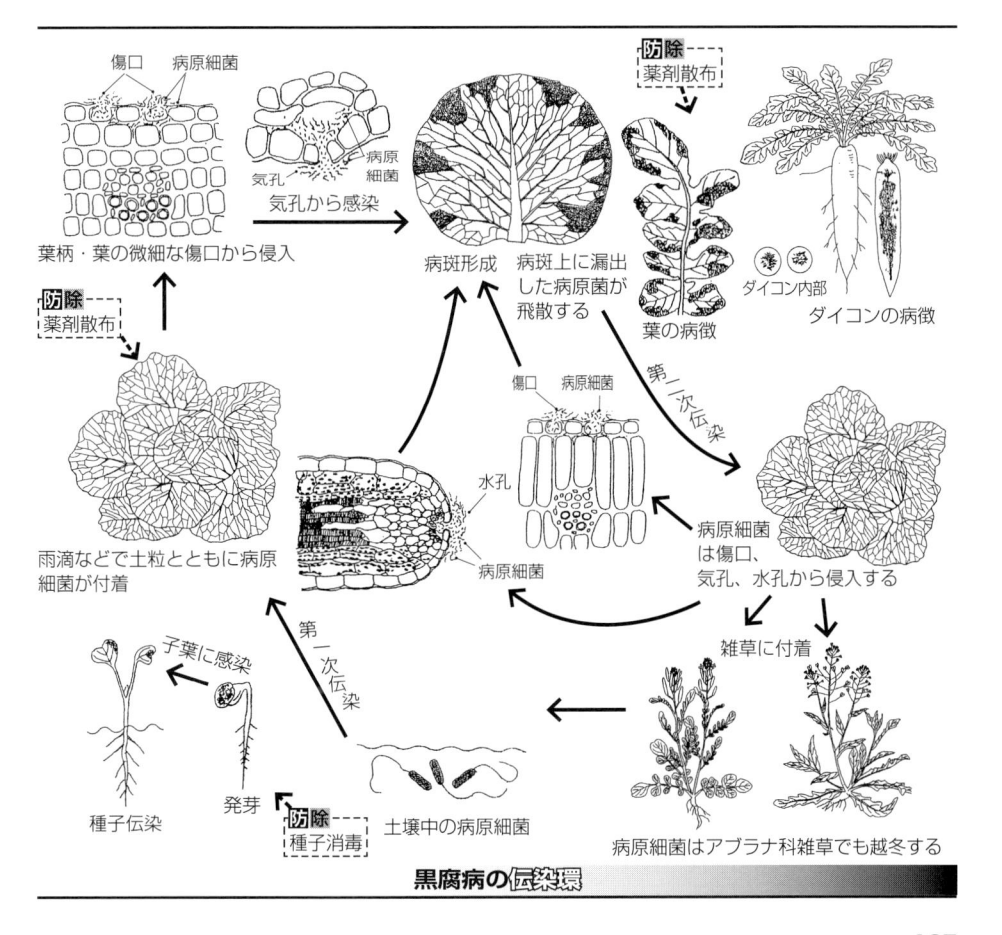

黒腐病の伝染環

●発生生態

　種子伝染すると発芽時の葉に病斑を生じる。

　ふつう病原細菌は土壌中に生息していて、葉の傷口、気孔、水孔から侵入感染するが、感染部分は軟化腐敗しない。

　とくに低温あるいは高温以外ではいつでも発生し、雨が続くと発病しやすい。

●発生を防ぐポイント

　葉や茎などに傷をつけないように管理し、降雨の前に薬剤散布しておく。

　害虫の食害あとからも侵入感染するので、害虫の防除も行なう。

病気別防除対策 9

根こぶ病
（土壌伝染）

病原菌名：*Plasmodiophora* 属菌（糸状菌—カビ）
被害ランク：B
発生しやすい野菜：ハクサイ、カブ、カリフラワー、キャベツなどアブラナ科野菜
発生部位：根部
症状：根の肥大、大小のコブ形成、地上部のしおれ、生育不良など

●症状と診断のポイント

　ハクサイ、キャベツなどのアブラナ科

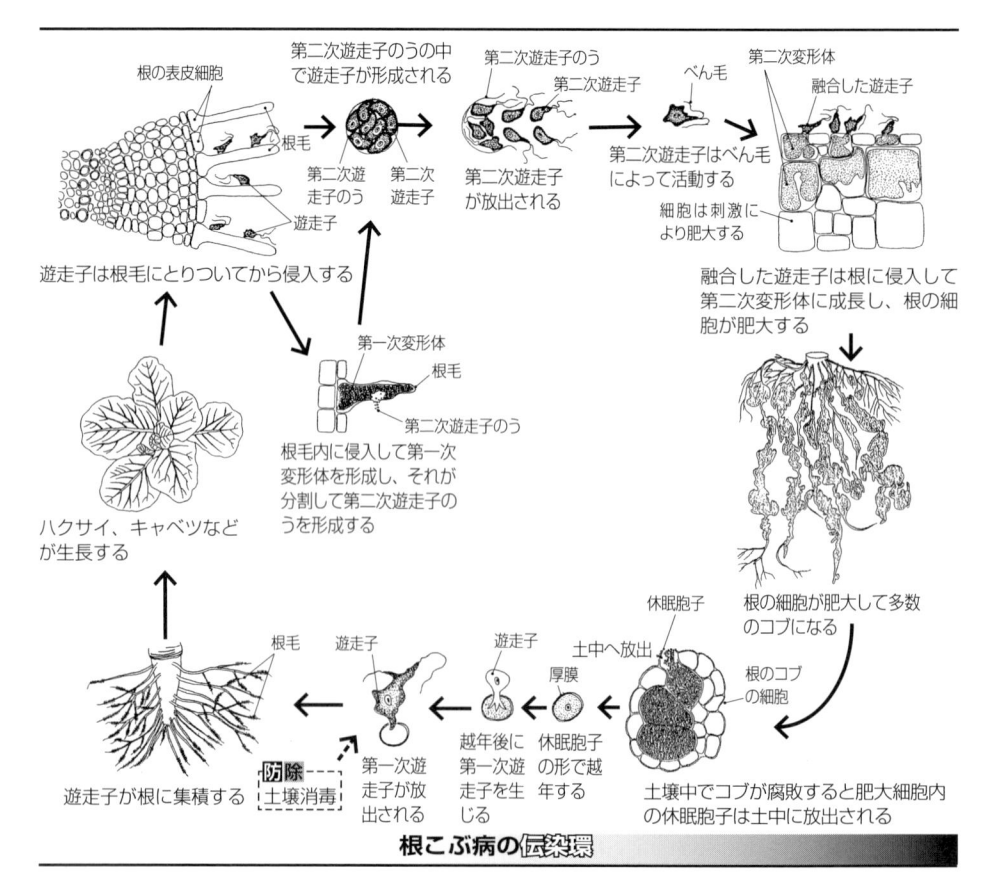

根こぶ病の伝染環

― 188 ―

野菜の根に発生する。根に大小不整形のコブが多数でき、ひどいと葉がしおれ、生育が遅れて枯れる。枯れなくても生育不良となり結球も小さくなる。

マメ科の根につく根粒菌によるコブは比較的凸凹がなく径が2～5mmくらいであるのに対して、ネコブセンチュウのコブは大きさがまちまちで表面がざらつき、ひどくなると根が不規則に肥大して腐敗し、健全な白い根がみられなくなる。

●発生生態

地温が20℃前後で、日照時間が長いと発病が多い。ハクサイ、キャベツでは、土壌中に生息している病原菌の休眠胞子から放出された遊走子が根に集まってきて、根毛にとりついて内部に侵入する。土壌が酸性だと発病が激しく、pH7.2～7.4では発病が抑制される。

そして根に侵入した病原菌は第二次変形体に変形するが、その刺激によって根の細胞が肥大してコブができる。

そのため作物は生育不良となり、ひどいと株が枯死する。それらが土壌中で腐敗すると根の中の病原菌は土壌中に放出され、そこで生存し、翌年アブラナ科の野菜の根に侵入する。

●発生を防ぐポイント

発病畑ではアブラナ科野菜の連作を避ける。前年にひどく発生した畑で連作する場合は、薬剤で土壌消毒（268頁）する。粉剤の場合は土壌と十分によく混和しないと効果がないので、根の張る範囲の土壌（1株当たりでは少なくとも幅50cm深さ7～8cm）に十分混和する。病原菌は家畜の消化管を通っても生存しているので、発病株を飼料にした家畜の糞を有機質肥料として使わない。

病気別防除対策 10

つる割病、萎凋病など

（土壌伝染）：作物によって病名が異なる

病原菌名：*Fusarium* 属菌（糸状菌—カビ）
被害ランク：A
発生しやすい野菜：キュウリ、メロン、マクワウリ、トウガン、スイカ、ヘチマ、ユウガオ、ゴボウ、ピーマン、トマト、ナス、ラッキョウ、ミツバ、アスパラガス、サツマイモ、キャベツ、ソラマメ、イチゴ、ダイコン、ホウレンソウ、インゲンマメ、エンドウ、ジャガイモ、ニンジンなど多数
発生部位：根、地下部のイモ
症状：根が褐変腐敗、茎の維管束褐変、茎葉のしおれ、枯死

●症状と診断のポイント

病原菌が根を侵し、苗の立枯病を引き起こす。ウリ科、ナス科など多くの野菜で病気の原因となり、トマト萎凋病、ナス半枯病など作物によって病名が異なる。

一般的には、野菜が順調に育ち、気温が高くなったころに根が褐変腐敗し始めるため日中に葉がしおれ、朝夕は回復する。このような症状を数日間繰り返した後、全体がやや黄化して枯れる病気である。

家庭菜園では、水や肥料の過不足や害虫の被害と勘違いされることが多い。

●発生生態

病原菌が根から侵入して発病する。病原菌は増殖しながら体内に蔓延し、毒素を出して水や養分が通る組織（維管束）を壊し、野菜はしおれて枯れる。

土壌中の温度が12、3℃～27、8℃のころに発生しやすいので、ウリの栽培適温が病原菌にとっても都合がよいという

ことになる。トマト萎凋病、スイカつる割病なども同じである。

　ほとんどの土壌で発生する。石灰を多量に施してpHを7～8くらいにすれば発生は減らせるが、野菜の生育に影響してしまう。キュウリを侵す病原菌は他のウリを侵さないなど、ウリ科やナス科、アブラナ科野菜では、病原菌が多くの系統に分化している。

● 発生を防ぐポイント

　防除には抵抗性品種（248頁）や抵抗性台木（248～249頁）を用いる。店頭に並ぶほとんどのキュウリは、つる割病を防ぐためにカボチャを台木として接ぎ木されて、栽培されたものである。

　また連作は避ける。ウリ科やナス科を連作すると病原菌が土壌中で増える。雑草の根のまわりや、有機物の中でも増えるので、十分に熟した有機物を施すようにする。また、種子消毒（266頁）をして、前年に発病した畑は薬剤のよる土壌消毒（267～269頁）をする。

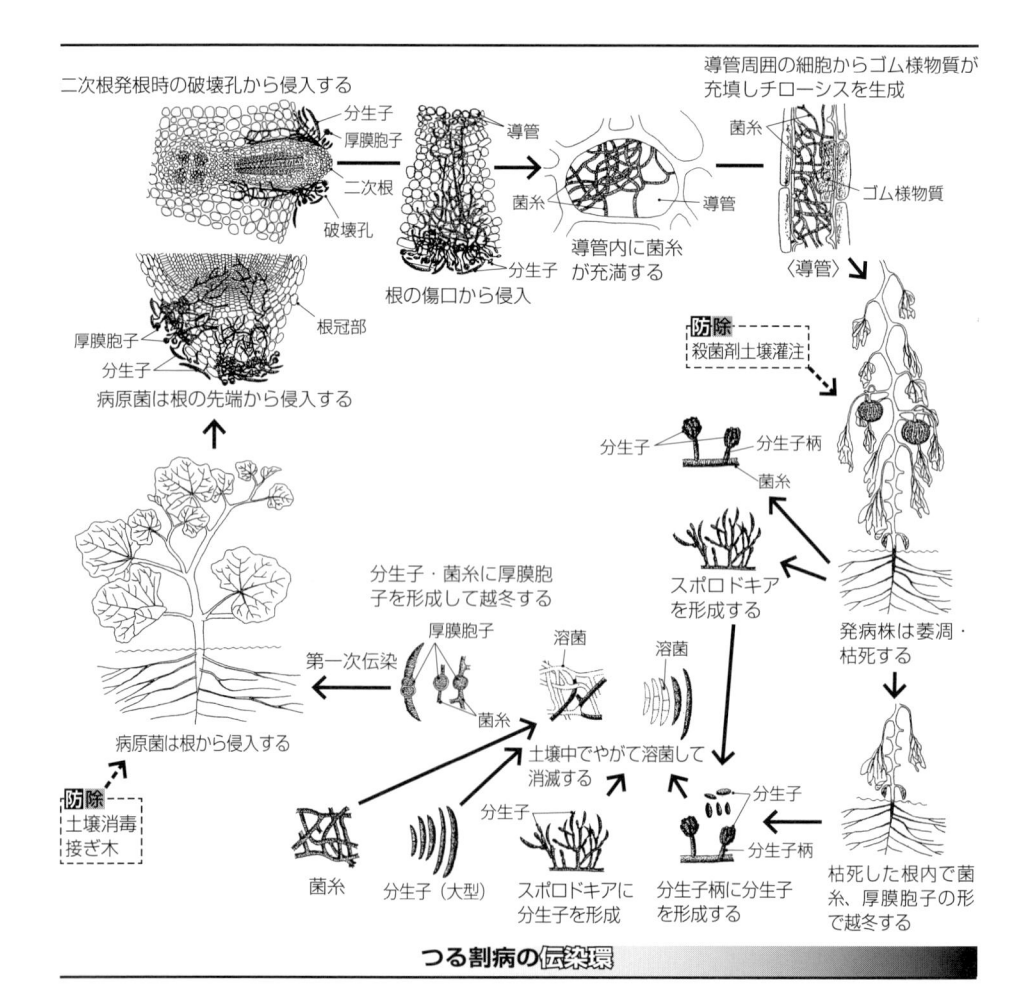

つる割病の伝染環

病気別防除対策 11

半身萎凋病
（土壌伝染）

病原菌名：*Verticillium* 属菌（糸状菌—カビ）：作物によって病名が異なる場合がある
被害ランク：A
発生しやすい野菜：ジャガイモ、ダイコン、ダイズ、ウド、イチゴ、フキ、スイカ、メロン、マクワウリ、オクラ、ピーマン、トマト、ナス、キャベツ、セルリーなど多数
発生部位：根、根茎
症状：根の褐変腐敗、葉が黄化してしおれてから枯れる。維管束の褐変、はじめは株の片側だけがしおれる

●症状と診断のポイント

春先、比較的気温が低いころから梅雨ごろまでに発生する。

なんとなく葉がしおれ、朝夕には回復し、ひどくなると枯れる。初期は株の片側、または葉の半分が黄化してくる。ハクサイでは葉が黄化して結球した葉がハボタン状に垂れ下がってくる。ダイコンでは葉が黄化してややしおれるが、ほとんど枯れずに生育する。ただし収穫してダイコンを輪切りにすると、外側が輪状に維管束が黒くなっていることがある。

しおれるのは、土壌中の病原菌が根から侵入して、水分や養分が通る維管束の機能を壊すためである。病原菌の出す毒

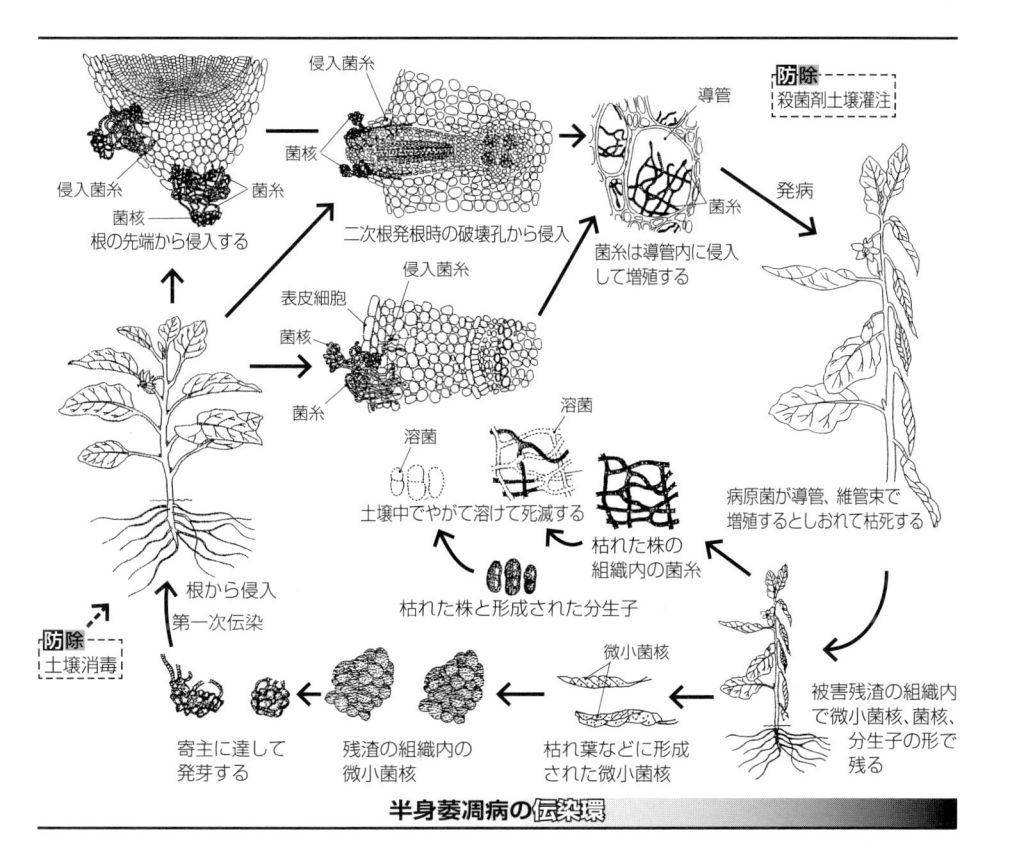

半身萎凋病の伝染環

- 根の先端から侵入する（侵入菌糸、菌核、菌糸）
- 二次根発根時の破壊孔から侵入（侵入菌糸、菌核）
- 表皮細胞（侵入菌糸、菌核、菌糸）
- 菌糸は導管内に侵入して増殖する（導管、菌糸）
- **防除：殺菌剤土壌灌注**
- 発病 → 病原菌が導管、維管束で増殖するとしおれて枯死する
- 被害残渣の組織内で微小菌核、菌核、分生子の形で残る
- 枯れ葉などに形成された微小菌核
- 残渣の組織内の微小菌核
- 寄主に達して発芽する
- 根から侵入 第一次伝染
- **防除：土壌消毒**
- 枯れた株と形成された分生子
- 枯れた株の組織内の菌糸
- 土壌中でやがて溶けて死滅する（溶菌）

の力が弱いためか発病してもすぐには枯れない。トマトやナスでは果実がたくさんつくころにしおれがひどく、収穫するとある程度回復するが、全体のしおれはなおらない。

● **発生生態**

この病原菌は多くの野菜類に侵入し、病原菌はナス科やアブラナ科、それぞれの系統に分かれている。

比較的地温が低いころに発病し、真夏はほとんど発病しない。

● **発生を防ぐポイント**

抵抗性品種（246頁）や抵抗性台木（248頁）を利用する。種子消毒（266頁）をして、前年に発病した畑では土壌消毒（267～269頁）をし、連作を避けて輪作する。

病気別防除対策 12

黒点根腐病

（土壌伝染）

病原菌名：*Monosporuscus* 属菌（糸状菌―カビ）
被害ランク：A
発生しやすい野菜：メロン、キュウリ、スイカ、トウガン、ユウガオ、ヘチマ、カボチャなど
発生部位：根
症状：根に微小黒点形成、根腐れ、果実形成～肥大期に茎、葉のしおれ、枯死

● **症状と診断のポイント**

とくにメロンで発生しやすく被害が大きい。交配後に茎の地際部に水浸状の褐変がみられ、果実が肥大し始めるころ

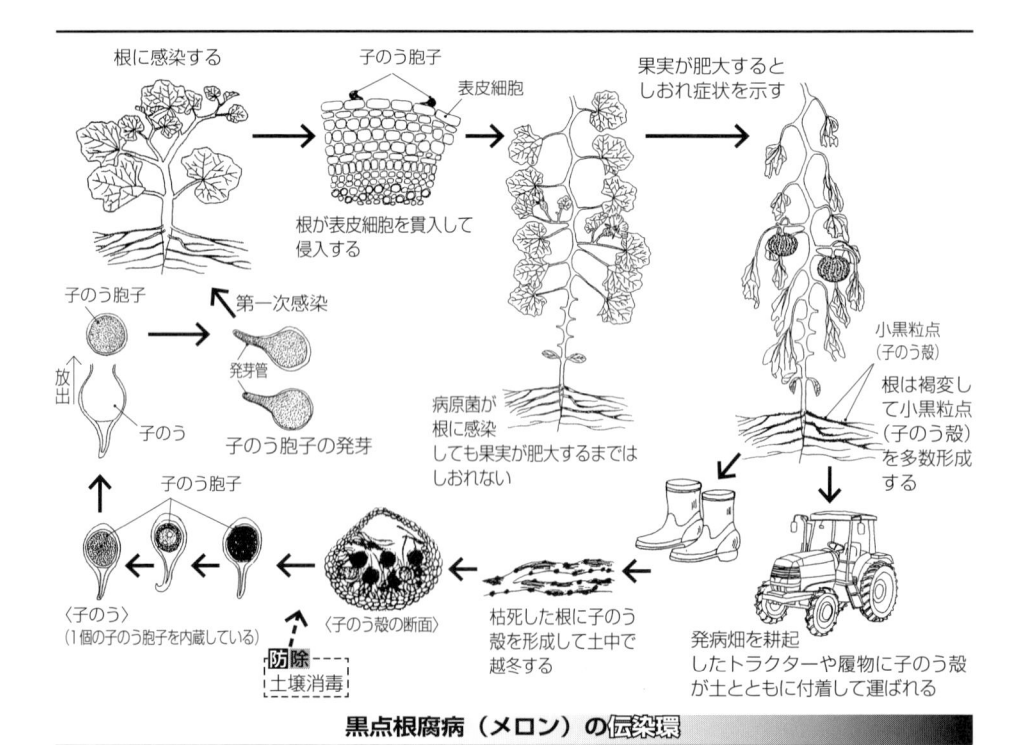

黒点根腐病（メロン）の伝染環

からしおれだし、収穫期ころに枯れるようになる。果実が肥大してもその後葉が枯れるので収穫できない。根が褐変腐敗し、その表面に非常に小さな黒い粒点が多数形成される。

●発生生態

前年の枯れた根に形成された小さな黒い粒が病原菌で、土壌中で越冬する。春になるとその中で成熟した子のうが形成され、中から子のう胞子が発芽して根から侵入、増殖して根を弱らせる。果実が肥大し始めるころには根の活力が弱っているので、養水分を吸い上げられずに株はしおれて枯れる。

栽培中に地温が高くなる春～夏作または夏～秋作のビニールハウスで発生しやすい。7～10月の地温が高い（20～30℃）と激しく発病する。

病原菌は発病株の根とともに土壌に残るので、その畑で使用した農具や靴などに土が付着していると、土とともに病原菌が他の畑へ運ばれて伝染源となる。

●発生を防ぐポイント

抵抗性品種がないので、前年に発病した畑は土壌消毒（167頁）する。病原菌が子のう殻という殻に包まれているので、有効な薬剤の適用された量を使用して丁寧に土壌処理する。有機物を施用してもまったく防除効果はない。夏季のハウス密閉による太陽熱利用では、深さ40cmの地温が50℃以上で7日間保つか、熱水（約90℃）180ℓ/㎡を施して深さ30cmの地温が40～75℃くらいに達すれば、かなりの防除効果があるが、完全な防除はむずかしい。

病気別防除対策 13

疫病

（土壌、接触伝染）

病原菌名：*Phytophthora* 属菌（糸状菌―カビ）
被害ランク：A
発生しやすい野菜：
P. capsici（疫病、褐色腐敗病、灰色疫病など）―スイカ、ナス、キュウリ、マクワウリ、ユウガオ、トマト、カボチャなど
P. infestans（疫病）―トマト、ジャガイモ、ナスなど多数
P. nicotiana（疫病）―メロン、ソラマメ、キュウリ、タマネギ、ネギ、オクラ、イチゴ、パセリ、トマト、ナスなど多数
P. porri（白色疫病）―タマネギ、ニラ、ラッキョウ、ネギ、ニンニクなど
その他多くの病原菌が多くの野菜に感染発病する
発生部位：根、茎、葉、果実など
症状：根、地際部が褐変腐敗、葉に大型の褐色病斑、茎や果実の腐敗

●症状と診断のポイント

代表的な症状は、トマトの葉、茎、果実に褐色の大型病斑ができて、降雨があるとベトベトに軟らかくなって腐敗したり、葉が枯れたりするものである。

トマトではこの疫病の防除がもっとも困難で、発生したら、薬剤散布をしなければ1株で1～2個の果実しか収穫できない。

●発生生態

どの病原菌も、雨が続いたり排水が悪くて、畑の土壌水分が高くなると必ずといってよいくらい発生する。根が褐変、果実が腐敗したり、株が枯れたりする。

発病適温は疫病菌の種類によって多少

異なるが、20℃前後から25、6℃くらいがもっとも発病しやすい。

トマトの疫病菌はあらゆる土壌に生育している。気温が18、9～25℃くらいで土壌水分が高いと必ず発生する。ジャガイモでの発生も多い。

疫病を起こす菌のうち、P. capsici は多犯性で、気温が高く土壌温度が30℃になると多発生する。

● 発生を防ぐポイント

畑の排水を良好にする。ポリフィルムで畑全面にマルチをしたり、カヤやムギワラ（イナワラは不適当）を敷いて、雨で土粒が野菜に跳ね上がらないようにしておく。あるいはビニールを被覆して雨が野菜に直接当たらないようにする。

畝は20cmくらいの高畝として、土壌水分がたまらないようにしておく。

薬剤は使用する場所によって ①葉に発生する場合は葉、茎に散布、②茎、地際部に発生する場合は株元に灌注、③果実に発生する場合は、果実に集中的に散布、④葉、地際部、果実全部に発生する場合は茎葉への散布と地際部へ灌注する（薬剤の使用方法は注意書きに従うこと）。

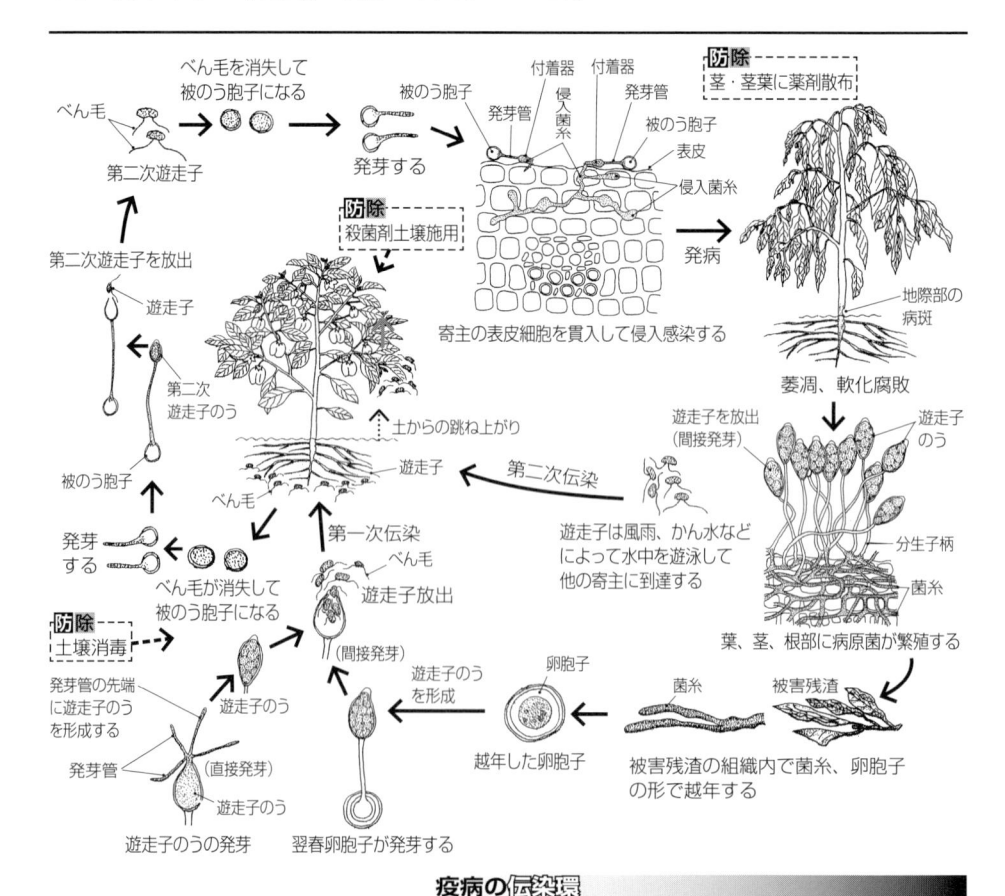

疫病の伝染環

病気別防除対策 14

炭疽病、黒斑病など
（糸状菌によって茎葉に生じる斑点性の病気）

病原菌名：Gromellera、Colletotrichum 属菌など（糸状菌—カビ）
被害ランク：A～C
発生しやすい野菜：すべての野菜
Alternaria（黒斑病、黒すす病、輪紋病、黒すす病など）—イチゴ、トマト、ハクサイ、キャベツ、インゲンマメ、ダイコン、ニンジン、ネギ、ピーマン、ダイズなど多数
Phyllosticta、Ascochyta、Cercospora（斑点病、褐斑病、輪紋病、角斑病など）—ウド、ホウレンソウ、レタス、ショウガ、ソラマメ、ダイズ、キュウリ、ナス、ジャガイモ、セルリー、アスパラガス、ニンジン、シュンギク、インゲンマメなど多数
Sphaceloma（そうか病）—ラッカセイ、シソ、ニンジン
Phoma（褐斑病、斑点病）—ニンジン、トマト、レタス、ハス、オクラ、ダイズなどその他病原によりそれぞれに病名がつけられ、多くの野菜に発病する。
発生部位：葉、茎、つる、豆類の莢、果実など
症状：葉、茎に病斑形成、褐色円形、輪紋を持った病斑、病斑に孔があく

● **症状と診断のポイント**

　病原菌が野菜に寄生し、それぞれ病原菌特有の病斑をつくって葉や茎を枯らす。
　キュウリの炭疽病では、葉に円形、褐色でまわりがぼんやりした病斑ができ、その中央部に孔があく。茎には褐色で細長い病斑をつくる。

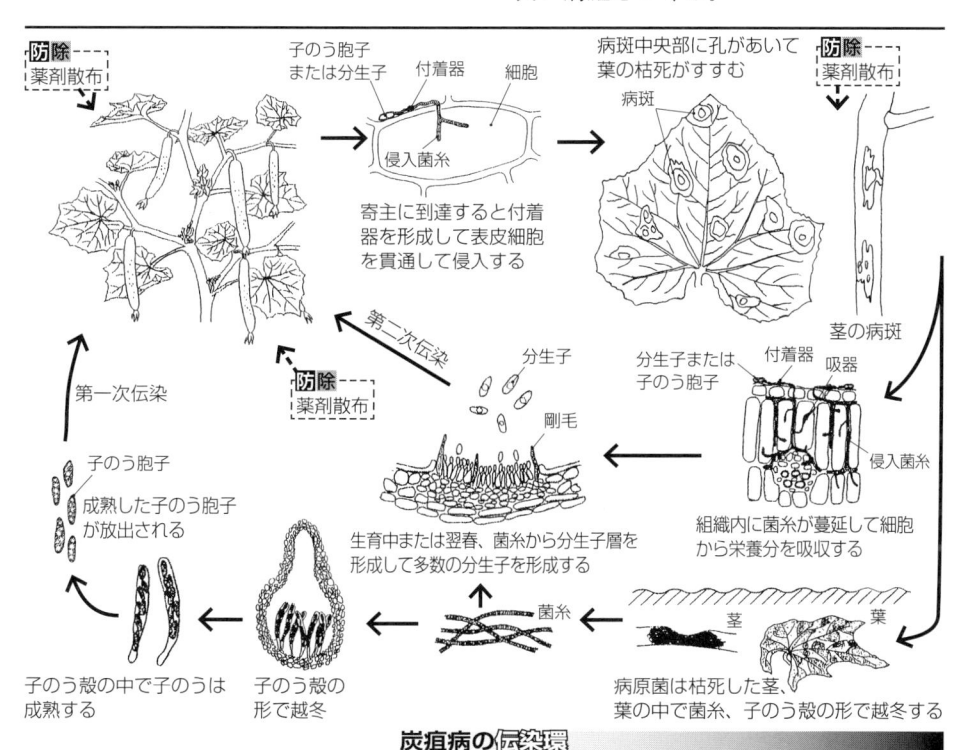

炭疽病の伝染環

アブラナ科野菜の黒斑病は、葉に黒い円形で同心輪紋のある病斑をつくり、白斑病はやや灰白色の円形病斑をつくる。

トマト、ジャガイモなどの輪紋病はやや不規則な褐色同心輪紋状の病斑である。キュウリの黒星病は葉、茎、果実に黒褐色で不規則の小さな円形病斑を生じ、果実は病斑のできた側に必ず曲がる。

●発生生態

病原菌は前年に発病した野菜クズとともに土壌中で夏や冬を越す。春になると生き残った病原菌が成長を始め、種類によって子のう胞子や柄胞子、分生子を無数に形成し雨や風によって伝染する。

その後、適当な水分や湿度が高いと野菜の葉や茎の表皮細胞を押し破ったり、特殊な毒素を出して表皮細胞に孔をあけて侵入する。あるいは気孔から侵入する病原菌もある。侵入した病原菌は毒素を分泌しながら野菜の栄養分を吸収し、葉や茎に病原菌特有のいろいろな形、色の病斑をつくる。

やがて病斑上に分生子や子実体をつくって第二次伝染を繰り返し、最後には病斑が土に落ちて土壌中で冬を越す。

●発生を防ぐポイント

栽培が終わったら被害株を取り除いて焼却する。また、種子伝染する病気もあるので、種子消毒（266頁）する。

密植栽培を避け風通しのよい状態で育てる。葉や茎に病斑ができ始める初期に、葉を摘み取ったり薬剤散布を行なう。

病斑が大きくなったり増えたりしてからでは薬剤の効果が劣る。初期に防除して、病斑上の病原菌増加を防ぐことが、第二次伝染を防ぐうえで重要である。

病気別防除対策 15

つる枯病

（種子伝染、空気伝染）

病原菌名：*Didymella* 属菌（糸状菌―カビ）
被害ランク：A
発生しやすい野菜：スイカ、トウガン、メロン、シロウリ、キュウリ、カボチャ、ユウガオ、トマトなど
発生部位：茎、葉、果実、つる
症状：葉縁からクサビ形で褐色の病斑、つるにややくぼんだ褐色病斑、病斑部に微小の黒粒点を多数形成

●症状と診断のポイント

ウリ類とくにメロンでは地際部の子葉のすぐ上の部分で発生しやすい。

はじめは淡褐色水浸状の斑点を生じ、やがてヤニを出して拡大する。すると中心部付近が褐色～灰白色となって、小さく黒い粒を密生させ、ひどいと枯れる。

キュウリ、スイカでは茎に油浸状で淡褐色や褐色の病斑をつくる。スイカでは葉の病斑部の裏側の太い葉脈に茶褐色で裂け目のある細長い病斑をつくる。

いずれもその病斑上に頭針大の黒い小粒点を無数に形成するので診断は容易である。果実にも発生し、成熟期のころ、黒褐色でややくぼんで割れ目のある0.5～1cmくらいの病斑を形成する。

●発生生態

病斑上の黒色小粒点は病原菌の子のう殻で、そのまま土壌中で越冬する。また、資材にからまったり土壌に埋まった発病葉やつるなどでも越冬し、翌年気温が上昇してくると子のう殻から成熟した子のう胞子をふき出す。

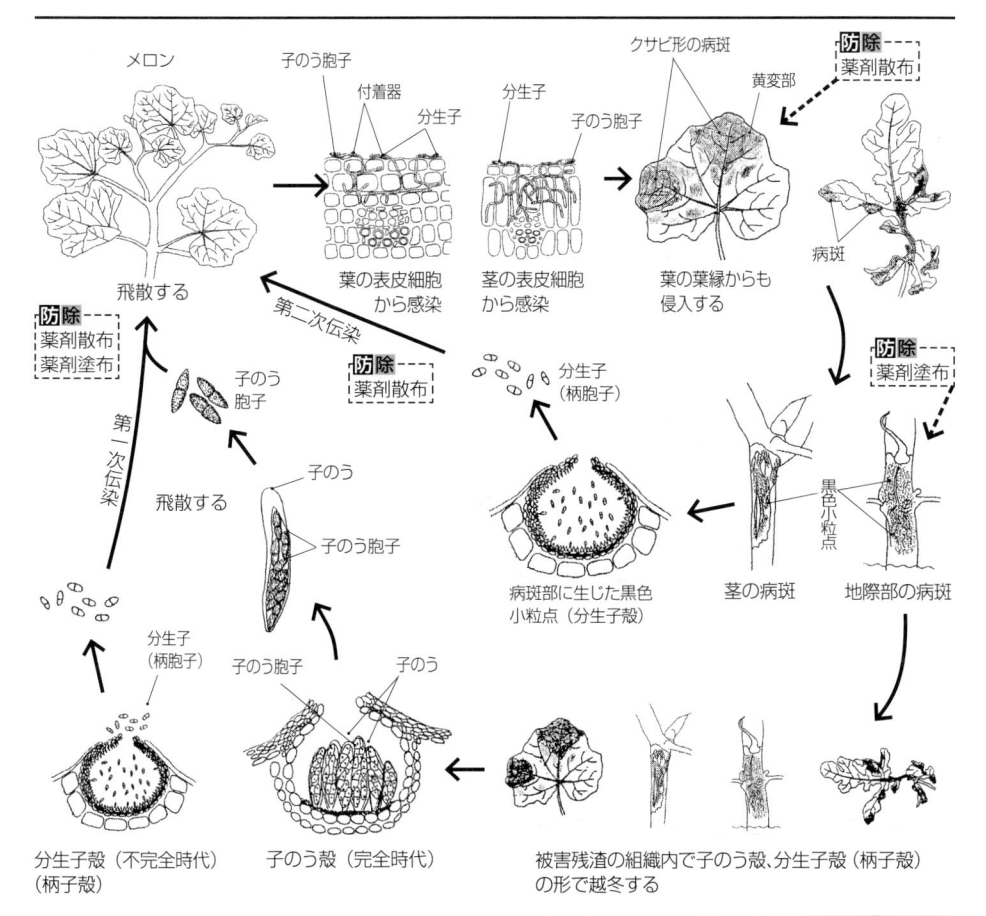

つる枯病の伝染環

図中のラベル:
- メロン
- 子のう胞子／付着器／分生子
- 葉の表皮細胞から感染
- 分生子／子のう胞子
- 茎の表皮細胞から感染
- クサビ形の病斑／黄変部
- 葉の葉縁からも侵入する
- 病斑
- 防除：薬剤散布
- 飛散する
- 第二次伝染
- 防除：薬剤散布／薬剤塗布
- 子のう胞子
- 防除：薬剤散布
- 分生子（柄胞子）
- 第一次伝染
- 飛散する
- 子のう／子のう胞子
- 病斑部に生じた黒色小粒点（分生子殻）
- 防除：薬剤塗布
- 黒色小粒点
- 茎の病斑／地際部の病斑
- 分生子（柄胞子）
- 子のう胞子／子のう
- 分生子殻（不完全時代）（柄子殻）
- 子のう殻（完全時代）
- 被害残渣の組織内で子のう殻、分生子殻（柄子殻）の形で越冬する

飛散した子のう胞子はキュウリやメロン、スイカなどに付着し、そこに傷がなくても葉や茎の表皮細胞から侵入して褐色の病斑を形成する。するとその病斑上に黒い小粒点を無数に形成するが、それは病原菌の分生子殻（柄子殻）で、その中から無数の分生子（柄胞子）が飛散して第二次伝染する。20℃前後の気温で湿度の高い梅雨期が発病の好条件で、激しく発病して被害が大きい。

●発生を防ぐポイント

ウリ類に被害が大きい。枯れた葉や茎は焼却するか1m以上深く土に埋める。

有機栽培や野菜をいくら丈夫に育てても、植物には免疫機能がないので病気を防ぐことはできない。密植を避け、茎や葉が過繁茂しないように管理して風通しをよくし、病原菌が生育しにくい環境にする。それでも発病したら、初期に薬剤を散布して防除する。

病気別防除対策 16

べと病

（種子あるいは空気伝染）

病原菌名：*Peronospora*、*Pseudoperonospora* 属菌など（糸状菌―カビ）
被害ランク：A
発生しやすい野菜：
Peronospora―ワサビ、シュンギク、タマネギ、ワケギ、ホウレンソウ、ハクサイ、カブ、キャベツなど
Pseudoperonpspora―メロン、トウガン、キュウリ、カボチャ、ユウガオ、ヘチマ、ユウガオ、など
Bremia―レタス
Plasmopara―ミツバ、ハマボウフウ
発生部位：葉、茎、葉柄

症状：葉にやや角形の病斑（葉脈に区切られている）、ビロード状のカビ、ダイコンなどの根の表面に黒色シミ状の病斑

● 症状と診断のポイント

ウリ科野菜では、葉の表側に葉脈で区切られた角形で黄色の病斑が形成される。その裏側にやや暗色のカビを生じる。

キャベツなどでは葉の表側に円形でぼんやりと黄化した病斑が形成され、その裏側に白いカビを霜状に生じる。

● 発生生態

この病原菌は生きた細胞からしか栄養分を吸収できず、死んだ細胞では生きられない。ウリ科のべと病菌とアブラナ科のべと病菌とは種類が異なる。これらの

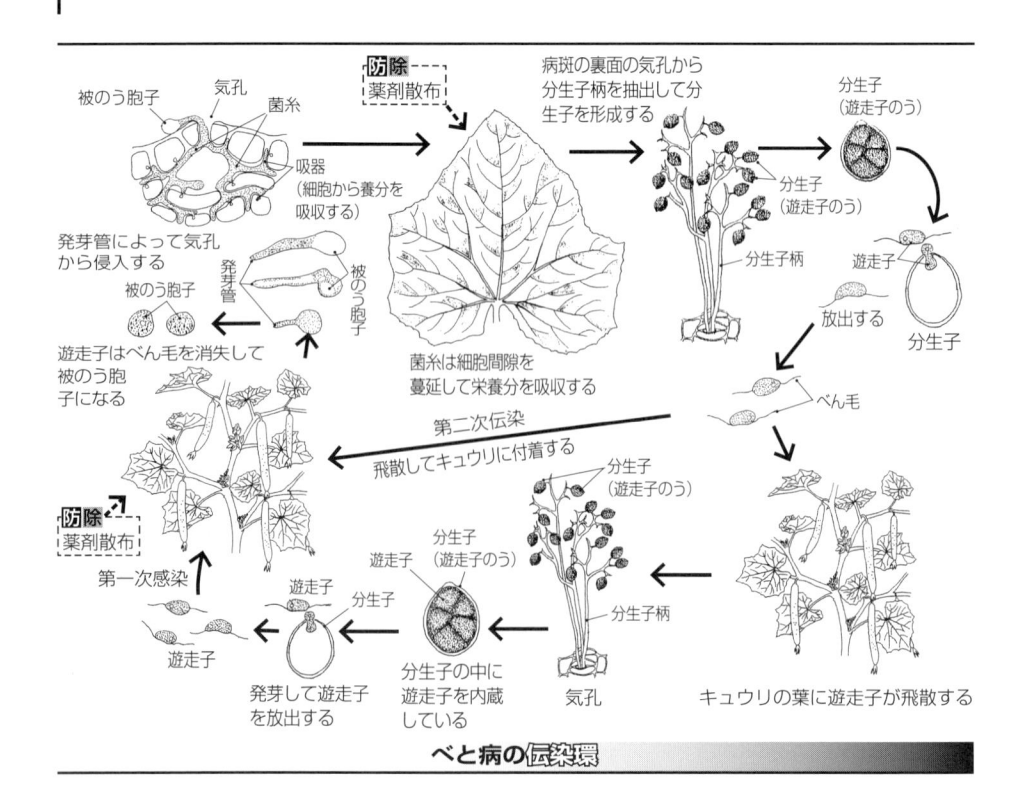

べと病の伝染環

病原菌の菌糸は葉の組織の中で生活していて、葉裏の気孔からレモン形をした分生子（葉裏に生じた霜状のカビ）を出す。この分生子は遊走子のうとも呼ばれ、細かい水滴、風や気流に乗って飛散し、キュウリやキャベツなどの葉にとりつく。このとき、そこに水滴があればすぐに運動性のある遊走子を放出し、これが葉の気孔から侵入して組織内に菌糸を伸長させる。そして組織から栄養分を吸収するため葉に病斑が形成される。

● 発生を防ぐポイント

薬剤散布の効果が高いので、適用薬剤を散布する。病原菌は葉裏に形成されるので、とくに葉の裏側に丁寧に散布するのがコツである。

病気別防除対策 17

うどんこ病
（空気伝染）

病原菌名：*Erisiphe*、*Sphaerotheca* 属菌など（糸状菌―カビ）
被害ランク：A
発生しやすい野菜：
Erisiphe―ダイコン、ナス、パセリ、キュウリなど
Sphaerotheca―トウガン、キュウリ、カボチャ、ユウガオ、スイカ、メロン、ナスなど
Oidium―カブ、カラシナ、キャベツ、キュウリ、ユウガオ、トマト、アシタバなど
発生部位：葉、茎、葉柄、果実
症状：うどん粉をまいたような白色病斑

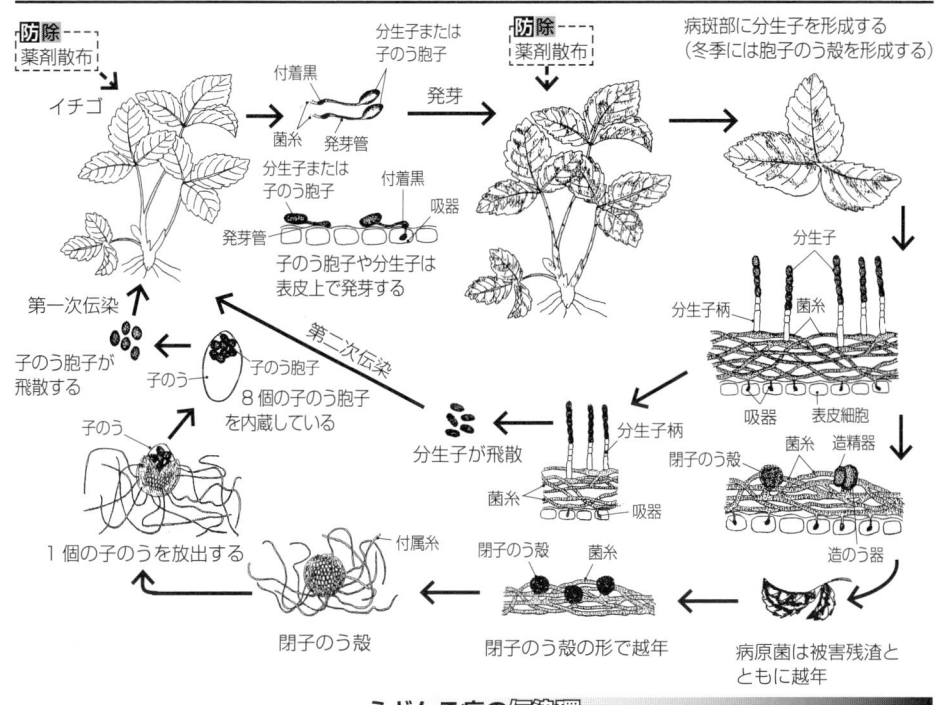

うどんこ病の伝染環

●症状と診断のポイント

葉にうどん粉のようなカビを生じる病気である。病原菌は数種類あって、多くの植物を発病させる。キュウリ、メロンなどウリ科、ナス、ピーマンなどのナス科、サヤエンドウなどのマメ科野菜などでは葉が黄化して枯れる。

キュウリでは、この病気がひどいと果実が曲がるなど被害が大きい。越冬する野菜では、冬になると病斑上に頭針大の小黒粒点を散生する。

●発生生態

比較的高温の17～26℃くらい、湿度が低くてやや乾くようなときに発生しやすい。

数種類の病原菌は、いずれも活物寄生といって、生きている植物にしか寄生できない。病気になった葉に触れると白い粉がパッと飛び散る。これは病原菌の分生子で、健全な葉に着くと中に侵入して組織から栄養分を吸収して発病する。

●発生を防ぐポイント

この病気は多くの野菜や草花、雑草などに寄生する。畑の近くで他の野菜などにこの病気が発生していたら、適用された薬剤をムラのないように丁寧に散布すれば、必ず防除できる。

防除できないようであれば、散布の仕方が適当でないか散布量が少ない。薬剤の散布は葉の裏表に丁寧に行なうことがコツである。

この病気は雨が多いと発生は少なく、やや乾燥気味で野菜の活力が劣ると発生しやすい。

病気別防除対策 18

さび病
（空気伝染）

病原菌名：Puccinia、Uromyces 属菌など（糸状菌―カビ）
被害ランク：B
発生しやすい野菜：
Puccinia―タマネギ、ネギ、ニンニク、アスパラガス、フキ、シュンギク、セリ、ミツバなど
Uromyces―インゲンマメ、タマネギ、ネギ、エンドウ、ソラマメなど
Albugo―白さび病―ハクサイ、ダイコン、カブ、キャベツなど
発生部位：葉、葉柄、茎など
症状：橙色、褐色、茶色、黄色などで盛り上がった微小（1～2mm）の斑点を多数形成する

●症状と診断のポイント

橙色をしたさび病はネギ、ニラなどユリ科、エダマメ、ソラマメなどマメ科や多くの野菜に発生するが、ネギに発生する菌がエダマメにつくことはなく、その逆もない。

もっとも被害が大きい野菜はネギで、ひどいとネギの葉が真っ赤になり、触れると赤い粉状のものがべっとりとつく。

●発生生態

赤いさび病は気温が10～20℃、空気湿度が100％の多湿状態が6時間保たれると発生しやすい。冬になるとやや黒くなって越冬し、春になるとこの中から病原菌が飛散して第一次伝染する。一度ネギの葉に赤色の斑点（夏胞子層）ができると、その中の夏胞子が飛散して第二次伝染を繰り返す。

マメ科に発生するさび病は、気温が

さび病の伝染環

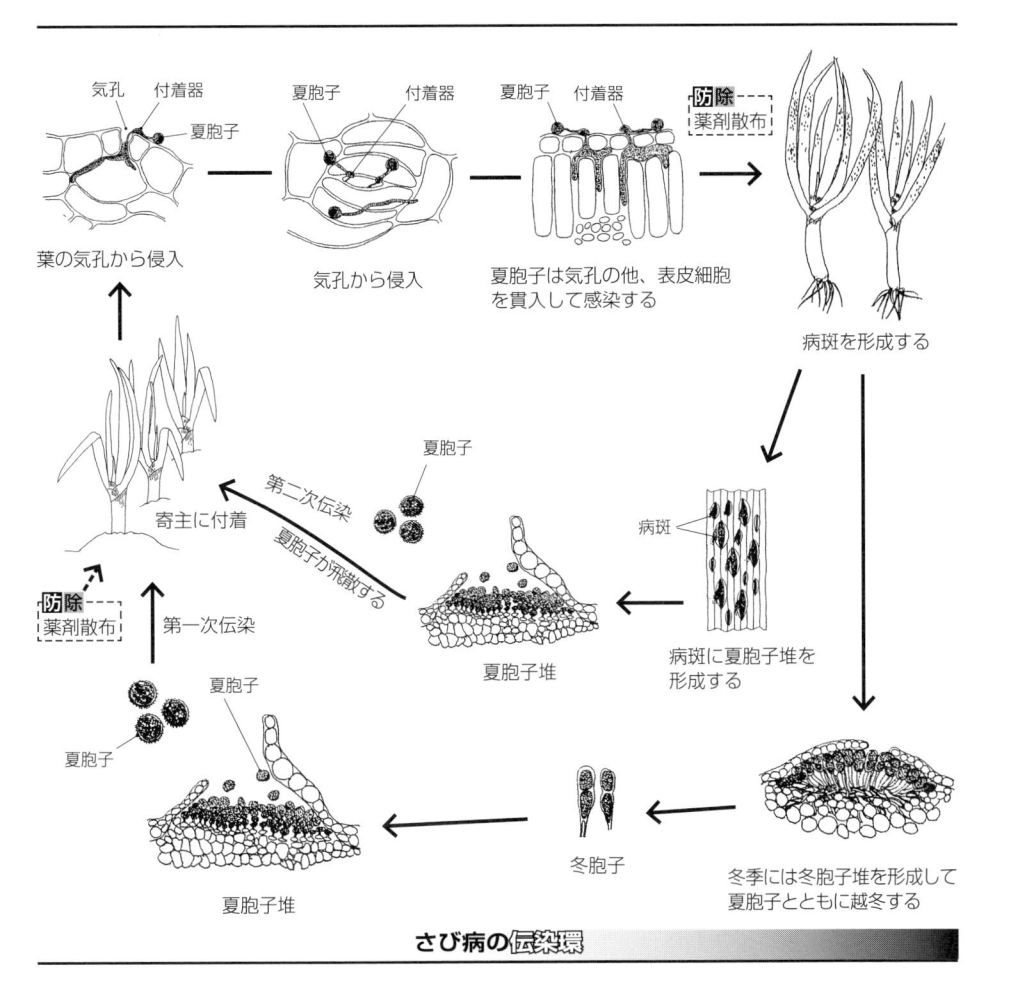

図中ラベル:
- 気孔／付着器／夏胞子
- 葉の気孔から侵入
- 気孔から侵入
- 夏胞子は気孔の他、表皮細胞を貫入して感染する
- 防除 薬剤散布
- 病斑を形成する
- 病斑
- 病斑に夏胞子堆を形成する
- 冬季には冬胞子堆を形成して夏胞子とともに越冬する
- 冬胞子
- 夏胞子堆
- 夏胞子
- 第一次伝染
- 第二次伝染
- 夏胞子が飛散する
- 寄主に付着
- 防除 薬剤散布

15〜24℃くらいで発病して、葉に褐色で粒状の病斑を形成する。やがてその中にできた夏胞子が飛散して第二次伝染を繰り返す。ダイコンに発生する白さび病は12℃前後の気温で発生しやすく、夏の高温期には発生しない。

●発生を防ぐポイント

赤い色のさび病は空気湿度が高いと発生しやすいので、畑の排水をよくする。またチッソ質肥料のやりすぎに注意する。発生初期であれば薬剤の効果があるが、多発生してからでは効果が低いので、畑をよく観察して発生初期に散布する。

アブラナ科の白さび病の病原菌は *Albugo* 属で、ネギなどの赤さび病菌と性質が異なる。むしろトマトなどの疫病菌やキュウリのべと病菌に近い菌だが、発生気温が低い以外の発生生態は疫病やべと病とほぼ同じである。

多発しても薬剤の散布による防除効果は高い。

害虫別防除対策

害虫別防除対策 1

ヨトウガ（ヨトウムシ）

チョウ・蛾の仲間
被害ランク：A
発生しやすい野菜：キャベツ、ダイコン、カブ、ハクサイ、コマツナなど菜類、ホウレンソウ、ウマイナ、ナス
発生部位：主に葉、結球部（キャベツ、ハクサイ）、花房（カリフラワー）
症状：葉に孔、葉が食われて軸だけになる、葉の一部または1枚の葉が透かし状になる、葉上に黒い大きな糞が付着
発生条件：畑の周囲に雑草の茂った荒地があるとそこからの移動侵入が多くなる。ナスのハウス栽培で冬に加温すると春の発生時期が早まる

●症状と診断のポイント

葉を食い荒らして孔をあける代表的な害虫で、ときには葉がすべて食われて太い軸だけになることもある。キャベツ、ハクサイでは結球部にも孔があけられて品質が大幅に低下する。

成虫は、葉裏に数百個の卵を一塊に産卵する。ふ化した小さな幼虫は、卵のあった付近の葉裏を浅く食い始めるので、上から見るとその部分が透かし状になる。この透かし部はよく目立つので、農作業中に少し注意すれば簡単に見つかる。また、このような被害葉に振動を与えると小さなアオムシがいっせいに糸を引いてぶら下がる。

少し成長した幼虫はアオムシそっくりで、葉にポツポツと小さな孔をあける。葉に孔があいていれば、その裏面を調べるとたいてい虫が見つかる。

葉に大きな孔があき、葉がボロボロになっているにもかかわらず犯人の虫が見つからなければ、すでに大きく成長している証拠で、防除はむずかしい。

●発生生態

野菜に被害を与えるのは幼虫のみで、成虫は暗褐色の蛾で害はまったくない。

5～6月、9月末～11月の2回、幼虫が現われて葉を食い荒らすが、高冷地や北海道など春のくるのが遅い地方では春の発生時期はかなり遅れる。

蛹の状態で土の中で越冬し、春に気温が高まると成虫の蛾となって春野菜にやってくる。この蛾は光に引き寄せられる習性があり、発生時期には夜間室内の明かりめがけてしばしば飛び込んでくる。

ふ化した直後の緑色の幼虫は、集団をつくり、シャクトリムシのように体を曲げ伸ばしして歩く習性がある。この時期は、数は多いけれど食べる量も少なく、被害としては目立たない。少し成長するとアオムシそっくりになり、少しずつ散らばってゆき、葉に大小の孔をあける。

長さが2cmを越えるころになると、体色が褐色～暗褐色に変わり、昼間は土に潜って、主に夜間のみ地上に現われて葉を食べるようになる。食べる量が多く、被害も目立つにもかかわらず犯人の虫が見つからない状態になる。

●発生を防ぐポイント

播種時または定植時から寒冷紗などの防虫ネットで被覆すると、成虫の蛾の侵入・産卵が防止できる。また、ダイコン、コマツナなど菜類では播種時から畝面を不織布などのべた掛け資材で覆って栽培するとよい。

黒い蛾が室内に飛び込んでくる時期は

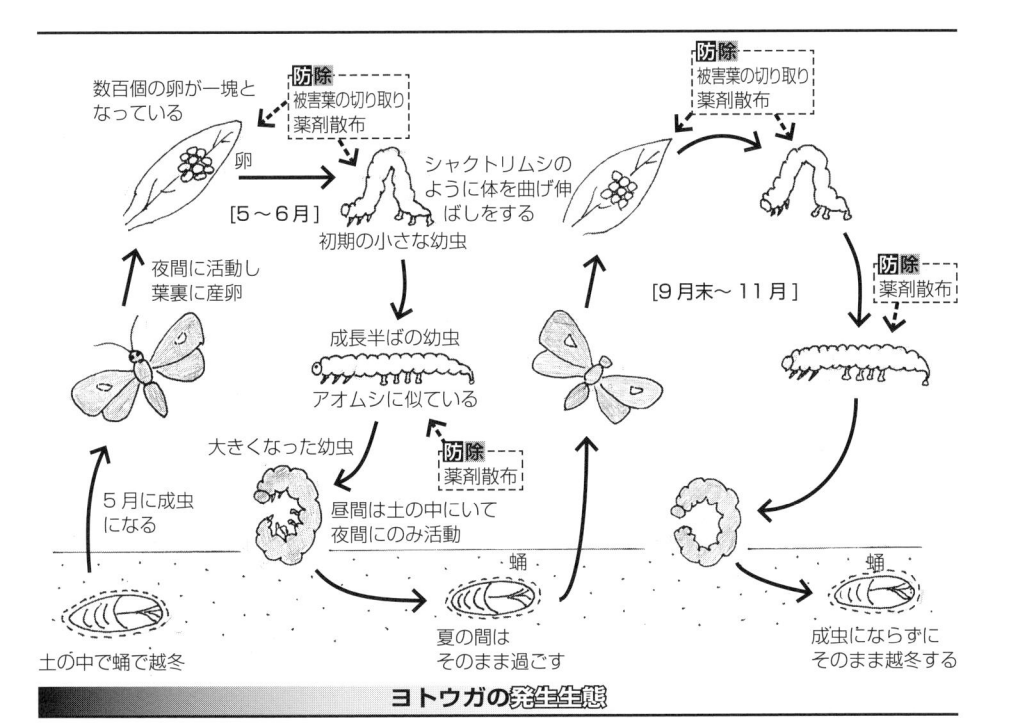

数百個の卵が一塊となっている

卵

防除
被害葉の切り取り
薬剤散布

[5～6月]

シャクトリムシのように体を曲げ伸ばしをする

初期の小さな幼虫

防除
被害葉の切り取り
薬剤散布

[9月末～11月]

防除
薬剤散布

夜間に活動し葉裏に産卵

成長半ばの幼虫
アオムシに似ている

大きくなった幼虫

防除
薬剤散布

5月に成虫になる

昼間は土の中にいて夜間にのみ活動

蛹

夏の間はそのまま過ごす

蛹

成虫にならずにそのまま越冬する

土の中で蛹で越冬

ヨトウガの発生生態

産卵時期なので、畑の野菜に注意をはらう。葉裏の白い卵の固まりを見つけて、葉ごと切り取って処分すれば、数百匹の虫を退治したことになり効率的である。また、ふ化直後は葉裏に固まっているので、透かし状になった葉に注目し、見つけたら、葉を揺らさないようにして切り取り処分する。この段階で完璧なら次の発生時期まで安心である。

孔のあいた葉を見つけたら、葉裏を調べて虫を見つけて処分する。

葉の被害が目立つにもかかわらず虫が見つからなければ、すでに大きな幼虫となっている。日没後に懐中電灯で葉を調べると食事中の幼虫が簡単に見つかるので捕殺する。

害虫別防除対策 2

ハスモンヨトウ

チョウ・蛾の仲間
被害ランク：A
発生しやすい野菜：サトイモ、サツマイモ、エダマメ、ダイズ、キャベツ、ダイコン、カブ、ハクサイ、カリフラワー、ナス、トマト、ニンジン、ネギ、ゴボウ
発生部位：主に葉、結球部（キャベツ、ハクサイ）、花房（カリフラワー）、果実（ナス、トマト）
症状：葉に孔、葉が食われ軸だけになる、葉の一部または全体が透かし状になる、果実表面の食害、果実内部に幼虫が食入
発生条件：畑の周囲に雑草の茂った荒地があるとそこからの移動侵入が多くなる。主に8月下旬以降に発生する、秋の気温が高いと発生が長く続く

●症状と診断のポイント

夏の終わりごろから発生し、ヨトウガ（ヨトウムシ）と同じように葉を食い荒らして孔をあける代表的な害虫で、ときにはすべての葉が食われて太い軸だけになることもある。キャベツ、ハクサイでは結球部にも孔があけられてしまう。ナスでは果実表面ばかりでなく、果実内にも食入して内部も食い荒らす。サトイモ、サツマイモ、キャベツ、ダイズでは多発しやすく、葉がぼろぼろにされて壊滅的な被害を受けることも少なくない。

成虫は数百個の卵を葉裏に産卵し、その表面を自分の体毛で覆い隠して黄褐色の固まりとする。

ふ化した幼虫は、付近の葉裏を浅く食い始め、上から見るとその部分が透かし状になる。この被害はよく目立つので、少し注意すれば農作業中に簡単に見つかる。この葉に振動を与えると小さなアオムシがいっせいに糸を引いてぶら下がる。

幼虫の体色は淡緑色、灰白色、黄褐色、黒褐色など変化がある。体の前半部（腹部第1節）背面に1対の黒い斑紋があるのが特徴で、他のヨトウムシ類とは区別できる。小さなころは集団ですごすが、成長するとしだいに分散し、食べる量も多くなり、葉の被害が目立つようになる。

大きく成長した幼虫は、昼間は葉裏、葉陰、葉のすき間などに潜む習性があり、土に潜ることは少ない。それゆえ、昼間でも大きな幼虫が見つかる（ヨトウガは昼間、土に潜るので姿が見えない）。

●発生生態

野菜に被害を与えるのは幼虫のみ。成虫は暗褐色の蛾で害はまったくない。

フェロモントラップ（雄を集める匂い物質）へは4～12月の間、成虫が集まっ

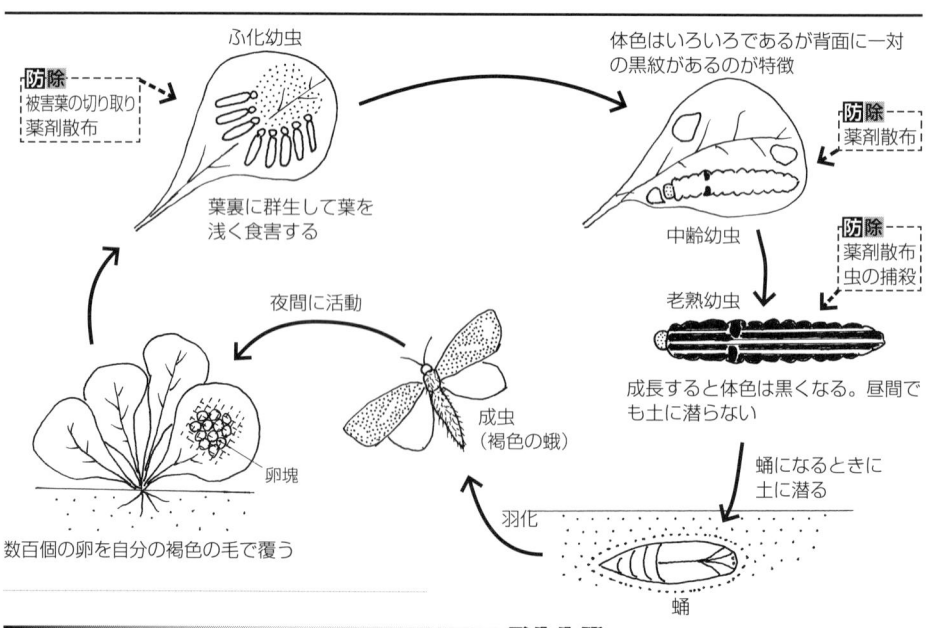

ハスモンヨトウの発生生態

てくるが、畑での野菜被害は8月下旬からしか見られない。春〜夏の間は雑草などで細々とすごしていると思われる。

年に4〜5回発生するようで、9〜11月の被害がもっとも目立つ。高温を好み、秋の気温がいつまでも高いと12月まで発生が続く。しかし寒さには弱く、露地では越冬できず死に絶える。わずかばかりの幼虫や蛹がビニールハウス内でひっそりと越冬するようである。

ふ化した幼虫は、集団で葉を食べる。サトイモでは1列に並んで外側に食い進んでゆくので、被害は同心円状となる。

大きく成長すると長さが4〜5cmとなり、食う量も半端ではない。十分に成長すると、地中に潜って蛹になる。2週間後には成虫となって飛び出し、産卵する。これを秋末まで続ける。

●**発生を防ぐポイント**

8月下旬ころから葉の色に注意し、透かし状になった葉を見つけたら、幼虫集団を葉ごと処分する。非常に効率的な防除法で、数百匹の虫を退治したことになる。サトイモでは葉の表面に緑色（のちに褐色）の傷ができるので、発見はたやすい。孔のあいた葉を見つけたら、葉裏を調べ、虫を見つけて処分する。

●**ハスモンヨトウの仲間**

シロイチモジヨトウも秋に発生して葉を食い荒らす。体色は緑色、褐色、暗褐色など成長につれて変わるが、背面の斑紋はない。ハスモンヨトウと同じように春から発生を繰り返しているが、発生が目立つのは秋である。

エンドウ、スイカ、メロン、ネギで発生し、とくにネギでの発生が多く、葉がぼろぼろにされることもある。

害虫別防除対策 3

カブラヤガ（ネキリムシ）

チョウ・蛾の仲間
被害ランク：B
発生しやすい野菜：キャベツ、ハクサイ、ダイコン、カブ、カリフラワー、ブロッコリー、ホウレンソウ、ネギ、ナス
発生部位：茎、葉
症状：幼苗の茎が根元から切り倒される
発生条件：しばらく放置して雑草が茂っていた畑、もしくはこのような荒地の隣接地で多発しやすい

●**症状と診断のポイント**

畑に植えたばかりの苗が翌朝には根元からハサミで切り取ったように倒され、そのまわりには葉が細切れになって散らばっているのが典型的な症状。切り取られた苗の先端部がまっすぐ立っていることもある。これは夜中にカブラヤガの幼虫が現われ、食い荒らしたあとである。

発芽したネギ苗畑では、幼虫が葉をきれいに食べきるので、被害の発生に気付かず、小さな苗が日に日に減っていく。

切り倒し犯人の幼虫は、十分に成長したもので長さ4cm、暗い灰色のイモムシ（ヨトウムシに似る）だが、その姿を見ることはほとんどない。

●**発生生態**

地中で蛹または十分に成長した幼虫の状態で越冬し、春に成虫の蛾となって飛び出す。年に2〜3回発生し、5〜6月、9〜10月に被害が目立つ。

成虫はイネ科雑草に産卵し、ふ化した幼虫はこれら雑草の茎や葉、根などを食べ、少し成長するとまわりの広葉の雑草

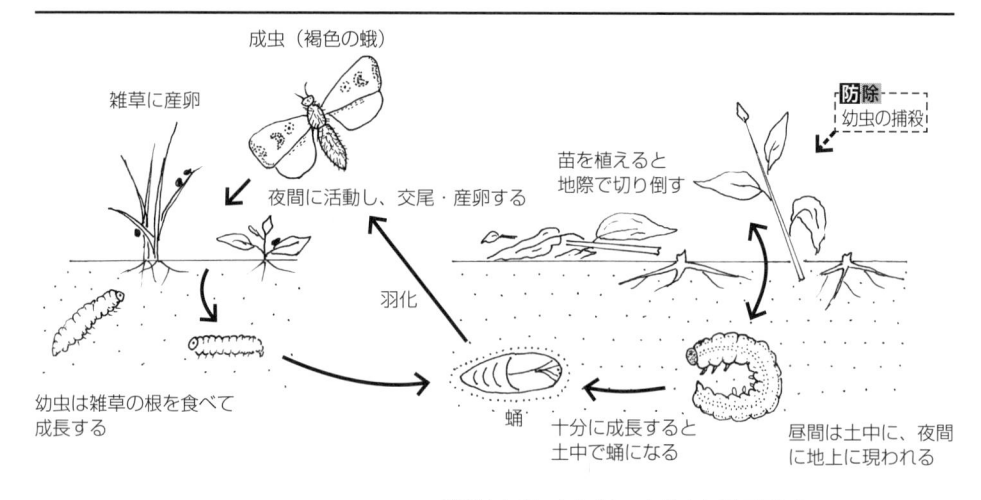

図: カブラヤガ（ネキリムシ）の発生生態

- 成虫（褐色の蛾）
- 雑草に産卵
- 夜間に活動し、交尾・産卵する
- 苗を植えると地際で切り倒す
- 防除：幼虫の捕殺
- 羽化
- 幼虫は雑草の根を食べて成長する
- 蛹　十分に成長すると土中で蛹になる
- 昼間は土中に、夜間に地上に現われる
- 越冬は十分に大きくなった幼虫か蛹で行なう

も食べる無害な虫である。そのような場所を畑にして野菜を植えると、雑草の代わりに植えたばかりの野菜を食べるような結果となる。

幼虫は夜行性で日が暮れてから活動し、朝には土の中に引き上げるので被害だけが目につく。1匹の虫が一晩に数本の株を切り倒すので被害は大きくなる。十分に成長した幼虫は土の中で蛹となり、やがて成虫となって飛び出す。

●発生を防ぐポイント

長い間放置して雑草が茂っていたような場所に野菜を植えつけると、この虫が発生する可能性が高い。事前に薬剤を混ぜ込んで予防するとよい。

苗に被害があったら、その株のまわりの土を浅く、指の深さ程度に掘ると指輪状に丸まったイモムシが見つかる。

体色が土の色に似ているので、スコップなどで荒く掘り返すとまず虫は見つからない。

害虫別防除対策 4

オオタバコガ

チョウ・蛾の仲間
被害ランク：B
発生しやすい野菜：トマト、ピーマン、ナス、レタス、ゴマ
発生部位：果実、葉、花
症状：果実にイモムシが食入する、花や葉がかじられる
発生条件：とくになし

●症状と診断のポイント

トマトの果実では丸い孔があき、内部が食い荒らされてイモムシと黒い糞の山が見つかる。体の色は緑色〜赤褐色と個体によってかなり違いがあるが、体全体にゴマ粒のような黒っぽい斑紋があるのが特徴で、ヨトウムシやハスモンヨトウとは区別できる。

レタスの結球部、トウモロコシの実、

マメの莢など、潜れるところが好きで、果実ばかりでなく、いろいろな野菜や草花のつぼみや花にも食入する。

通常単独で行動し、次つぎに新たな果実に食い込むので、虫の数は少なくても被害は多い。ときには野菜の葉も食べるが、実害は低い。

●発生生態

成虫はモンシロチョウより少し小さめの黄褐色の蛾で、作物に害はない。

成虫は葉裏に白い卵を1粒ずつ産み、ふ化した幼虫は葉肉を食べるが、少し大きくなるとつぼみや果実に移って孔をあけ、食入する。

十分に成長して長さ4cmくらいになった幼虫は、果実を離れて地上に降り、土の中で蛹になる。

5～10月の間に2～3回発生を繰り返し、冬は地中で蛹の状態で越冬する。

●発生を防ぐポイント

孔のあいた果実を見つけしだい、切り取って内部の虫を捕殺する。被害果を放置したり、地中に埋めたりすると、虫はそこから再び野菜に戻ってくる。

葉や花、つぼみ上で見つかった虫は必ず捕殺する。

●よく似た害虫

タバコガの幼虫がピーマンの果実に孔をあけて内部を食い荒らす。姿や体色はオオタバコガとそっくりで区別はむずかしい。ピーマンが好物で、ときにはナスの果実にも食入する。

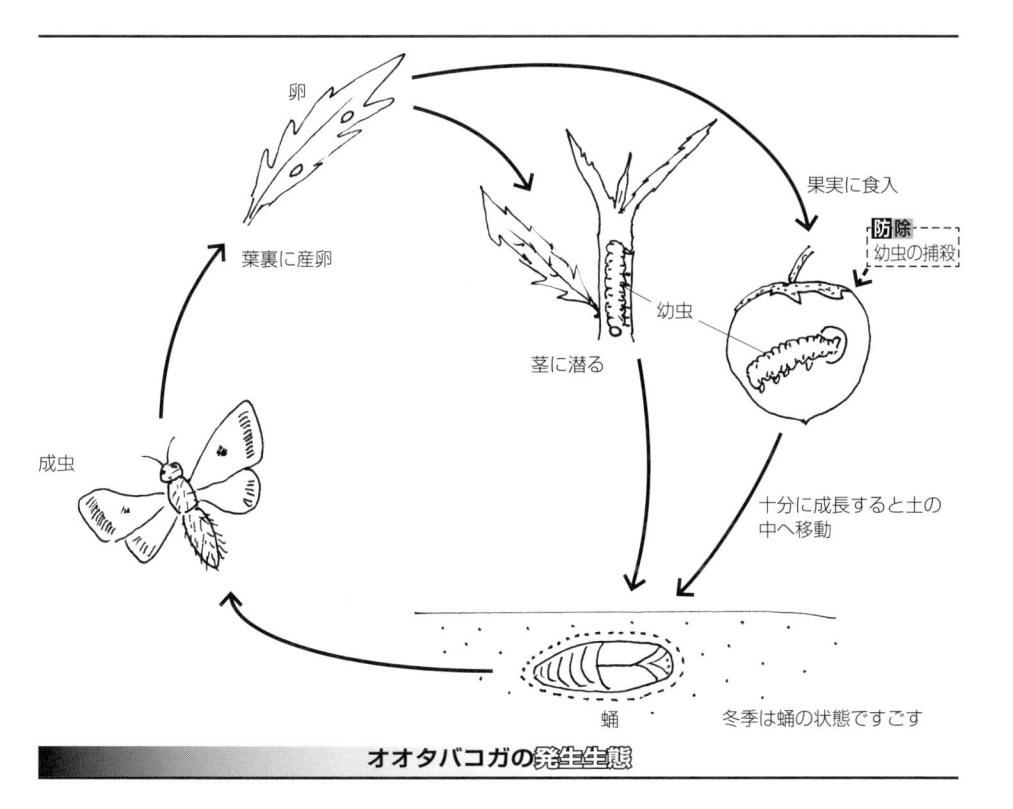

オオタバコガの発生生態

害虫別防除対策 5

モンシロチョウ（アオムシ）

チョウ・蛾の仲間
被害ランク：A
発生しやすい野菜：キャベツ、ブロッコリー、カリフラワー、ハクサイ、ダイコン、カブ、コマツナなど菜類
発生部位：葉、結球部（キャベツ、ハクサイ）、花房（カリフラワー、ブロッコリー）
症状：葉に小さな孔、結球部に孔、花房が食われる
発生条件：アブラナ科野菜を続けて栽培すると発生が多くなる、暖冬年には翌春の発生が多くなる

●症状と診断のポイント

緑色の円筒形のアオムシが葉を食い荒して葉をぼろぼろにする。十分に成長すると長さ3cm前後となり、食べる量も多くて太い葉脈だけにされることも少なくない。通常被害葉上には黒緑色の大きな糞が残っている。

被害症状はヨトウガやハスモンヨトウの被害と紛らわしいが、幼虫の体全体に短い毛が生えていること、鮮明な緑色のアオムシであることで、区別は簡単である。

カリフラワーなどの花房では表面がかじられ、その部分が傷となって褐変するので商品価値がなくなってしまう。

さらにその上に糞をばらまくので表面が一層汚くなる。

●発生生態

冬は作物、付近の建物の壁や塀、支柱、樹木などで蛹になってすごし、春暖かく

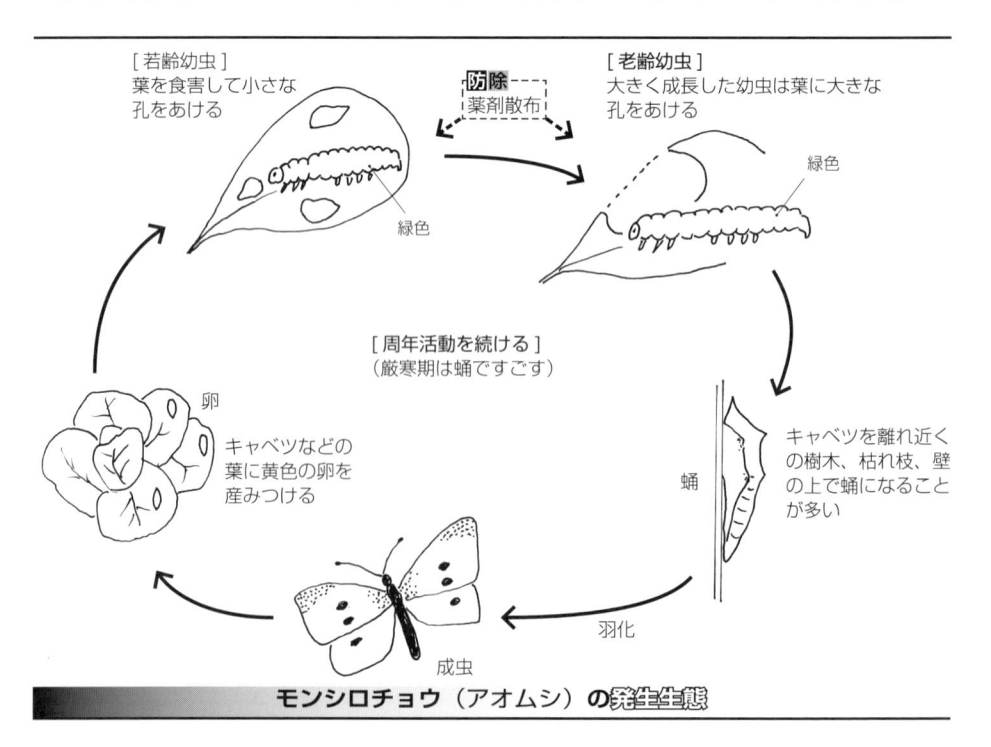

モンシロチョウ（アオムシ）の発生生態

なると成虫の白いチョウとなってキャベツ畑などに飛来する。成虫は害を与えないが、畑の上をひらひら飛んでいるのを見すごしていると、いつのまにか葉裏に黄色い円筒形の卵を点々と産みつけられている。

ふ化した小さな幼虫は葉裏から浅く葉肉を食べているが、少し成長して大きくなると、葉に大きな孔をあけるようになる。

暖地では年に5～6回発生を繰り返すが、寒い地方では2～3回と少ない。

●発生を防ぐポイント

この虫はアブラナ科野菜以外の作物にはつかないので、連続栽培を避ける。

播種時または定植時から寒冷紗などの防虫ネットで被覆すると、成虫の侵入・産卵が防止できる。また、ダイコン、コマツナなど菜類では播種時から畝面を不織布などのべた掛け資材で覆って栽培するとよい。

大きな幼虫は見つけやすく捕殺しやすいが、葉裏に小さな幼虫がその何倍もいるので、こまめに取り除く。

殺虫剤には弱いので、ヨトウムシなどの防除をしていれば多発することはない。

害虫別防除対策 6

コナガ

チョウ・蛾の仲間
被害ランク：A
発生しやすい野菜：キャベツ、ブロッコリー、カリフラワー、ハクサイ、ダイコン、カブ、コマツナなど菜類
発生部位：葉、新芽、結球部（キャベツ、ハクサイ）
症状：葉に小さな孔、葉に半透明な斑紋、芯葉が食われて葉の展開が止まる
発生条件：アブラナ科野菜を続けて栽培すると発生は多くなる、暖冬年には翌春早くから被害が現われる

●症状と診断のポイント

体がやや扁平なアオムシが葉裏から葉を浅く食べる。その部分は表皮のみが残って半透明になり、しだいに褐変して、葉の肥大とともに破れて小さな孔となる。

モンシロチョウの幼虫（アオムシ）によく似ているが、体が扁平であること、体の後部が二股に分かれているように見える（末端節の足が後方に伸びている）ことで区別できる。

体長は最大15mmでそれ以上に大きくはならない。

キャベツで多発する。主に生長する芯の部分を食べるので、生育が大幅に遅れ、ときには生育が止まることもある。また、結球部も食べるので孔あきキャベツとなる。とくに春キャベツでは多発しやすく、壊滅的な被害を受けることがある。

●発生生態

暖地では一年中キャベツなどのアブラ

ナ科野菜で幼虫が見られ、春と秋、とくに多くなる。

葉裏から葉肉を浅くかじって透かし状にし、十分に成長すると葉裏に糸で粗い目のまゆをつくって蛹になる。

成虫は羽を広げても10mmあまりの小さな蛾で、多発時に畑に入ると、ひらひらと足元を飛び回る。羽の色は暗褐色で、前翅の前の縁は帯状に白くなっている。成虫は作物に害を与えないが、葉裏に卵を1粒ずつ産む。

成虫になるまでは25日前後、年に10回以上発生を繰り返している。

● 発生を防ぐポイント

アブラナ科野菜以外の作物にはつかないので、アブラナ科野菜の栽培をやめるとこの虫の生活サイクルが途切れ、予防に有効である。また、春の多発時期の栽培を避けることも予防となる。

播種時または定植時から寒冷紗などの防虫ネットで被覆すると、成虫の侵入・産卵が防止できる。また、ダイコン、コマツナなど菜類では、播種時から畝面を不織布などのべた掛け資材で覆って栽培するとよい。

虫が小さいので捕殺は困難。多発した時には薬剤散布を行なう。体は小さいが薬剤に対する抵抗力をもっていることが多いので、この虫に対して効果の高い薬剤を選択する必要がある。

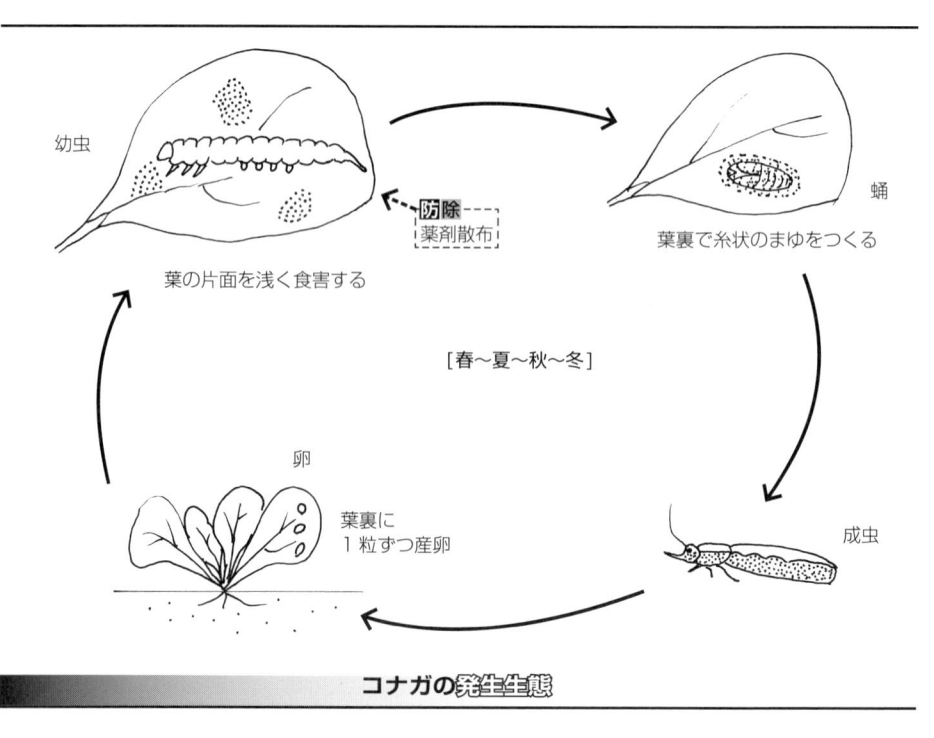

コナガの発生生態

害虫別防除対策 7

ハイマダラノメイガ

チョウ・蛾の仲間
被害ランク：A
発生しやすい野菜：ダイコン、カブ、コマツナ、チンゲンサイなど菜類、ハクサイ、ブロッコリー、キャベツ
発生部位：葉、新芽
症状：葉が糸でつづられる、新芽の食害
発生条件：とくになし、近年増加

●症状と診断のポイント

成虫は小さく黒っぽい蛾でまったく実害はないが、幼虫がアブラナ科野菜の成長点に潜入して内部を食い荒らして壊滅的な被害を与える。従来はダイコンの新芽を攻撃する害虫であったが、近年はコマツナなど菜類、キャベツ、ブロッコリーなども食い荒らすようになった。

幼虫は淡黄色のイモムシで、赤褐色の帯が縦に数本並んでいる。十分に成長すると14mm前後となり、新芽、新葉を糸でつづってその中に潜み、葉と芯の部分を食い荒らす。とくに幼苗では新葉がつづられて食われ、枯死することが多い。

大きくなった株では葉の縁を折り曲げて、その中に潜んで葉を食害する。

●発生生態

成虫は夜行性で、夜間に新芽や新葉に1粒ずつ産卵する。ふ化した幼虫はすぐに新芽の中に潜るか葉肉内に潜ってハモグリバエのような症状を現わす。

少し大きくなった幼虫は葉から出て葉縁を折り曲げてつづったり、数枚の新葉をつづったりして、その中に潜む。十分成長した幼虫はつづった葉のすき間や芯、株元で葉をつづってその中で蛹になる。

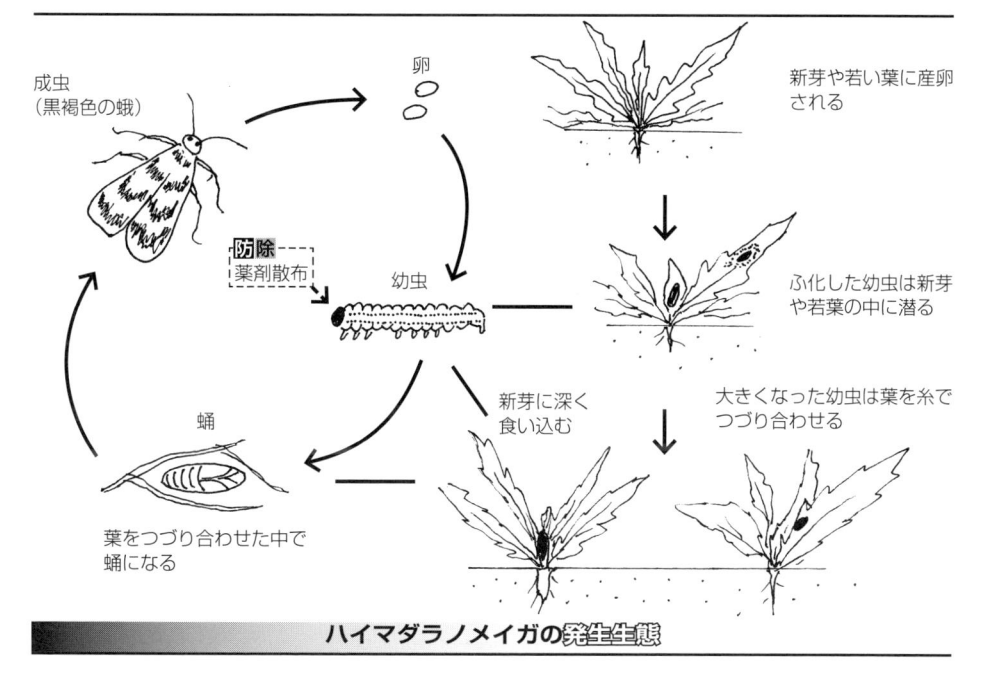

ハイマダラノメイガの発生生態

冬は幼虫がアブラナ科野菜ですごし、5～6月に最初の成虫が現われる。20日前後で成虫となり、秋までに5～6回発生を繰り返す。とくに被害が問題となるのは8月以降で、秋野菜は幼苗が食われて全滅することもある。

●発生を防ぐポイント

幼虫が目立たず発生に気付いたら被害がかなり進んでいることが多い。

秋野菜では播種後、本葉が数枚出揃ったころに被害が出始めるので葉の状態に注意し、糸でつづられた葉を見つけたら内部の虫を捕殺する。とくにこの虫が好むダイコン、カブ、ハクサイやコマツナなど菜類では注意する。また、草花のクレオメ（風蝶草）はこの虫の好物で多発しやすいので、畑の近くには植えない。

害虫別防除対策 8

アワノメイガ

チョウ・蛾の仲間
被害ランク：A
発生しやすい野菜：トウモロコシ、ショウガ、ミョウガ、アワ、サトウキビ
発生部位：葉、雄穂、幹、茎、雌花、子実
症状：幹（茎）から糞が噴出、雄穂がつづられ折れ曲がる、子実の食害
発生条件：前年度発生のあった畑では、翌年も発生しやすい

●症状と診断のポイント

収穫したトウモロコシの子実が虫食い状態になっており、しばしば長さ20mm前後で肌色のイモムシ（幼虫）が見つか

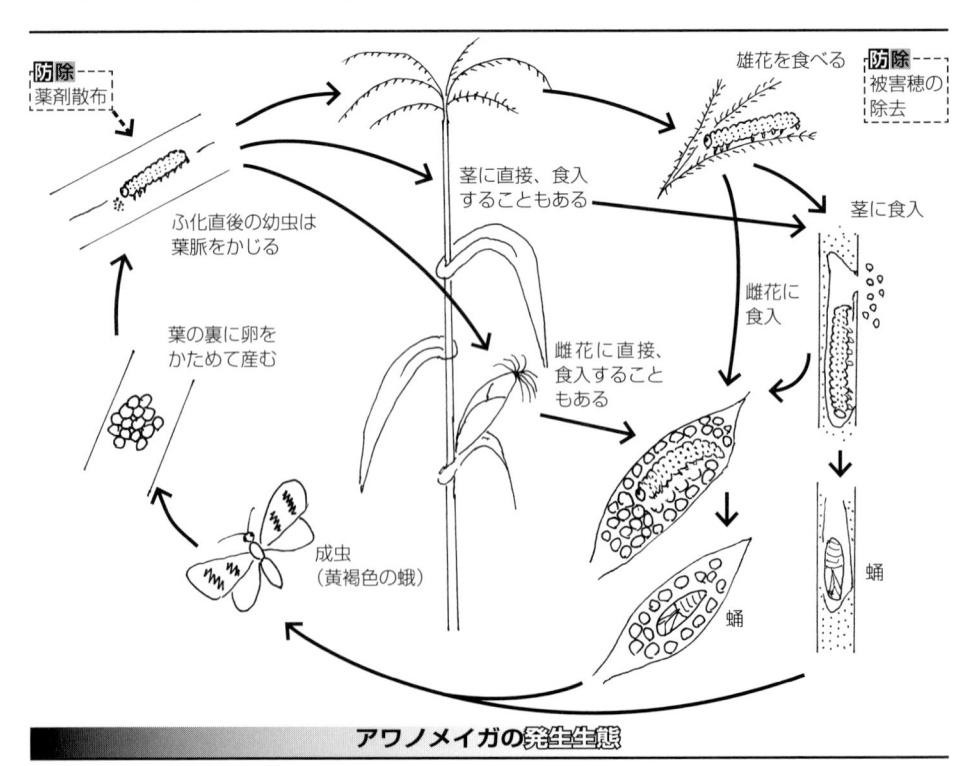

アワノメイガの発生生態

る。虫眼鏡で見ると体全体にたくさんの暗褐色の斑点があるのがわかる。また、虫食い子実にはカビが発生していることもある。

トウモロコシの雄花の小さな穂が糸でつづられ、それを開くと1cm前後のイモムシが見つかる。また、このような雄穂は、内部を食い尽くされて空洞になるためしばしば折れて垂れ下がる。

幹では葉の付け根付近から黄褐色の細かな糞が噴出しており、そこを切り開くと、内部は空洞で糞とイモムシが見つかる。

ショウガやミョウガでは茎内が食われることにより、新芽（先端のまだ開いていない葉）が褐変して枯死する。

成虫は十円硬貨くらいの大きさの蛾で、羽は黄褐色で、表面には褐色の波型の模様がある。成虫による実害はない。

●発生生態

畑の横などに放棄された前年のトウモロコシの幹、枯れ草の茎内で十分に成長した幼虫が越冬する。

春に茎内で蛹となり、5月ころには成虫となって飛び出す。

成虫は、昼間は葉裏にじっとしているが、夕方から夜間にかけて活動し、トウモロコシの葉裏に白く平たい卵を数粒から数十粒、魚の鱗のように並べて産卵する。

ふ化した幼虫はしばらくの間、葉裏を浅くかじっているが、その被害はほとんどわからない。少し成長した幼虫は主に雄穂に食入して穂軸の内部を食べ、一部の幼虫は葉の付け根付近から幹の中に直接食入する。そして成長するにつれて太い幹内に潜り、やがて内部で蛹となる。

雌花の中に食入する虫もあり、内部の子実を食い荒らす。

年に3回発生を繰り返し、寒くなると越冬場所に移動する。

●発生を防ぐポイント

前年のトウモロコシの幹や葉は春までに焼却処分する。土に埋めたくらいでは虫は死滅しない。初期の発生源となっている雄穂は、受粉が終わった段階で切り取って焼却処分する。

幼虫はつねに雄穂、幹、雌花内に潜っているので薬剤防除はむずかしい。産卵は雄穂が伸び始めるころに行なわれるので、トウモロコシ畑では雄花の先があちらこちらに見え始めたころに葉裏を狙って薬剤散布をすると効果が高い。

ショウガでは茎の糞の噴き出ている箇所を開いて内部の虫を捕殺する。

●よく似た害虫

フキの茎に潜るフキノメイガはこのアワノメイガと姿・色がそっくりである。

フキの他オクラ、ピーマン、ナス、インゲンマメなどの茎にも潜ってその茎をしおれさせて枯らす。

とくにフキで被害が大きく壊滅的な被害を与えることがある。フキでは6月中下旬（関西地方）に幼虫がふ化するので、このころの防除が重要である。

茎が折れるなど被害が現われ始める7月中旬には、茎内深くに食入していて防除は不可能である。

害虫別防除対策 9

ワタヘリクロノメイガ
(ウリノメイガ)

チョウ・蛾の仲間
被害ランク：B
発生しやすい野菜：キュウリ、ニガウリ、メロン
発生部位：葉、果実
症状：葉が糸でつづられる、葉に孔、果実に孔
発生条件：とくになし

●症状と診断のポイント

成虫は一円硬貨大の白い蛾で、羽のまわりが黒い帯で縁取られている。この成虫はまったく無害だが、幼虫が葉を食い荒らし、果実にも食入する。

幼虫は緑色のアオムシで、数本の白い縦の帯がある。葉裏から葉肉を浅く食害するので、葉が広がるにつれて破れて虫食い孔となる。葉を糸でつづり合わせ、その中に潜んで葉を食い荒らす。

幼虫は果実にも食入して、食い込んだ孔から黄褐色の糞をヤニのように出す。

●発生生態

成虫は夜行性で、夜間に新芽や新葉に1粒ずつ産卵する。

ふ化した幼虫は、すぐに新芽の中に潜るか、葉肉内に潜ってハモグリバエのような症状を現わす。少し大きくなった幼虫は葉から出て葉縁を折り曲げて糸でつづったり、数枚の新葉をつづったりしてその中に潜む。十分に成長した幼虫は、そのつづり合わせた葉のすき間や芯、株元で葉をつづってその中で蛹になる。

6～10月の間に2～3回発生を繰り返す。越冬は、枯れて捨てられたウリ科野菜や、雑草のすき間で蛹になってすごす。

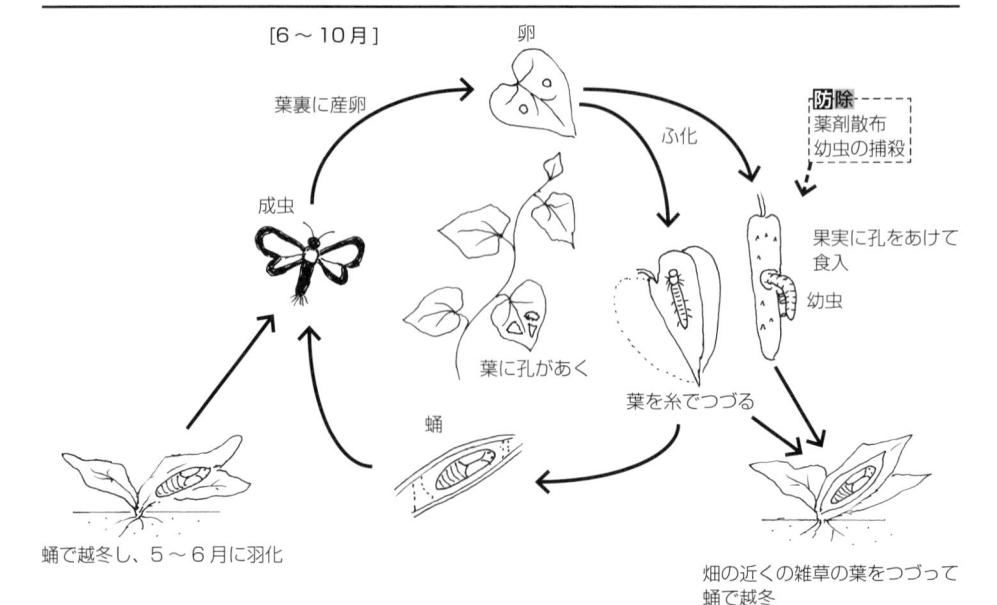

ワタヘリクロノメイガの発生生態

●発生を防ぐポイント

　葉が糸でつづり合わされているのに気づいたら、開いて幼虫を捕殺する。1カ所に数匹の虫がいることが多いので、見落としのないように注意する。

●よく似た害虫

　ワタノメイガは緑色のアオムシで、オクラの葉を糸でつづって葉巻状にして中から葉を食い荒らす。また、フヨウやムクゲ、トロロアオイ、アメリカフヨウなどの葉も食べる。

　シロオビノメイガも緑色のアオムシでホウレンソウの葉を糸でつづり合わせて食べる。この虫はケイトウやセンニチコウの害虫として重要である。

　ベニフキノメイガは淡緑色または淡赤褐色で体全体に黒い斑点のある虫で、シソのほとんどの葉が糸でつづられてぼろぼろになることが多い。

害虫別防除対策 10

スズメガ類

チョウ・蛾の仲間
被害ランク：B
発生しやすい野菜：サトイモ、サツマイモ、ナス、トマト、ヤマノイモ
発生部位：葉、茎（葉柄）
症状：葉が食われて大きな孔があく
発生条件：突発的に発生する

●症状と診断のポイント

　お尻近くに1本の角のような突起をそなえた大きなイモムシが葉を食い荒らして孔だらけにする。多発すると葉が食われて茎（葉柄）だけになることもある。

　葉を食い荒らすのは幼虫で、サトイモやサツマイモにつくことからイモムシ（芋虫）という名がついたものと思われ

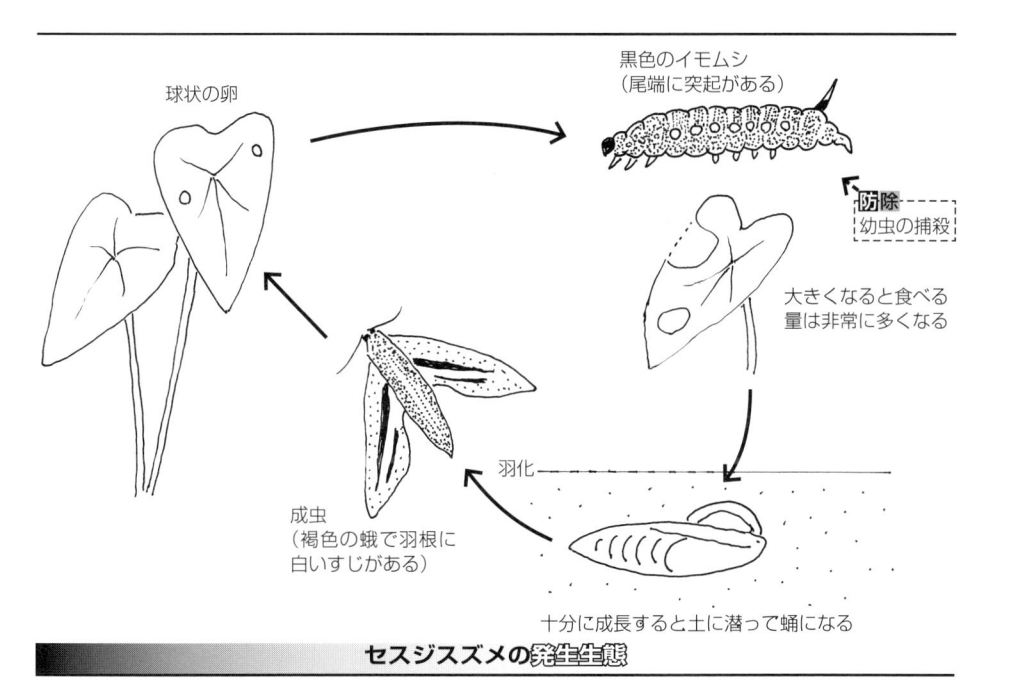

セスジスズメの発生生態

野菜を食べる主なスズメガ類

種　類	食べる植物	体の特徴
セスジスズメ	サトイモ（ホウセンカ、ヤブガラシ）	側面に目玉模様
キイロスズメ	ヤマノイモ	前方両側に目玉模様
メンガタスズメ	ナス、ゴマ	背面に白いすじ模様
クロメンガタスズメ	ナス、トマト	背面に白いすじ模様
エビガラスズメ	サツマイモ（アサガオ）	背面に褐色のすじ模様

る。体が大きく、力も強く、触れると体を強く振って威嚇?し、脚でしっかりと植物体にしがみつく。

成虫は胴体が太くて羽が三角形のジェット機型の蛾。夜間に飛び回るが、葉を食べるなどの実害はない。

●発生生態

土の中で蛹になって越冬し、翌春成虫となる。成虫は葉裏にマッチ棒の頭くらいの、球状の卵を1粒ずつ産みつける。

ふ化した幼虫は単独ですごす。葉を食べて急速に成長し、十分に大きくなると地上に降りて土に潜って蛹になる。6～10月の間に2～3回発生を繰り返す。

幼虫の体色は、緑色、褐色、黄色、暗褐色、黒色などさまざまで、同じ種類であっても2～3種の色彩型があり、かつ成長につれて色が変わって別種のような印象を受ける。

十分に成長すると7～10cmくらいになり、食べる量も半端ではない。

●発生を防ぐポイント

数は少なくても大きな幼虫は食べる量が多い。見つけしだい捕殺する。

害虫別防除対策 11

ニジュウヤホシテントウ
（テントウムシダマシ）

甲虫の仲間
被害ランク：A
発生しやすい野菜：ナス、トマト、ジャガイモ、ピーマン、キュウリ
発生部位：葉、果実、花
症状：葉や果実表面に階段状の食痕
発生条件：ジャガイモの近くで栽培すると発生が多くなる

●症状と診断のポイント

成虫、幼虫ともナスなどの野菜を食べる重要害虫である。

成虫は長さ7mm前後で赤橙色。背面の28個の黒い紋からこの名前がついた。益虫のテントウムシに似ているのでテントウムシダマシとも呼ばれる。

主に葉裏から浅くかじって表皮を残すので、半透明の傷痕が残る。この傷が階段状になるのが特徴で、葉の広がりにつれて裂けて孔となる。

幼虫は黄色で体は軟らかい。黒い刺のような突起がたくさんあって、一見タワシのように見える。成虫と同じように葉を浅く食い荒らす。

葉ばかりでなく、ナスでは果実の表面や、果実に頭を突っ込んで食べるので、肥大中の果実ではしばしば裂けて内部の種が飛び出すこともある。

●発生生態

成虫は樹皮下や建物のすき間、枯れ草の株元などで越冬する。5月ころからジャガイモ畑に飛来して葉をかじり、数十個の黄色い卵を一塊にして葉裏に産み

つける。

ふ化したての幼虫は集団ですごし、成長するにつれて散らばってゆく。そして長さ8mm前後になると葉裏で蛹になる。

ナスが植えつけられると、ジャガイモやイヌホオズキにいた虫が移動してくる。キュウリでは成虫の被害が多発することがあるが、幼虫の発生は確認していない。

年に2～3回発生を繰り返し、10月ごろから越冬場所に移動する。

ナス科の野菜以外に、ホオズキやダチュラ、エンゼルトランペットなどの草花でも発生する。

●発生を防ぐポイント

越冬後すぐの発生源はジャガイモなので、その近くでナスの栽培を避ける。

飛来する成虫が多くの卵を産むので、見つけしだい捕殺する。葉に独特の食害痕を残すので、注意すれば被害葉（透かし状、淡褐色）は簡単に見つかる。

幼虫が多発したら薬剤散布しか有効な方法はない。雑草のイヌホオズキも大きな発生源なので、畑周辺では除去する。

●よく似た害虫

この虫に非常によく似ていて、背中の斑紋が大きいのがオオニジュウヤホシテントウである。中国山地、中部地方を結んだ線が境界線で、これより北の地域ではオオニジュウヤホシテントウ、南の地方ではニジュウヤホシテントウである。

山梨県と長野県で斑紋が16個のインゲンテントウが発生している。食べるのがインゲンマメなので容易に区別できる。

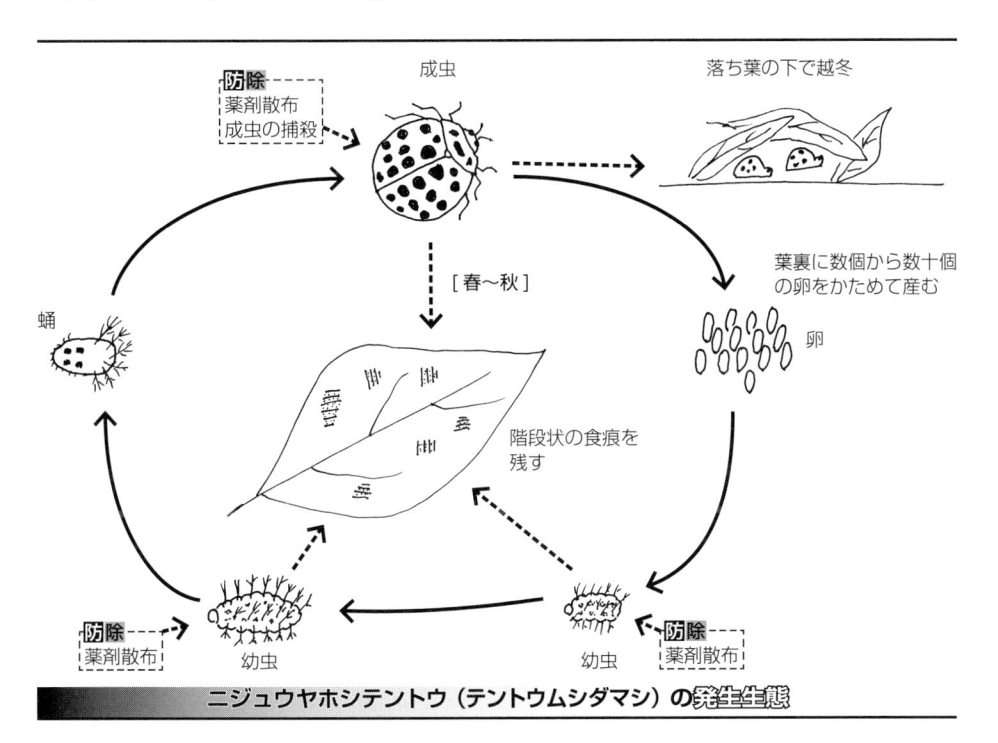

ニジュウヤホシテントウ（テントウムシダマシ）の発生生態

害虫別防除対策 12

ウリハムシ
（ウリバエ）

甲虫の仲間
被害ランク：A
発生しやすい野菜：キュウリ、スイカ、メロン、シロウリ、トウガン、カボチャ
発生部位：葉、果実、花、根
症状：葉に円形の孔があく
発生条件：とくになし

●症状と診断のポイント

　成虫は長さ8mm前後、橙黄色で腹側が黒い甲虫である。自分の体を中心にして円を描くように葉の表面を浅く食害するので葉には円形の傷ができ、日が経つと円内部が枯れて抜け落ちる。多発すると1枚の葉に5〜10個の被害部が現われることもあり、葉はぼろぼろになる。

　キュウリは被害を受けやすい。キュウリやマクワウリでは果実の表面もかじられ、円形の傷ができて奇形果となることが多い。

　幼虫は淡黄色のウジ状の虫で、地中の根を食害するので細い根がなくなる。

　さらに地中の茎や太い根にも食い込むので、被害を受けた株は徐々にしおれて枯れる。

　スイカが梅雨明け直後に急にしおれて枯れるのは、この幼虫が根を食い荒らしたことが引き金となっている。

●発生生態

　成虫が集団で落ち葉や樹皮の下、石垣のすき間などで越冬する。越冬から覚めた4月末ころからキュウリ、スイカなどのウリ科野菜に集まってくる。

　成虫の生存期間は長く、4〜10月までつねに見られる。とくに5〜7月に発生が多くなる。晴れた日はハエのように

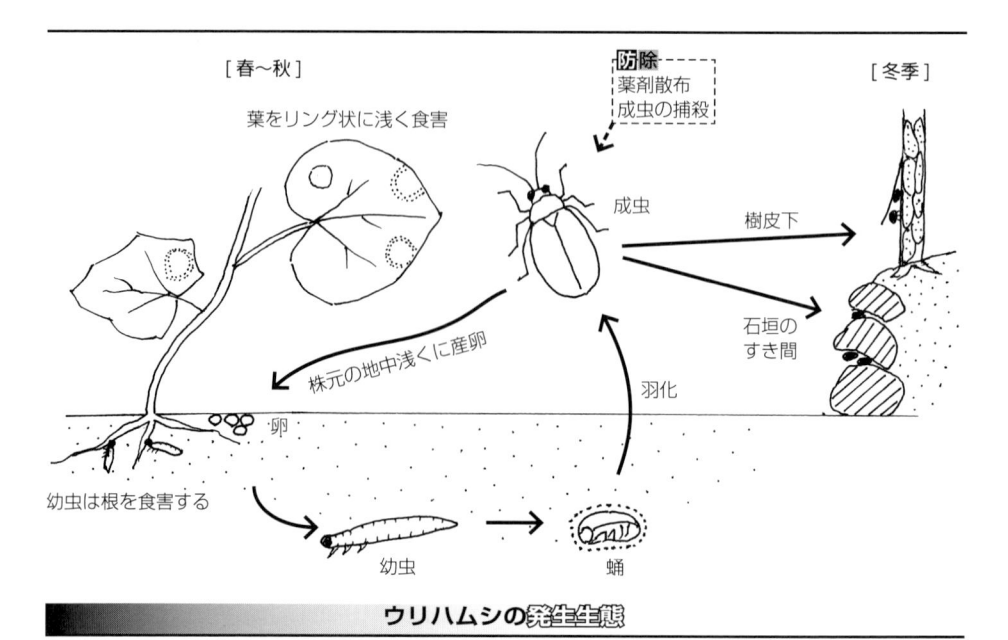

ウリハムシの発生生態

活発に飛び回る。

5～6月ころ、ウリ科野菜の株元の土中にいくつかの卵をかためて産む。ふ化した幼虫は土に潜って地際部の根や茎を食べながら成長し、土の中で蛹になる。新成虫は7月下旬ごろから現われてキュウリなどの葉を食べるが、産卵せず、秋末には越冬場所に移動する。

成虫は草花のアスターも好物で、葉、花びらをかじってぼろぼろにする。

●発生を防ぐポイント

葉上にいる成虫を見つけしだい捕殺する。早朝か曇雨天の動きのにぶいときが捕らえやすい。

薬剤散布をすると飛んで逃げ去るが、薬剤がかかった虫はどこかで死亡するので、薬剤の散布はむだにならない。

害虫別防除対策 13

ダイコンハムシ
（ダイコンサルハムシ）

甲虫の仲間
被害ランク：B
発生しやすい野菜：ダイコン、カブ、ハクサイ、コマツナなど菜類
発生部位：葉
症状：葉に点々と小さな孔があく
発生条件：前年発生した畑では再度発生することが多い。主に秋に発生する

●症状と診断のポイント

成虫も幼虫も葉を食害して小さな孔をあけ、主に秋に発生する。

成虫は長さ4mm前後、半球状で光沢のある青黒い甲虫。幼虫はウジ状の軟らかい虫で、十分に成長すると長さ7mm前後となる。体色は褐色だが多くの黒い突起

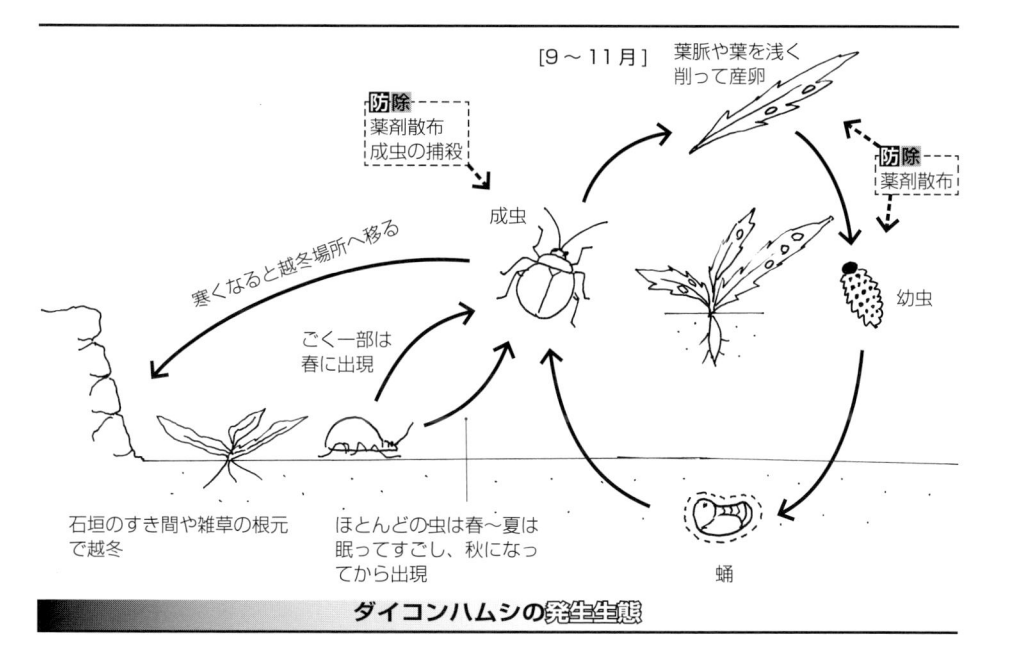

ダイコンハムシの発生生態

があるので黒褐色〜黒色に見える。

多発すると葉脈のみを残して食い尽くされて葉はぼろぼろになり、ときには太い軸だけになることもある。

●発生生態

成虫は4〜11月に見られ、年に2〜3回発生するようだが、野菜で発生が多くなるのは9月以降である。

成虫が枯れ草の根際、落ち葉の下、石垣のすき間などで越冬する。

そのまま春、夏をすごし、秋になって気温が下がったころに現われるのが一般的だが、一部の成虫は4月ころに目覚めて活動を始める。

9月ころ、成虫は太い葉脈や葉の軸の上に1粒ずつ産卵する。ふ化した幼虫は葉裏から浅く食害して表皮を残すので、その部分が透かし状になる。幼虫が成長すると被害も多くなり、葉にぽつぽつと孔があくようになる。

十分に成長した幼虫は土に潜って蛹になり、しばらくすると成虫となって現われ、産卵を始める。

成虫も幼虫も手を触れたり、葉を動かすと、すぐに地上に落下する習性がある。

●発生を防ぐポイント

前年に多発した畑では多くの虫が残っていると予想されるので、この虫の好きな野菜の栽培は避ける。9月の成虫発生時期に葉の食害に注意し、成虫を見つけしだい捕殺する。

発生が多いときは薬剤散布をする。この時期はハスモンヨトウも発生していることが多いので同時防除を行なうとよい。

害虫別防除対策 14

キスジノミハムシ

甲虫の仲間
被害ランク：A
発生しやすい野菜：ダイコン、カブ、ハクサイ、コマツナなど菜類
発生部位：葉、根
症状：葉に点々と小さな孔、ダイコンの表面に小さな孔があいたり凸凹になる
発生条件：アブラナ科野菜を連続して栽培すると発生が多くなる

●症状と診断のポイント

成虫は長さ2mm前後、黒色で背中に2本の黄色の縦に長い帯状の模様がある。後脚の太ももが非常に太くなっていて、近づくとピョンと飛び跳ねて逃げる。

この虫の仲間はノミのように跳ね、葉を食う虫なのでノミハムシと呼ばれる。

成虫が葉裏から浅くかじるので、その部分が透かし状となり、やがて葉が広がるにつれてその部分が裂けて小さな孔となる。葉が収穫物となるコマツナなど菜類では被害が大きい。

幼虫は白いウジ状の虫で、いつも土の中にいる。ダイコンやカブラの根の表面をかじって、浅く曲がりくねった傷や、小さな孔（孔の中が黒くなっていることが多い）があいたりする。

●発生生態

成虫の状態で落ち葉の下、雑草の根元などで越冬する。3月ころから活動を始めてアブラナ科野菜や雑草の葉を食べ、10月ころまで3〜5回発生を繰り返す。

成虫はダイコンやカブの株元に数個の卵をかためて産み、1匹の雌は生存期間

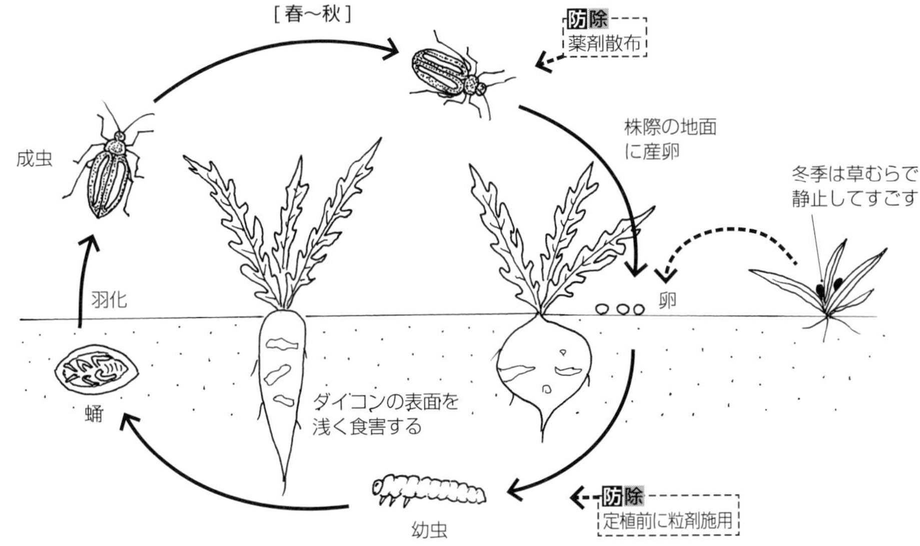
［春～秋］
防除
薬剤散布
成虫
株際の地面
に産卵
冬季は草むらで
静止してすごす
羽化
卵
蛹
ダイコンの表面を
浅く食害する
幼虫
防除
定植前に粒剤施用

キスジノミハムシの発生生態

中に200粒前後の卵を産む。ふ化した幼虫は地中に潜って根を食べて成長する。

成虫になるまで、気温が低いと50日くらい要するが、気温が高いと20日あまりですむ。6～8月の発生がもっとも多く、ダイコンなどの畑では活発に飛び回る。

●発生を防ぐポイント

播種または定植時から寒冷紗などの防虫ネットで被覆すると、成虫の侵入・産卵が防止できる。また、ダイコン、コマツナなどの菜類では、播種時から畝面を不織布などでべた掛けするとよい。

アブラナ科野菜を続けて栽培することを避ける。成虫の発生が多ければ薬剤散布を行なう。薬剤散布をすると虫はすぐに飛んで逃げ去るが、薬剤のかかった虫はどこかで死ぬので、心配はいらない。

害虫別防除対策 15

コガネムシ類（ネキリムシ）

甲虫の仲間
被害ランク：A
発生しやすい野菜：サツマイモ、ラッカセイ、イチゴ、ナス、キュウリ、トマト、ピーマン
発生部位：根、イモ、葉
症状：イモの表面に傷、細根がなくなる
発生条件：落ち葉や枯れ草のような有機物の多い畑で多発しやすい

●症状と診断のポイント

長さ2～3cmの甲虫。エダマメ、ダイズ、インゲンマメ、イチゴなどの葉を食べて孔をあけ、ときには太い葉脈を残して丸坊主にする。これは成虫で、ドウガネブイブイ、アオドウガネ、ヒメコガネ、マメコガネなどの種類があり、姿・色・大きさなどは種類によって異なる。

コガネムシの発生生態

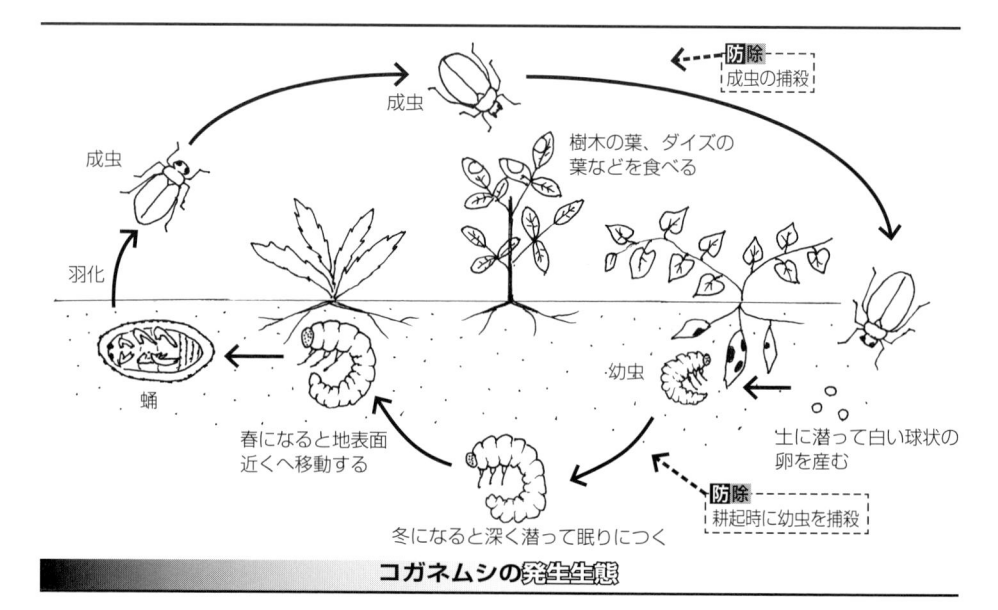

図中ラベル：
- 防除：成虫の捕殺
- 成虫
- 樹木の葉、ダイズの葉などを食べる
- 羽化
- 蛹
- 春になると地表面近くへ移動する
- 冬になると深く潜って眠りにつく
- 幼虫
- 土に潜って白い球状の卵を産む
- 防除：耕起時に幼虫を捕殺

　成虫よりも地中にいる幼虫の被害が大きい。幼虫は黄白色、円筒形で軟らかく、掘り出すと体を丸める習性がある。地中でいろいろな植物の根を食べ、細根を食べられた野菜は勢いがなくなり、昼間は葉がしおれ、しだいに弱って枯れてゆく。

　サツマイモではイモの表面をかじられるため、被害が大きい。ラッカセイは豆莢、豆粒を食べられることもある。

　植木鉢やプランター、トロ箱などの栽培では、根が限られているので被害が大きく、しばしば枯れることもある。

●発生生態

　土に深く潜って越冬した幼虫は、暖かくなると上がってきて、地表近くで土をかためたまゆのような物の中で蛹になる。年1回の発生で、種類によって成虫の発生時期は異なるが6月ころがもっとも多い。

　成虫は野菜の葉ばかりでなく、雑草の葉、サクラやイヌマキの葉などいろいろな植物の葉を食べる。ほとんどの種類は夜行性だが、マメコガネは昼間でも葉を食べている。

　雌成虫は有機物の多い畑に飛来し、土に潜って、白い球状の卵を数粒から数十粒かためて産卵する。ふ化した幼虫は地中の落ち葉、ワラ、枯れ草、植物の根などを食べて成長する。幼虫はかなり成長すると地中深く潜って越冬する。

●発生を防ぐポイント

　畑で幼虫の被害発生を気付くのはむずかしく、気付いたときには植物はすでに枯れてしまっていることが多い。

　成虫は見つけしだい捕殺する。有機物の多い畑では発生が多くなる。プランター栽培などでは株の勢いに注意し、発生の疑いがあれば土をひっくり返して幼虫を捕殺する。

　サツマイモやラッカセイなど被害が予想される作物では、植えつけまたは播種時に粒状の薬剤を土に混ぜ込む。

害虫別防除対策 16

アブラムシ類

カメムシの仲間
被害ランク：A
発生しやすい野菜：ナス、キュウリ、ピーマン、メロン、スイカ、トマト、オクラ、キャベツ、ハクサイ、ホウレンソウ、ネギ、サトイモ、エンドウ、ソラマメ、イチゴなどほとんどすべての野菜
発生部位：葉、茎、新芽、果実、根
症状：葉に油滴状の物が付着し光る、葉が縮れる、葉がしおれる、アリが集まる
発生条件：雨が少ないと発生が多くなる、ビニールハウス近辺の畑では発生時期が早まる、春秋の温暖な気候で発生が多くなり、高温になると減少する

●症状と診断のポイント

葉裏、新芽などに長さ1〜2mmの小さな虫が数十、ときには数百匹群生する。大きさには大小あり、大きいのが成虫で小さいのが幼虫である。また、成虫には羽のあるタイプとないタイプがあり、後者は幼虫と形や色が似ている。

成虫、幼虫とも葉や果実から吸汁して大量の排泄物を出す。この排泄物が付着すると油滴のように光ってべたつき、脱皮殻やほこりが付着して葉は薄黒く汚れる。

そこにすす病菌が繁殖すると真っ黒になり、このようになった葉は光合成が妨げられ、株全体の元気がなくなる。

新芽や新葉に寄生すると、葉は縮れて丸まってしまい、株の生育が妨げられる。

多くのアブラムシは不治の病であるモザイク病を媒介し、この被害も大きい。

●発生生態

通常は雌のみで繁殖し、雄は見当たらない。成虫は、卵ではなく毎日数匹の幼虫を産む。幼虫は温度条件がよいと7〜10日で成虫になって幼虫を産み始めるので、ネズミよりも効率よく繁殖する。

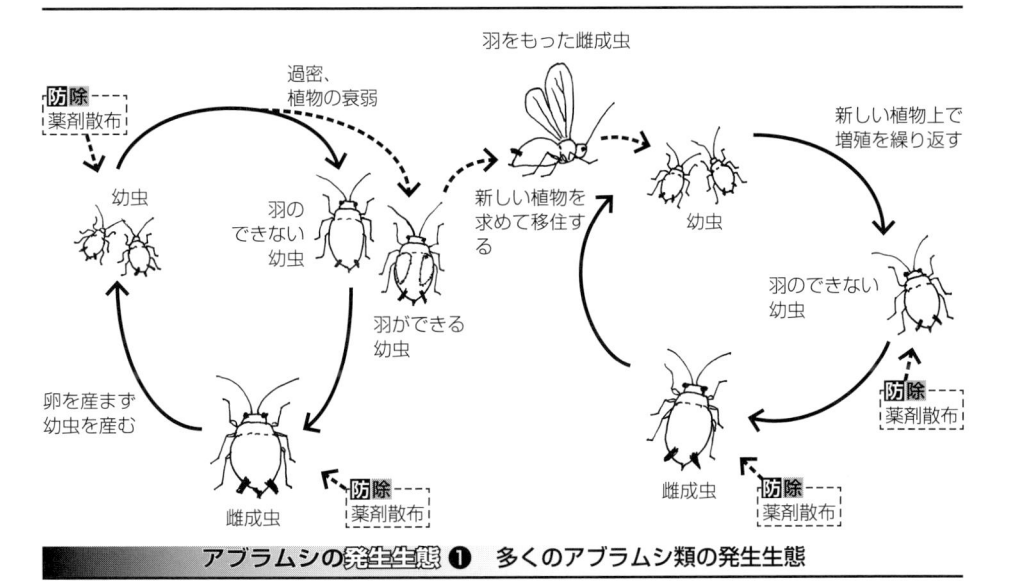

アブラムシの発生生態 ❶　多くのアブラムシ類の発生生態

多くの種類で雌成虫は羽がなく、幼虫によく似ている。仲間が増えすぎたり、野菜が弱ってきたら、羽のある成虫が現われて新たな植物へと分散移住してゆく。そして新天地で再び羽のない雌成虫を産み、繁殖サイクルを繰り返す。

一部の種類では冬の対策として、秋末に雄成虫が産まれて交尾し、樹木上に卵を産みつけ、その状態で冬を越す。とくに冬季厳寒の地方ではこの方式をとるこ

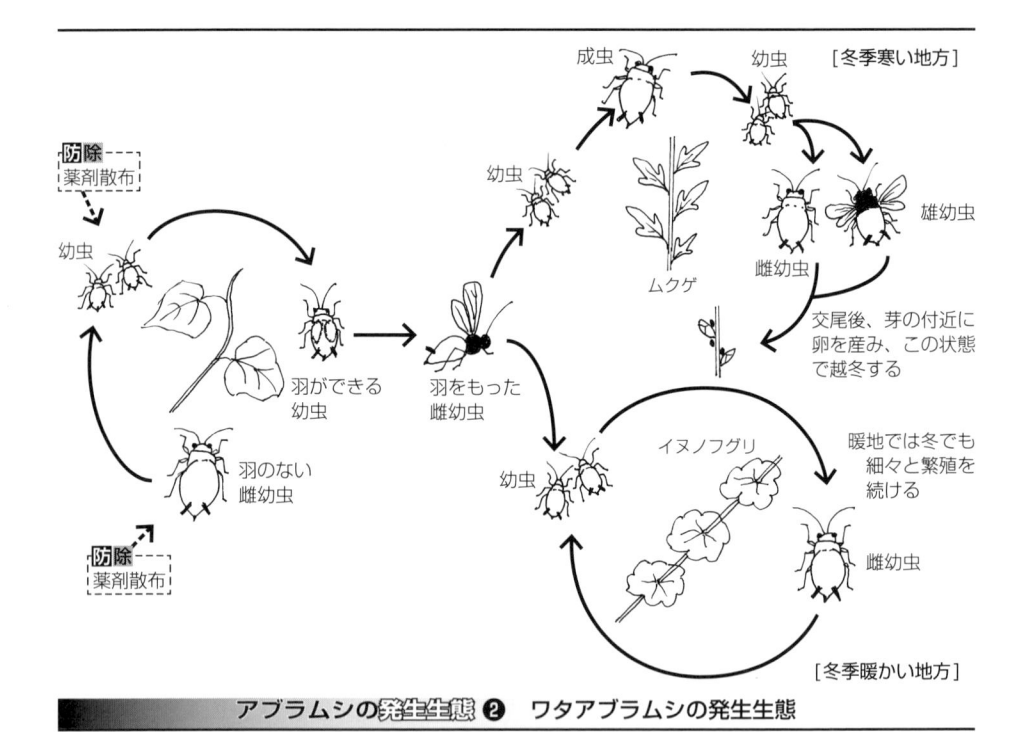

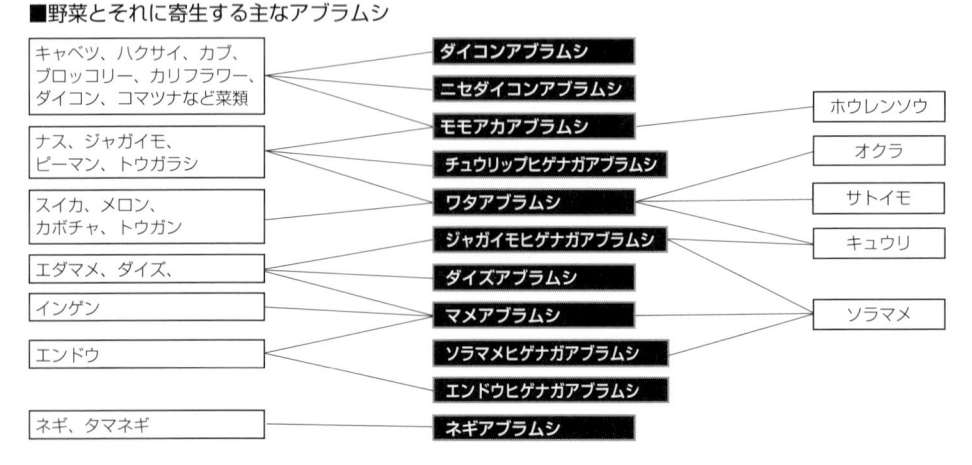

アブラムシの発生生態 ❷ ワタアブラムシの発生生態

■野菜とそれに寄生する主なアブラムシ

野菜	アブラムシ
キャベツ、ハクサイ、カブ、ブロッコリー、カリフラワー、ダイコン、コマツナなど菜類	ダイコンアブラムシ / ニセダイコンアブラムシ / モモアカアブラムシ
ナス、ジャガイモ、ピーマン、トウガラシ	モモアカアブラムシ / チュウリップヒゲナガアブラムシ
スイカ、メロン、カボチャ、トウガン	ワタアブラムシ
エダマメ、ダイズ	ジャガイモヒゲナガアブラムシ / ダイズアブラムシ / マメアブラムシ
インゲン	マメアブラムシ
エンドウ	ソラマメヒゲナガアブラムシ / エンドウヒゲナガアブラムシ
ネギ、タマネギ	ネギアブラムシ

寄生先:ホウレンソウ / オクラ / サトイモ / キュウリ / ソラマメ

とが多い。暖地では成虫が幼虫を産むサイクルを繰り返しながら冬を越す。

●発生を防ぐポイント

キュウリ、メロン、ダイコン、トマトなどでは播種時または定植時に畝の表面を銀白色のポリフィルムで被覆すると、アブラムシの飛来が抑えられ、モザイク病の予防効果も期待できる。また、寒冷紗などの防虫ネットの被覆も効果が高い。

テントウムシやヒラタアブは有力な天敵なので、これらの虫がいたら薬剤散布を控える。アブラムシにのみ効果のある浸透性殺虫剤の使用は、天敵に影響がなく防除効果も高い。

天敵が排気ガスを嫌う道路際、通風の悪い建物の陰などでの栽培を避ける。

害虫別防除対策 17

ネギアザミウマ

アザミウマの仲間
被害ランク：A
発生しやすい野菜：ネギ、タマネギ、ラッキョウ、ニラ、ニンニク、チンゲンサイ
発生部位：葉
症状：葉に無数のカスリ状の白い斑点、葉全体が白っぽくなる、葉が衰弱して枯死、葉の折れ曲がった内側に黄白色の小さな虫が群生、タマネギでは中心部の葉のすき間に黄白色の虫が群生、チンゲンサイでは葉裏が光沢を帯びる
発生条件：タマネギ畑の近くでは発生が多くなる、高温期に多発しやすい

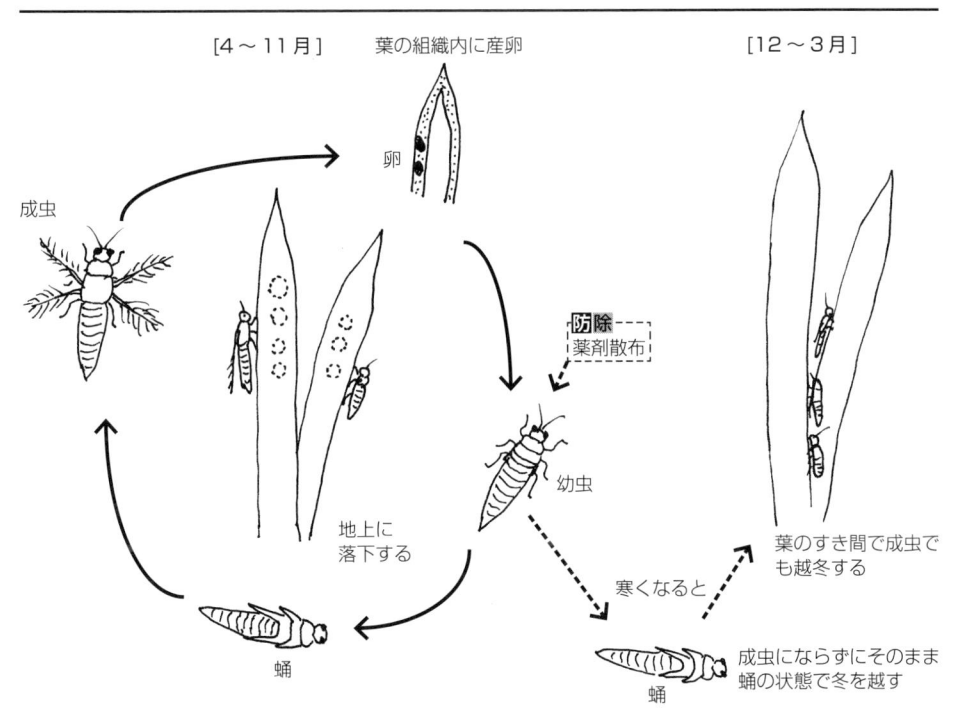

[4～11月] 葉の組織内に産卵　卵　　[12～3月]

成虫

防除
薬剤散布

幼虫

地上に落下する

蛹

寒くなると

葉のすき間で成虫でも越冬する

成虫にならずにそのまま蛹の状態で冬を越す

蛹

ネギアザミウマの発生生態

●症状と診断のポイント

　アザミウマ類はスリップスとも呼ばれ、成虫も幼虫も葉から養分を吸汁する。

　成虫でも長さ1.4mm前後にすぎず、肉眼で見つけることはむずかしいので虫眼鏡を使う。成虫は暗褐色または黄褐色の細長い虫で羽があるが、幼虫は黄白色で羽がない。

　葉の表面に寄生して吸汁するので、その部分が白くなって残る。夏に多発、ネギの葉全体の色が淡くなったらこの虫が原因である。

　チンゲンサイでは葉の裏面、吸汁された部分が白っぽくなって光沢を帯びる。生育への実害は少ないが、その変色と光沢のため商品性が低下する。

●発生生態

　寒さへの抵抗力が強く、成虫が活動を停止してネギ、ワケギ、ニンニクなどネギ類の葉のすき間や雑草の株元で越冬する。暖地では幼虫も越冬できるようだ。西日本では3月ころから活動を開始、産卵、ふ化して幼虫も現われてくる。

　条件がよいと、20日あまりで成虫となるので、年に5～6回は発生を繰り返す。

　成虫は雌のみ。雄は現われず、1匹で繁殖できる。成虫は葉の組織内に産卵する。6～8月に多発するが、秋になって気温が下がると密度は急激に低下する。

●発生を防ぐポイント

　ネギ類の栽培地の近くでネギ類を栽培しないこと。

　虫が小さいので発生確認が遅れがちだが、葉の白いカスリ症状に注目し、発生初期から防除を行なう。

害虫別防除対策　18

ミナミキイロアザミウマ

アザミウマの仲間
被害ランク：A
発生しやすい野菜：ナス、キュウリ、メロン、スイカ、ピーマン
発生部位：葉、茎、新芽、果実
症状：葉表にカスリ状の白い斑点、葉裏が銀灰色に光る、葉が褐変し枯死、新芽の伸張が止まる、果実に褐色のすじ状の傷
発生条件：ビニールハウス内で多発しやすい、低温には弱く露地では越冬できない、高温期に多発する

●症状と診断のポイント

　成虫も幼虫も葉から養分を吸汁するが成虫でも長さ1.3mm前後にすぎず、肉眼で見つけることはむずかしい。成虫も幼虫も全体が黄色だが、成虫の羽には黒く長い毛があるので背中に黒い縦縞があるように見える。葉裏に寄生し、吸汁された部分は銀灰色になって光る。

　メロン、スイカ、キュウリでは多発すると葉が褐変してしおれて枯れる。被害を受けた新葉は変形し、新芽も萎縮して伸張が止まる。ナスやピーマンでは果実に褐色のすじ状の傷が現われ、商品価値がなくなる。メロンでは表面がざらざらになってネットがきれいに出なくなる。

●発生生態

　寒さに弱く霜が降りる地帯では露地での越冬はできない。冬は加温したビニールハウス内で発生を続け、これが翌年の発生源となる。それゆえ施設栽培では周年、露地では春から秋まで発生する。

　成虫は葉脈、花柄の組織内に1粒ずつ

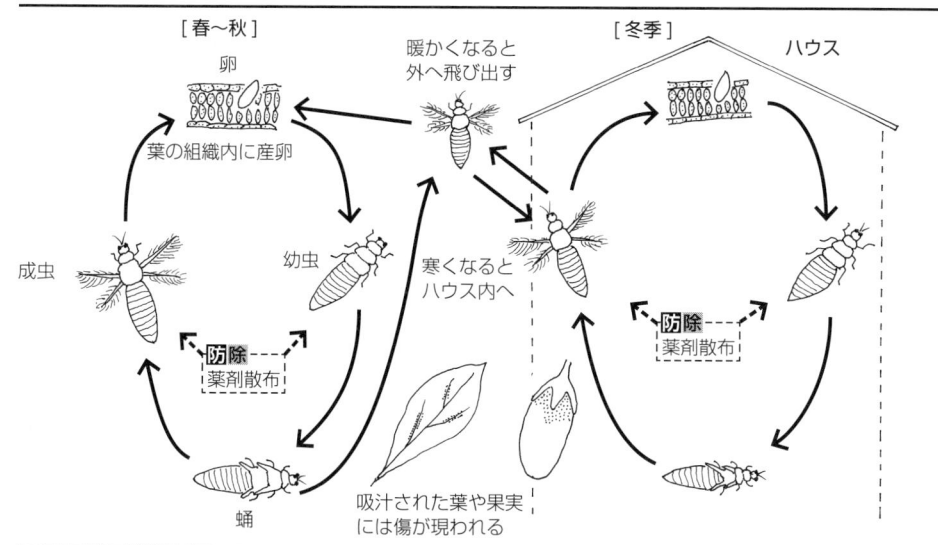

[春〜秋] 卵 暖かくなると外へ飛び出す [冬季] ハウス
葉の組織内に産卵
成虫 幼虫 寒くなるとハウス内へ
防除 薬剤散布
防除 薬剤散布
蛹 吸汁された葉や果実には傷が現われる

ミナミキイロアザミウマの発生生態

産卵し、ふ化した幼虫は主に葉裏に寄生し吸汁する。2回の脱皮を経て地上に落下して、落ち葉や土の中で蛹になる。

生育速度は速く、15日前後で成虫となって短期間で多発する。年に10回以上は発生を繰り返していると思われる。

●発生を防ぐポイント

ビニールハウスの近くではこの虫が好む野菜の栽培を避ける。栽培するときは銀色のポリフィルムで畝面を被覆すると飛来防止に役立つ。多発すると防除は困難、発生初期の防除を徹底する。

●よく似た害虫

ミカンキイロアザミウマもいろいろな野菜類に寄生する。ミナミキイロアザミウマに非常によく似ているが、背中の黒い縦縞が明瞭ではない。また、家庭菜園ではダイズウスイロアザミウマの発生が多いようである。虫眼鏡で観察すれば、胴体が黒いことで区別できる。ただし、幼虫での区別は不可能である。

害虫別防除対策 19

アワダチソウグンバイ

カメムシの仲間
被害ランク：B
発生しやすい野菜：ゴボウ、サツマイモ
発生部位：葉
症状：葉に輪郭がぼんやりとした黄褐色の斑紋、葉裏に斑点のような黒いヤニ状物が付着、葉が褐変して枯死
発生条件：近くに発生に好適なヒマワリなどの栽培がある、近くにセイタカアワダチソウが繁茂していると発生が増える、近年増加

●症状と診断のポイント

成虫も幼虫も葉から養分を吸汁する。吸汁された部分は黄色に変色し、葉表には輪郭が不鮮明な黄色の斑点や斑紋が現われる。病気と混同しやすいが、変色部の裏面に扁平で暗褐色の虫が見つかる。

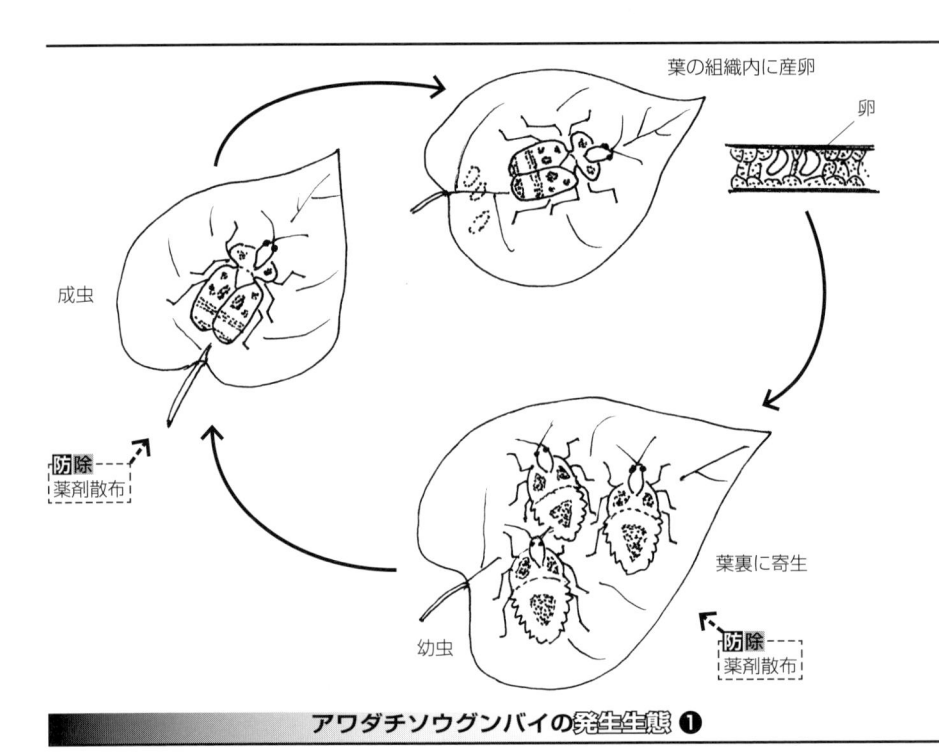

アワダチソウグンバイの発生生態 ❶

アワダチソウグンバイの発生生態 ❷

また、裏面の変色部には、黒い小さな斑点状の汚れ（虫の排泄物）が点々と付着しているのが特徴である。

虫の発生が多くて被害が進むと、変色部は広がり、葉全体の色も悪くなり、最後には葉全体が褐変して枯死する。

現在、野菜ではサツマイモとゴボウのみで被害が認められるが、今後キク科野菜のシュンギクでも発生するおそれがある。

● 発生生態

2000年代に入って外国から侵入した新しい害虫。名前の通りセイタカアワダチソウに寄生し、キク、アスター、ヒマワリ、ミヤコワスレ、ジニアなどキク科草花でも大きな被害を与えている。

成虫が落ち葉の下で越冬し、目が覚めるとキク、ミヤコワスレ、クジャクアスター、セイタカアワダチソウなどのキク科の草花に寄生する。

サツマイモやゴボウが植えつけられると飛来して、春から秋まで連続的に発生を続け、葉の組織内に10個前後の卵をかためて産む。ふ化した幼虫はそのまま集団で葉裏に寄生し、2週間程度で成虫になって産卵をするので、短期間で増える。この虫は蛹にならず、十分に成長した幼虫が脱皮して成虫になる。

● 発生を防ぐポイント

ヒマワリやキクなどこの虫が好む草花の近くでは栽培を避ける。また、周辺のセイタカアワダチソウは除去する。

初期防除が基本で、被害症状に注目し発生を確認したら早期に薬剤を散布する。虫の捕殺も有効だが、虫体が小さいのですべての虫を見つけるのは困難である。

害虫別防除対策 20

コナジラミ類

カメムシの仲間
被害ランク：C（ハウス栽培ではA）
発生しやすい野菜：ナス、キュウリ、メロン、インゲン、イチゴ、カボチャ、キャベツ
発生部位：葉、果実
症状：すす病が発生する、葉が白くなる
発生条件：ハウス栽培で多発しやすい、露地栽培では少ない

● 症状と診断のポイント

コナジラミ類には、オンシツコナジラミとタバココナジラミ（一時、シルバーリーフコナジラミと呼ばれる）の2種類がいる。両種の区別は非常にむずかしいが、オンシツコナジラミの蛹には多くの白いひも状物があることで区別できる。

成虫は長さ1mm前後、真っ白な羽をもった淡黄色の虫で、葉が揺れ動くとハエのようにパッと飛び散る。葉裏に寄生し、養分を吸って植物を衰弱させるが、枯死させることはない。

アブラムシと同様、お尻から多量の排泄物を出し、葉上に付着するとすす病が発生して葉は黒く汚れる。

幼虫は長さ1mm以下、楕円形で扁平、透明〜淡黄色で、葉の裏にぴったり付着して葉から養分を吸う。小さいので見つけにくいが、成虫が飛び散る葉には数百匹の幼虫が寄生していると思ってよい。

タバココナジラミの吸汁被害を受けると、熟したトマトの一部が赤くならなかったり、カボチャの葉が白くなったり、セルリーやキャベツの茎（葉柄）が白くなったりする。

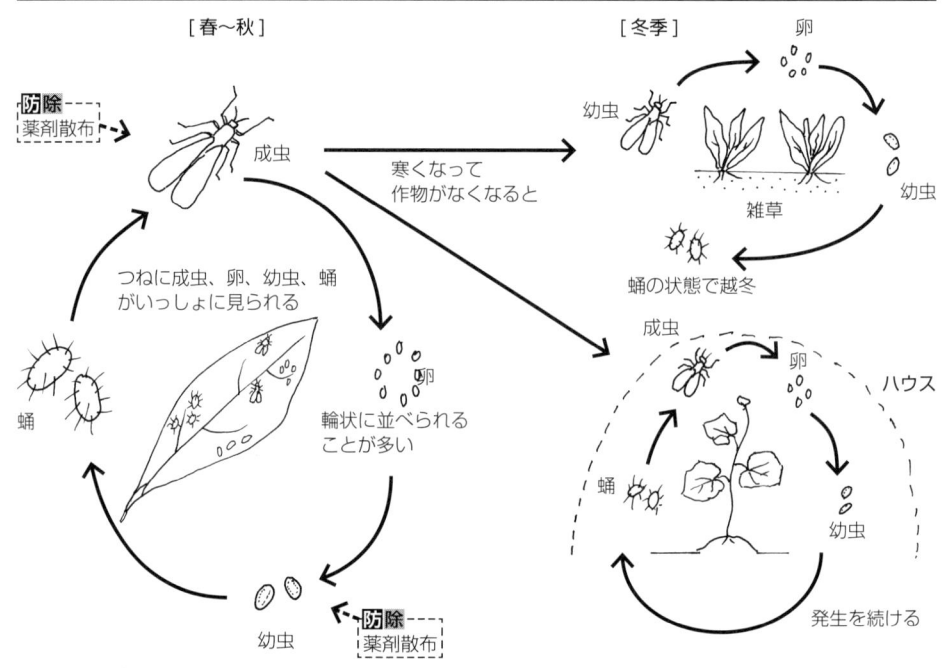

コナジラミ(オンシツコナジラミ)の発生生態

また、タバココナジラミはトマトの新しいウイルス病(TYLCV)を媒介するので被害が大きい。

●発生生態

どちらの種も主に温室やビニールハウス内で発生する害虫で、家庭菜園などの露地栽培では多発することは少ない。

4〜10月に成幼虫が見られ、とくに夏に多発する。冬に加温するビニールハウスでは一年中、成虫や幼虫が見られる。

オンシツコナジラミは寒さに比較的強く、露地でも幼虫や蛹の状態で冬を越すことができる。

タバココナジラミは寒さには弱くハウスの外では越冬できない。

成虫は葉裏に、肉眼ではほとんど見えないほどの小さな卵を数十個かためて産卵する。

ふ化した幼虫は一時歩き回るが、吸汁し始めると脚が退化し、移動しなくなる。幼虫も蛹も同じように扁平でよく似ている。20日前後で成虫となり、年に10回以上発生を繰り返すようである。

●発生を防ぐポイント

露地栽培では実害は少ないので無視してよい。しかし近年新しいウイルス病(TYLCV)が増えているので、農家栽培では苗床での隔離栽培が必要である。

家庭菜園ではビニールハウス近くでの栽培は避ける。ビニール栽培では発生初期から薬剤防除を行ない、ハウス内の雑草も除去して発生源をなくす。

害虫別防除対策 21

ホソヘリカメムシ

カメムシの仲間
被害ランク：A
発生しやすい野菜：エダマメ、ダイズ
発生部位：葉、豆莢
症状：豆莢ができない、豆莢の実が太らない、豆粒が奇形になる（ダイズ）
発生条件：とくになし

●症状と診断のポイント

長さ10～15㎜、やせ型、褐色でアリの姿に似た虫が葉や豆莢から養分を吸汁する。成虫と幼虫はよく似た形をしており、とくに幼虫はアリそっくりである。

吸汁されても葉の変形、生育阻害などは見られないが、豆莢の肥大に大きな影響を与える。葉が青々とよく茂っているのに、豆莢が見つからなければ、この虫の被害の可能性が大きい。小さな豆莢は吸汁被害を受けるとすべて落下する。

少し大きくなった豆莢では、中の豆が萎縮して莢はついても扁平で中身がない。ダイズのように豆を収穫するときには、吸汁された豆粒は変形している。

●発生生態

成虫は、日当たりのよい草むらや枯れ草のすき間で越冬する。5月ころから目覚めてマメ科の雑草や野菜で吸汁し、チョコレート色の円筒型の卵を1～数粒葉裏に産卵する。

この越冬成虫は7月ころまで生き残る。成虫は動きが活発で羽があり、近づ

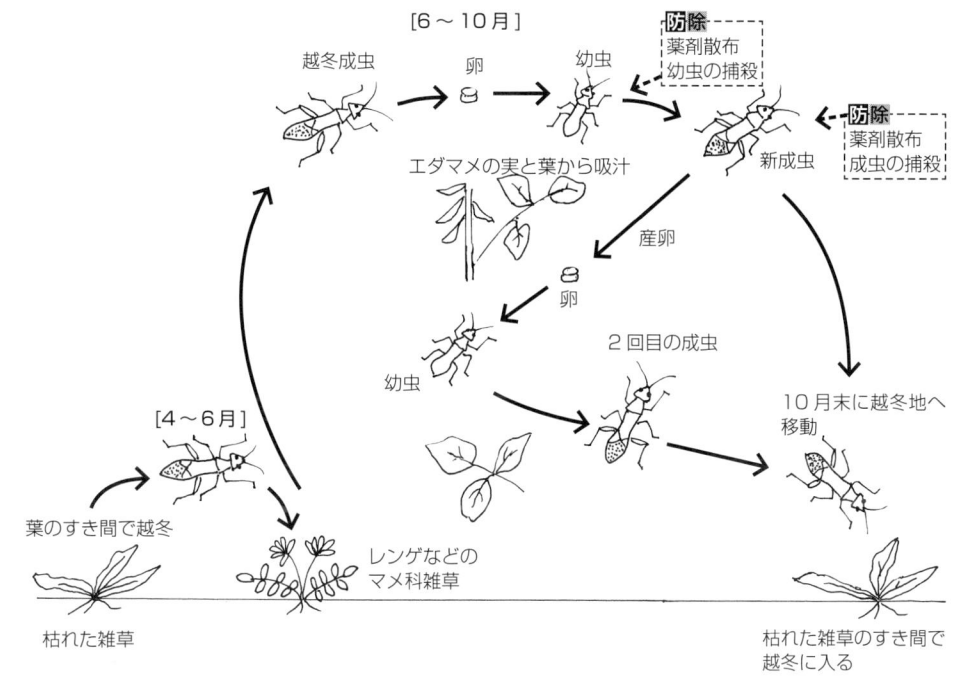

ホソヘリカメムシの発生生態

くとさっと飛び去る。

　ふ化した幼虫は、単独で葉や豆莢の汁を吸って成長し、最後の脱皮をすると蛹にはならず直接成虫となる。

　8月ころの発生がもっとも多く、多くの成虫や幼虫が葉上に見られる。10月中旬ころにも幼虫が見られるので、年に1～2回発生していると思われる。

●発生を防ぐポイント

　発生源となるクズは早期に刈り取って処分する。エダマメに飛来する成虫は見つけしだい捕殺する。数は少なくても被害が大きいので、開花ころからときどき畑を見回って成幼虫を捕殺する。

●よく似た害虫

　アオクサカメムシの成虫は、長さ15mm前後、緑色の方形で、エダマメ、ダイズ、インゲンに寄生して吸汁し、豆莢の落下を引き起こす。

　幼虫は方形で、体色は黒または緑色で、背中には白い斑紋があるきれいな虫である。

　イチモンジカメムシの成虫は、長さ8mm前後、淡緑色で背面に1本の黄色の横帯がある。エダマメ、ダイズ、インゲンにつき、豆莢の落下を起こす。

　幼虫は方形で、淡黄色、背面に黒い斑紋がある。

害虫別防除対策 22

マルカメムシ

カメムシの仲間
被害ランク：C
発生しやすい野菜：エダマメ、ダイズ
発生部位：葉、茎、豆莢
症状：虫に手を触れると嫌な悪臭がつく
発生条件：クズが近くにあると発生が多くなる

●症状と診断のポイント

　成虫も幼虫も葉、茎から養分を吸汁するが、大きな実害は見られない。茎に集まる習性があり、一カ所に10匹以上集まっていることもしばしば見られる。

　成虫は長さ5mm前後、黄褐色で方形。幼虫は楕円形で黄褐色、体の前半分の両側に大きな黒い斑紋がある。また、体全体に黄褐色の長い毛が生えている。

●発生生態

　成虫が樹皮下や草むらなどで越冬し、クズが生長を始めると現われて、その葉や茎に寄生する。密度は低い。

　ダイズやエダマメが栽培されるとそこに飛来する。4月から越冬した成虫が見られ、幼虫が現われるのは8月以降である。もっとも多くなる時期は8～9月で、1本の茎に多くの成幼虫が群がっている。

　11月ころ、越冬に入る前の成虫がしばしば庭先に干してある洗濯物に飛来し、その悪臭から主婦に嫌われている。

●発生を防ぐポイント

　発生源となるクズは早期に処分する。

　エダマメに飛来する成虫は見つけしだい捕殺する。被害は少なく、この虫のた

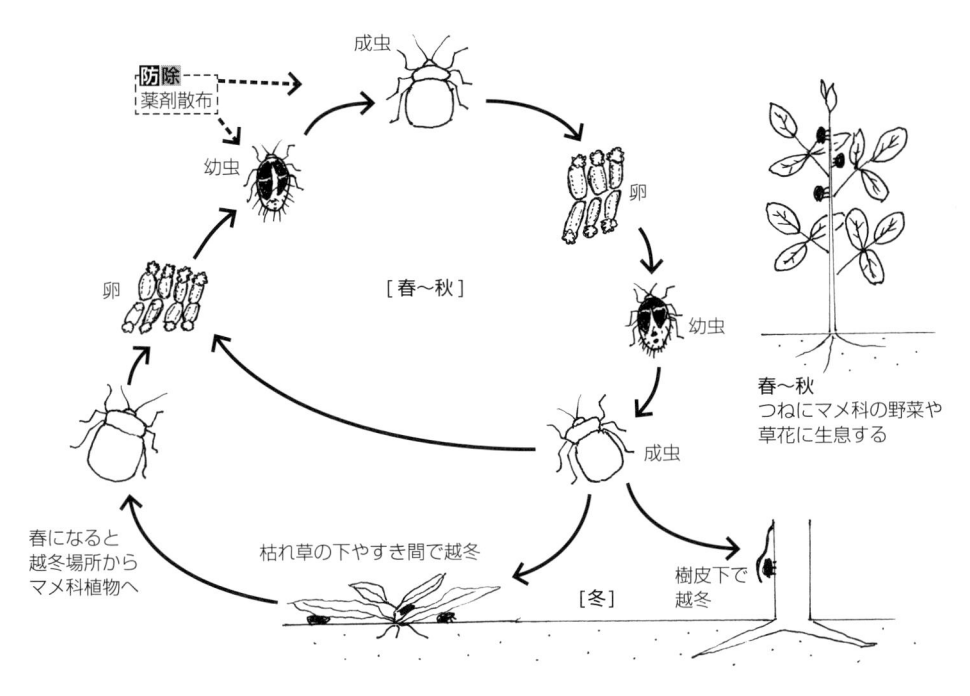

カメムシ類（マルカメムシ）の発生生態

めに薬剤散布をする必要はないが、この虫の多発時期は被害の大きいホソヘリカメムシやアオクサカメムシの活動期でもあるので、同時防除をするとよい。

●よく似た害虫

ピーマン、トウガラシ、トマトなどに寄生するホオズキカメムシ（体色は暗褐色）は成幼虫が茎に群生して吸汁する。吸汁によって先端部がしおれることがまれにあるが、実害は低い。

体色が暗色であること、体形が長方形であること、またマメ類には寄生しないことで簡単に見分けられる。

体色はまったく異なるが、ダイコンやシロナに寄生するナガメ（黄色地に黒い斑紋がある美麗種）もこの虫の仲間で、葉から吸汁する。株全体が枯れるような大きな被害はないが、葉に白斑が残るので、シロナなど菜類では市場へ出荷するには問題がある。

害虫別防除対策 23

ハダニ類
（ナミハダニ、カンザワハダニ）

ハダニの仲間
被害ランク：A
発生しやすい野菜：ナス、トマト、キュウリ、メロン、スイカ、サトイモ、インゲン
発生部位：葉、果実
症状：葉に点状〜カスリ状の白い斑点、葉色が悪くなる、葉裏が淡褐色になる、クモの巣
発生条件：ハウスやベランダ、建物近くでの栽培、晴天続きで乾燥すると多発

●症状と診断のポイント

成虫も幼虫も葉から養分を吸汁する。成虫でも長さ0.5mmなので、注意深く観察しないと虫を見つけられない。体色は紅色、橙色、淡褐色など変異があり、背中に一対の暗色の斑紋がある虫もいる。

被害初期は葉の吸汁された部分が針で突いたような点状に色抜けする。被害が進むと、点と点がくっついて斑紋状に黄変してくる。さらに被害が進むと葉全体が黄変して落下する。

色が悪い葉や斑点状の色抜けを発見したら、虫眼鏡で葉裏を調べて赤〜橙色の虫を探す。赤い虫がいればハダニ類、いなければアザミウマ類で、それぞれ防除方法が異なる。

インゲンの豆莢では吸汁された部分が汚くなって色あせてくる。

●発生生態

4〜11月の間、つねに成幼虫が見られるが、ハダニ類を攻撃する天敵のカブリダニ（ダニの一種）が増える夏には減少

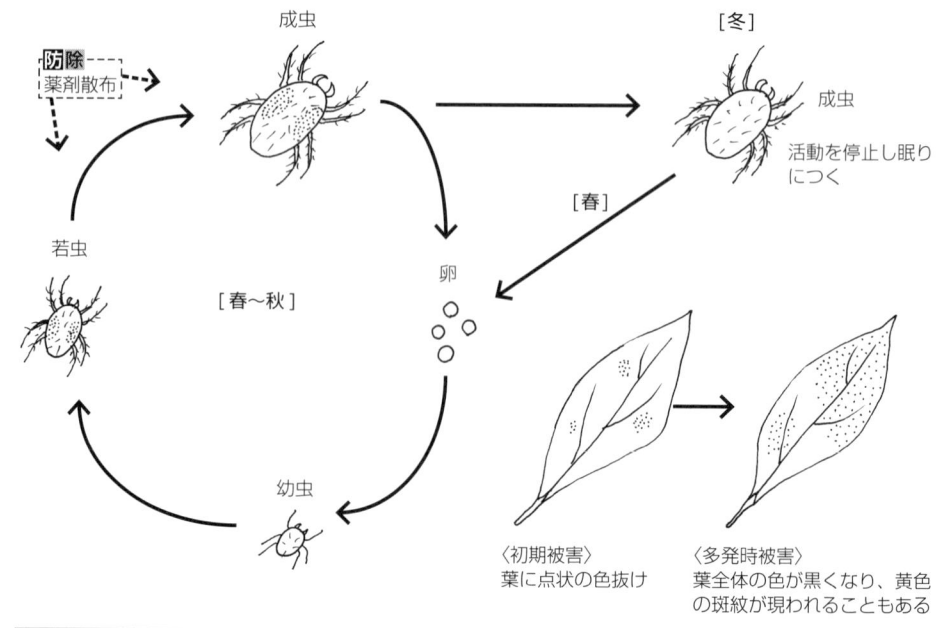

〈初期被害〉
葉に点状の色抜け

〈多発時被害〉
葉全体の色が黒くなり、黄色の斑紋が現われることもある

ハダニ類の発生生態

する。

12～3月の寒い間は成虫の状態で活動を停止し、じっとそのまま冬を越す。

成虫は葉裏に点々と球状の卵を産卵する。2～3日後にふ化した幼虫は6～7日後には成虫となって産卵を始め、条件がよいと一気に発生量が増える。

通常、葉色が悪くなった1枚の葉には成幼虫が数百匹寄生しているとみてよい。

●発生を防ぐポイント

雑草も発生源となるので除去する。虫が小さく発生量も多いので、捕殺は不可能で、発生初期の薬剤防除に頼らねばならない。ただし、ハダニが増えると天敵も増えるので、天敵に影響のない、あるいは少ない薬剤を選ぶ。

ヨトウムシなどを防ぐ殺虫剤は天敵に対する悪影響も高いと考えたほうがよい。

●よく似た害虫

ハクサイダニは冬に発生する大型、黒いダニ（脚が橙色）で、突発的、局地的に発生することが多い。ダイコン、ホウレンソウ、ハクサイ、レタス、シュンギク、ネギ、イチゴなどに発生し、吸汁された葉は白くなり、新芽も枯れて、株全体が枯死することが多い。夏は土の中で、卵の状態ですごし気温の下がる秋を待っている。

果樹や庭木にもいろいろなハダニ類が寄生するが、野菜類につくハダニ類とは種類が異なっていることが多く、相互の往来はほとんどないと考えてよい。

害虫別防除対策 24

チャノホコリダニ

ハダニの仲間
被害ランク：A
発生しやすい野菜：ナス、ピーマン、トウガラシ、イチゴ、メロン、キュウリ
発生部位：新芽、葉、茎、果実
症状：新芽が硬くなって新葉が開かない、新葉が奇形となって硬くなる、茎の表面に褐色の傷、果実のヘタが褐変、果実果面が褐変、葉裏が褐変して光沢を帯びる
発生条件：ハウス栽培、ベランダ栽培、建物の近くで多発しやすい。高温で乾燥状態が続くと多発しやすい

●症状と診断のポイント

成虫も幼虫も葉や果実から養分を吸汁する。成虫でも長さ0.2mm、かつ乳白色なので肉眼では見つけることは不可能である。それゆえ、葉や果実の被害症状により発生の有無を確認する。

なんとなく新芽の伸びが悪くなってきたら初発時期である。新葉の展開が少し悪い、新葉が小さい、新葉の裏面が光沢を帯びているなどが初期症状である。

少し被害が進むと、新葉が裂けて奇形葉になり、新芽が硬くなり、新しい葉の展開が止まるなどの症状が出る。

もっと被害が進むと、新芽の伸張が完全に止まり、新葉は奇形になり、ナスでは果実のヘタの部分が褐変する。

●発生生態

5～11月の間つねに発生し、とくに夏に多発する。ナスでもっとも発生が多く、ほとんどの家庭菜園で発生する。発生株は、小さな葉でも数百匹の虫が寄生

している。

成虫は葉裏に卵を産み、ふ化した幼虫は1週間前後で成虫となって産卵を始める。繁殖力は桁違いに高い。

冬は、枯れたナスやピーマンの枝上、サザンカやチャの葉や枝上で越冬するが、周辺のいろいろな雑草上でも越冬する。冬季加温するハウス内では1～2月でも発生することがある。

野菜以外にトレニア、ホウセンカ、ホクシャ、アサガオ、ホオズキ、メランポディウムなどの草花にも寄生する。

●発生を防ぐポイント

越冬源となる雑草は除去する。この虫が発生した畑では、栽培終了後にすべての株を早期に焼却処分する。

新芽と新葉の症状に注目し、初期発生時の防除を徹底する。早期に防除すればその後の発生はない。多発してからの防除では、株の勢力回復に時間がかかる。

●よく似た害虫

トマトサビダニも非常に小さなダニで肉眼では見つけることはできない。主にトマトの葉や果実に寄生して吸汁するので、葉では縁から黄変が始まり、やがて枯死する。そのような葉の裏面はぴかぴか光っている。また、茎では表面が褐色になるので、葉色と茎色が初発見の手がかりとなる。

多発すると果実の表面が褐変して硬くなり、肥大が止まる。

無農薬栽培の家庭菜園で多発しやすく、葉の黄化→黄化葉の早期の枯死→新芽の伸長がにぶる→多くの葉が枯死、と被害が進む。

チャノホコリダニの発生生態

害虫別防除対策 25
マメハモグリバエ類

ハエ・アブの仲間
被害ランク：A
発生しやすい野菜：トマト、キュウリ、メロン、ピーマン、ナス、インゲン、セルリー
発生部位：葉
症状：葉に曲がりくねった白いすじ
発生条件：ハウス地帯で多発しやすい

●症状と診断のポイント

　成虫は長さ2mm前後、黄色で背中の部分のみが黒いハエ。お尻で葉に小さな孔をあけてにじみだす液をなめるので、葉に点々と白い斑点ができる。

　幼虫は黄白色のウジムシで、葉の組織内に潜入して内部を食べるので、葉に曲がりくねった白いすじができる。

　少発生の場合は1枚の葉に数本程度のすじが現われるが、多発すると数十本のすじが入り乱れて現われ、葉全体が白っぽくなる。被害の激しい葉はしだいに衰弱して枯れる。

　ナスハモグリバエ、トマトハモグリバエ、マメハモグリバエの3種類のハモグリバエがいろいろな野菜に発生するが、その姿や色はよく似ていて種の判別は非常にむずかしい。しかし、これらの種はいずれも近年外国から入ってきた侵入害虫である。

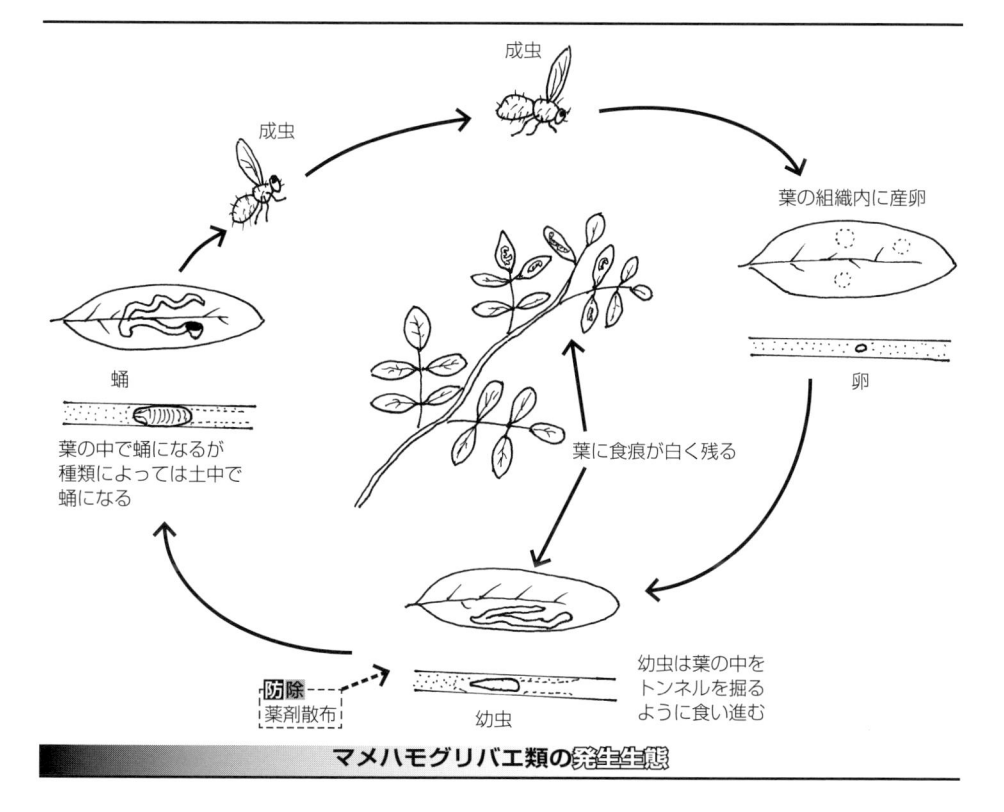

マメハモグリバエ類の発生生態

成虫

成虫

葉の組織内に産卵

卵

幼虫は葉の中をトンネルを掘るように食い進む

幼虫

葉に食痕が白く残る

防除
薬剤散布

蛹
葉の中で蛹になるが種類によっては土中で蛹になる

●発生生態

4～11月の間つねに被害が見られ、葉上には黄色のハエが見つかる。どの種も寒さには弱く、野外では越冬できず、冬はビニールハウス内でのみ発生する。

成虫のハエは葉を傷つけながらあふれ出る汁を吸い、ときおりその傷あと内に産卵する。

ふ化した幼虫はウジムシで、葉の中でトンネルを掘るように食い進み、十分に大きくなると、葉内、葉表面、地上に落下するなどして蛹になる。幼虫の成長は早く、半月もあれば成虫になる。年に10回前後は発生を繰り返しているようである。

●発生を防ぐポイント

家庭菜園では、ビニールハウスの近くでの栽培は避ける。

少発生の場合には実害はないので無視してもよい。多発すると株の生育にも影響が現われるので、毎年多発する地区では少発生時の防除を徹底する。

●よく似た害虫

ナモグリバエは日本古来のハモグリバエで、エンドウで多発する。春、花が咲いて豆莢ができるころに、葉が真っ白になるほど多発する。その他いろいろな野菜の葉に潜るが、多発することはない。

ネギハモグリバエも昔から日本にいる害虫で、ネギやタマネギの葉にのみ潜る。成虫が傷つけた葉には丸く白い斑点が点々と現われ、幼虫が葉に食入した部分には引っかき傷のような白いすじが現われる。そのため葉ネギでは商品価値が低下するので実被害が大きい。

害虫別防除対策 26

カブラハバチ

ハチの仲間
被害ランク：B
発生しやすい野菜：ダイコン、カブ、コマツナ、ナバナ、ハクサイ
発生部位：葉
症状：葉に小さな孔があく
発生条件：とくになし

●症状と診断のポイント

ハチであるにもかかわらず、針をもっていない。幼虫の体形がチョウ・蛾の仲間のような形をしており、かつ葉を食べるので、ハバチ（葉蜂）といわれている。

成虫は長さ7mm前後のハチで、体は橙色で、背中にたたんでいる羽が黒い。産卵のためダイコンなどの葉上でよく見つかるが、葉を食べるなどの害はない。

幼虫の形はアオムシによく似ているが、体の色が黒いのですぐにわかる。単独で葉を食害しており、手を触れると丸まって落下する習性がある。

葉の被害は小さな孔があく程度で、作物が少し大きくなれば実害は少ない。

●発生生態

十分に育った幼虫が土の中で越冬し、4月ころになるとそのまま蛹となり、やがて成虫のハチとなって飛び出す。成虫はアシナガバチのような巣をつくることもなく、単独で飛び回っている。

お尻には刺すための毒針はもっておらす、その代わりにノコギリ状の産卵管をもっていて、これで野菜の葉を浅く切り裂いて、葉の組織内に1粒ずつ産卵する。

ふ化した幼虫はアオムシそっくりな形

だが、体色が黒色であることで区別は簡単である。葉裏から食害して葉にぽつぽつと小さな孔をあける。大きく成長しても長さ15mm程度で食害量は多くない。

十分に育った幼虫は土に潜り土殻(土をかためてまゆのようにしたもの)をつくって、その中で蛹になる。4～11月の間に4～5回発生を繰り返し、寒くなれば幼虫の状態で冬を越す。

●発生を防ぐポイント

多発時期(春と秋)に葉の被害に注意し、小さな孔を見つけたら、その葉の裏表を調べて幼虫を捕殺する。通常アオムシやヨトウムシの防除を行なっていればほとんど発生しない。草花のスイートアリッサムは好物で、多発しやすいので、ダイコン畑の近くにこの花があると発生しやすい。

●よく似た害虫

ダイコンなどアブラナ科野菜では、成虫のハチの背面が黒いセグロハバチ、背中が完全に橙色のニホンカブラハバチも発生する。幼虫はいずれも黒くて区別はむずかしい。

ハバチ類のなかには体色は緑色でバラやツツジなどを食い荒らすものもいる。

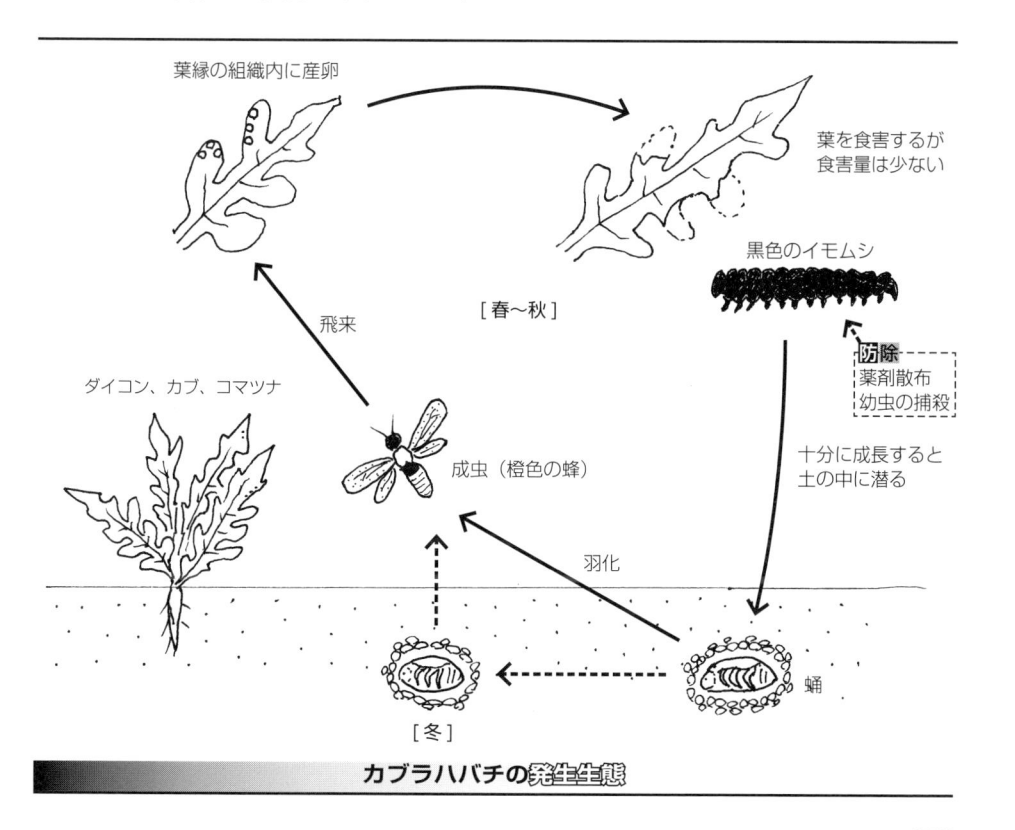

カブラハバチの発生生態

害虫別防除対策 27

ナメクジ類

ナメクジの仲間
被害ランク：B
発生しやすい野菜：キャベツ、ハクサイ、レタス、イチゴ、ナス
発生部位：葉、果実
症状：葉にぴかぴか光る粘液物が付着する、葉に孔があく、果実に孔があく
発生条件：やや湿り気のある畑で多発、雨が少なく乾燥状態が続くと被害は減る

● 症状と診断のポイント

キャベツ、ハクサイ、レタスでは結球部の中に潜んで葉を食べているが、外からではまったく被害の有無がわからない。結球部の葉を剥いでゆくとナメクジそのものと糸クズ状の黒い糞が見つかる。それゆえ主婦が家庭で料理する段階で発見されることが多い。

イチゴでは地面に接した部分がえぐられたようになる。大きくて立派な果実がやられて悔しい思いをさせられる。ナスでは茎にぶら下がっている果実に丸い孔をあけられる。葉の食害もあるが、ところどころ孔があく程度で実害は低い。

マリーゴールド、サルビアなども好物で葉が食い荒らされる。犯人であるナメクジは、日中は物陰に潜んでいて見つからず、植木鉢やプランターの下、プランターの底板の下などでときどき見つかる。

● 発生生態

日本にいる主な種類は4種類で、大型種（成虫での長さ8cm以上）としてナメクジ、ヤマナメクジ、小型種（5cm以下）としてノハラナメクジ、チャコウラナメ

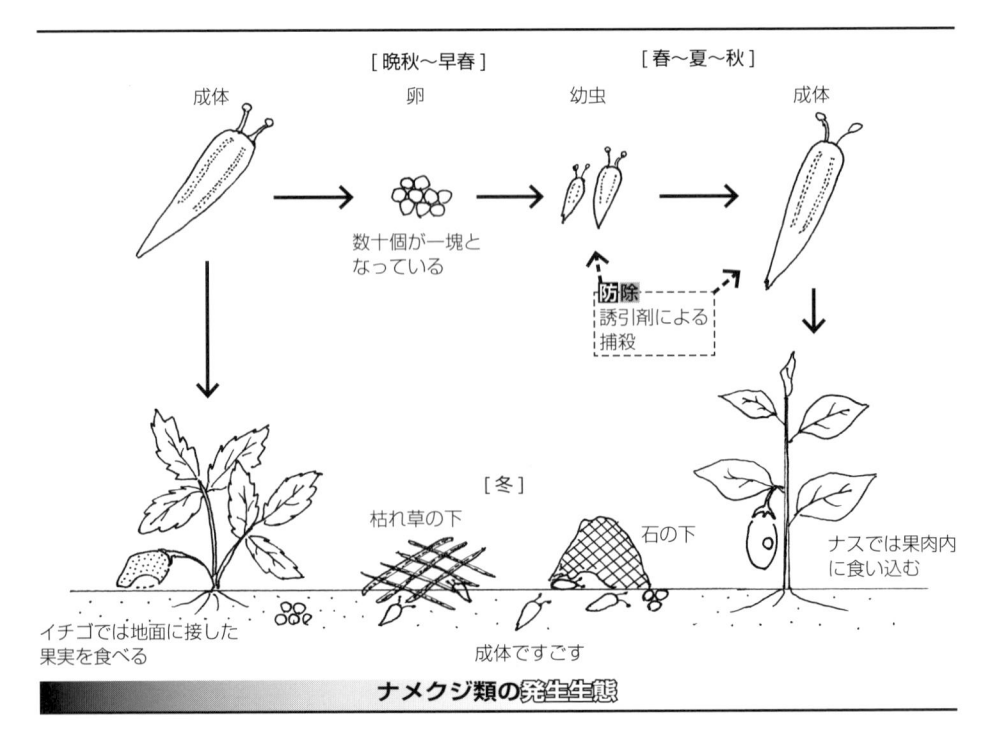

ナメクジ類の発生生態

クジがいる。現在もっとも発生が多く、農家や家庭菜園愛好家を悩ませているのはチャコウラナメクジである。

チャコウラナメクジは一年中姿が見られる。発生は年に1回で、9月ころから親ナメクジとなり、11～4月に地中に白い球状の卵を数粒～20粒をかためて産む。寒さが厳しくなる1～2月の間は産卵を中断するようである。

4月ころにふ化したナメクジは落ち葉や野菜クズなどを食べながら成長し、5～6月には2～3cmの大きさになっている。

●発生を防ぐポイント

畑の水はけをよくし、地面を乾燥状態に保つ。ナメクジの住処となる落ち葉や枯れ草などを畑の近くに積まないようにする。発生の多い畑ではナメクジ駆除剤を全面にばらまくと防除効果が高い。

ビールによる誘殺の効果が高いとよくいわれるが、効果は期待できない。ナメクジが集まっているかのように見えても、これは畑にいるナメクジのほんの一部だという研究成果がある。

また、木酢液や有機駆除剤も防除効果はあまり期待できないようである。

害虫別防除対策 28
ネコブセンチュウ類

センチュウの仲間
被害ランク：B
発生しやすい野菜：キュウリ、メロン、スイカ、カボチャ、ニンジン、ゴボウ、トマト
発生部位：根
症状：日中葉がしおれ、夕方になると回復する、根にコブが連なっている
発生条件：砂地など水はけのよい畑で発生しやすい

●症状と診断のポイント

成虫も幼虫も土の中にいて、非常に小さく肉眼では見つけることはできない。発生や被害に気づくのはほとんどが栽培終了時（ニンジンでは収穫時）である。

キュウリやトマトなど大きな葉をたくさんつける野菜で、朝十分に水をやったにもかかわらず、昼間は葉がしおれて垂れ下がり、夕方になると回復して葉がピンとなるのは、センチュウ類の発生が疑わしい。

株を引き抜いてみると、根に大小さまざまな形をした根コブが連なっている。プランター栽培ではコガネムシ類の多発も考えられるが、その場合は株元の土から長さ3～4cmの白色または淡黄色の丸まった虫が多数見つかる。

キュウリやトマトでは、収穫終了後、株を引き抜いたときに根コブが連なっていることで気づくことが多い。

ニンジンやゴボウでは収穫時に根コブがいっぱいついている。ゴボウでは根が変形し、長く伸びていないことも多い。

●発生生態

成虫でも長さ1mm前後にすぎず、透明

に近い白色をし、つねに地中または根の中に住んでいるので姿を見ることはない。幼虫や雄成虫はウナギのように細長く、くねくねと動く。雌成虫は根の中にいて、洋ナシ型をしている。

土や作物の根の中で成虫または卵の状態で活動を停止して越冬する。春になると小さなウナギ状の幼虫が現われて土の中を移動して野菜の根の中に侵入する。侵入を受けた根はセンチュウが出す物質の刺激によってコブ状に膨れる。

雌成虫は交尾後、根内もしくはお尻を外にだしてゼリー状の袋内に数百個の卵を産む。一年に数回発生を繰り返すようである。

● 発生を防ぐポイント

葉のしおれや、根コブの発生を確認してからでは対策はない。前作でネコブセンチュウの発生した畑では、この虫の攻撃を受けやすい野菜の栽培は避ける。

多発した畑では、野菜の代わりにギニアグラスやクロタラリアを栽培すると密度が大幅に減少する。また、水を入れて水稲やヒエの栽培も効果が高い。

● よく似た害虫

ネグサレセンチュウ類はネコブセンチュウと同じような姿をして土の中に住んでいて根を攻撃するが根コブはつくらない。ニンジンでは根の先端部がやられるために、根の伸張が悪くなって寸づまりとなる。また、ダイコンでは細根がなくなって根部の表面が汚くなる。

マリーゴールドを栽培するとネグサレセンチュウの密度が大幅に下がる。

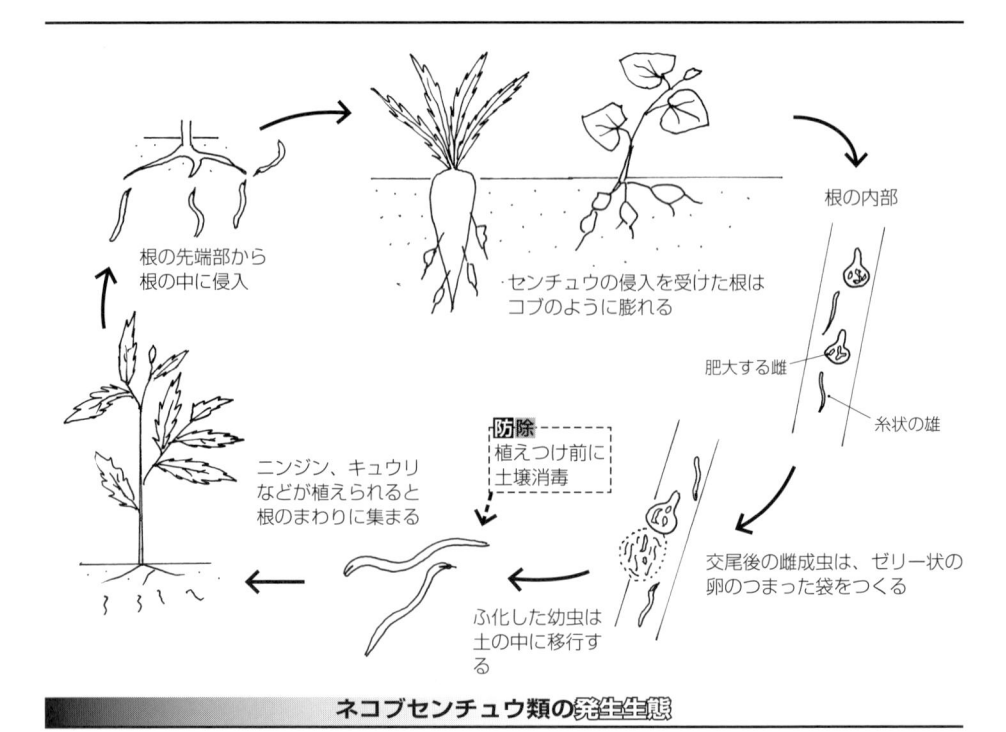

ネコブセンチュウ類の発生生態

Part.4
防除作業の基礎知識

[植物には免疫機能がない]

　ヒトや動物には、血液やリンパ液が流れていて、一度病気になると、体内にその病原菌に対する抗体ができる。そして同じ病原菌が再び侵入しようとするとそれを攻撃し、排除する機能（免疫作用）が働いて同じ病気にならない。

　野菜もヒトと同じように、丈夫で健康に育てれば病気にならないと考える人が多い。しかし野菜には血液も、リンパ液も流れておらず、免疫作用がないので繰り返し病気になってしまう。

　野菜に発生する病気や害虫は、この章で紹介するような方法で防除しなければならないのである。

農薬に頼らない防除法

防除作業の基礎知識 1

　植物が地球上のすべての食料を生産し、動物がそれを食べて死ぬ。これらの遺体は微生物によって分解され土に戻る。この戻った成分を植物が肥料として食料を生産する。このような関係が"生態系"である。したがって動物や植物が病原菌（ウイルス、細菌、糸状菌などの微生物）の感染を受けて病気になる（細胞が侵される—すなわち分解される）ことも地球上の生態系の一部なのである。

　野菜の病気は、その野菜が病気になる性質をもち、病原菌もその野菜を侵す遺伝子をもっていて、両者が遭遇したときの野菜の生育状況や環境条件（気温、土壌条件、空気湿度、天候など）が病気の発生に好都合で、しかも生態系が正常であるときに発病するのである。害虫の加害は生態系における第一次消費者の役割である。

　一般には、有機農法を行なったり、旬に栽培して生態系を健全に保てば、病気や虫害が発生しなくなると信じられているが、そのような事実は科学的に実証されていない。

　野菜の病気や害虫を防ぐには、むしろ生態系が正常な状態でなくなる、すなわち野菜の生育には影響しないが、病原菌や害虫が活動できないような環境にしなくてはならない。そのために栽培農家では耕種的（生態的）防除法や生物的防除法など、農薬に頼らない病気や害虫を防ぐように努力して栽培している。

1 耕種的防除法（生態的防除法）

1- 健全育苗

　野菜の上手な栽培は、まず病原菌を保菌していない種子を用い、次に苗を丈夫に育てて植えつけることである。昔から「苗半作」というように、苗のよし悪しがその後の栽培を左右するので、無病の種子（または適切な種子消毒をする）を用いて、病原菌が生息していない土壌（前作で発病していれば土壌消毒をする）で育てて適切な肥培管理をする。

2- 土壌管理

　有機物はなるべく完熟したものを用いる。未分解の雑草や野菜クズなどには病原菌が生息している可能性が高いので、畑にすき込まないようにする。

　最近は家庭の「生ゴミ」の堆肥化が推奨されている。確かに、病原菌は高い発酵熱で死滅するが、堆肥化するときには必ず高い熱に達しない部分があって、その部分に潜む病原菌は死滅しない。このような堆肥から病気が発生した例があるので生ゴミ堆肥の使用には注意する。

　また、未熟な有機物は害虫も招く。野菜クズ、イナワラ、雑草、木の葉、油かす、鶏糞などの有機物の投入はタネバエを誘引して産卵されるので、これらの施用直後には、播種や苗の植えつけを避ける。また、コガネムシは土壌中に有機物

が多いほど多く産卵するので、サツマイモ、イチゴなど被害を受けやすい野菜を栽培するときには有機物の投入量を減らす。

畑はなるべく深く（20〜30cm）耕して、完熟堆肥などの有機質肥料を投入した場合は、土とよく混ぜる。作付け前に石灰を施して土壌のpHを少し高める（ただしジャガイモ、ダイコンのそうか病が発生する場合は施用しない）。

3- 栽培管理

畑のまわりには排水溝をつくって、排水を良好にする。畝はなるべく高くして、降雨で畑に水がたまらないようにする。また、畝や通路をマルチして土が雨水によって野菜に跳ね上がらないようにする（土壌中の病原菌が野菜に付着するのを防ぐ）。細菌による病気や疫病などが発生しやすければ、雨よけ栽培をするとよい。畑の乾きすぎにも注意する。窒素質肥料のやりすぎも病害虫の被害を招く。

野菜を植えつけるときには株間を広くして、空気の通りをよくする。病原菌の多くはカビ（糸状菌）であって湿度を好むので、葉と葉とが混み合わないようにする。

ハクサイやダイコンなどウイルス病の被害が大きい野菜は、アブラムシによるウイルス媒介を防ぐため、栽培時期を少し遅らせると被害がある程度軽くなる。

発病の激しい株はすぐに抜き取って深く（1m以上）土に埋めるか焼却する。

4- 圃場衛生

病原菌は発病した野菜の茎、葉および根などの残骸とともに土壌中で越冬、越夏するので、栽培が終わったら残渣を残さず、きれいに取り除いて1m以上深く土に埋めるか、集めて焼却する。

害虫は虫の種類ごとに好きな野菜が決まっており、その野菜がなくなると、その次に好きな野菜に大挙して移動し食害する傾向がある。収穫が終わった野菜を放置すると害虫の増殖場所になってしまい、まわりの野菜に被害を及ぼすので、放置せずすぐに処分する。

ネコブセンチュウ類は作物を収穫した後も、土の中に残された根の中に多数残っている。コブになった根を拾い集めてゴミとして廃棄処分する。見かけは正常であっても根こぶ病の発生した畑では根をすべて集めて処分する。

5- 混作、間作

アブラムシによって媒介されるウイルス病を防除するために、その野菜より背の高い作物（ムギやトウモロコシなど）を野菜の間に植えると、アブラムシがその背の高い作物にいったん寄生するので、野菜にウイルスを媒介する機会を減らせる。

ネコブセンチュウの被害が出る畑ではクロラタリアやコブトリソウを、ネグサレセンチュウの被害にはマリーゴールドのフレンチ系を栽培しておくと、それぞれの被害が少し軽減される。この逆の組み合わせではまったく効果がないので注意する。

ユウガオ、トマトなどに発生するフザリウム菌による立ち枯れ性の病気には、ネギを株元に植えつけると病気の発生が少なくなる、という研究成果がある。

トウモロコシやムギ、イネ科の牧草を

栽培すると根が侵されて枯れる病気や連作障害が防げるともいわれているが、そのような防除効果はほとんどない。

6- 輪作

同じ畑でナス、トマトなどのナス科、キュウリ、メロンなどのウリ科野菜類など、同じ科の野菜の連続栽培は避ける。

できればハクサイ、キャベツなどの葉ものを栽培し、その次はトマトなどの果菜類を、そしてその後はニンジンやイモなどの根菜類をつくる、というように輪作栽培を心がける。

とくに野菜がある程度大きく育ってから、しおれたり枯れたりする病気が発生した場合には、7～8年間くらい同じ仲間の野菜をつくらないようにする。

害虫も同一作物を連続栽培すると、被害が増える。また、野菜の種類が違っても同じグループの野菜は害虫が共通しているのでその栽培を避ける。

❷ 生物的防除法

1- 抵抗性品種

土壌中の病原菌が野菜を枯らす土壌病害に対しては、抵抗性品種が育成されている。また土壌病害以外の葉に発生する病気に対する抵抗性品種も多く育成されているので、種子を選ぶ際に参考にする。表1の❶～❾は被害の大きい病気に対して育成された品種のごく一部である。

害虫の場合、葉に毛の少ない品種はアブラムシやハダニの発生が少なくなるというような観察事例はあるが、害虫全般に対するはっきりした抵抗性品種はない。

2- 接ぎ木

土壌中に病原菌が生息していてそれが野菜の根から侵入したり、地際部の茎を侵したりして枯らし、連作障害といわれる。このような病気を防除するのは非常

表1　病気抵抗性品種一覧
（○＝抵抗性あり、△＝耐病性あり、TMVはTm-2^{a}ヘテロ）

❶ トマト

品種名	育成者	TMV	萎凋病 レース1	萎凋病 レース2	根腐萎凋病J3	半身萎凋病	青枯病	斑点病	葉かび病	ネコブセンチュウ	黄化葉巻病
桃太郎ヨーク	タキイ	Tm-2^a	○	○	○	−	○	−	○	−	−
桃太郎ファイト	タキイ	Tm-2^a	○	○	○	−	−	−	△	−	−
桃太郎アーク	タキイ	Tm-2^a	○	−	○	−	−	−	○	−	△
招福パワー	カネコ	Tm-2^a	○	○	○	−	−	−	−	−	−
優美	丸種	Tm-2^a	○	○	−	−	−	−	−	−	−
彩果	トキタ	Tm-2^a	○	○	−	−	−	−	−	−	−
ろくさんまる	サカタ	Tm-2^a	○	○	○	−	−	−	△	△	−
秀麗	サカタ	Tm-2^a	○	○	○	−	−	△	○	△	△

❷ ミニトマト（中丸を含む）

品種名	育成者	TMV	萎凋病 レース1	萎凋病 レース2	葉かび病	斑点病	半身萎凋病	青枯病	ネコブセンチュウ
アイコ	サカタ	○	○	○	○	○	−	−	−
キャロル7	サカタ	−	○	○	−	○	○	−	−
キャロル10	サカタ	−	○	−	○	−	○	−	○
ネネ	園研	−	○	−	○	−	−	−	−
キャロルクイーン	サカタ	−	○	○	○	−	−	−	−
千果（ちか）	タキイ	−	○	−	−	−	−	−	○

❸ ピーマン

品種名	育成者	モザイク病（PMMoV）レース3	モザイク病 レース4	黄化えそ病（TSW）	青枯病
みおぎ	園研	○	−	−	○
L4みおぎ	園研	−	○	−	○
TSRみおぎ	園研	○	−	○	○
L4京鈴	タキイ	−	○	−	−
さらら	園研	○	−	○	○

❹ メロン

品種名	育成者	つる割病レース 0	1	2	1,2y
アンデス	サカタ	○	−	○	−
オトメ	タキイ	○	−	○	−
タカミ	園研	○	−	−	−
クイーンシー	ウエキ	○	−	○	−

❺ ダイコン

品種名	育成者	萎黄病
宮小町	渡辺採種	○
YR天春	サカタ	○
献夏青首	サカタ	○
YRてんぐ	タキイ	○
YR拓洋	渡辺農事	○

❻ カブ

品種名	育成者	萎黄病
CRふじしろ	カネコ	○
CRキラー1号	武蔵野	○
雪だるま	渡辺採種	○
みやしろ	サカタ	○
CRもちばな	タキイ	○

❼ キャベツ

品種名	育成者	萎黄病
YR綱吉	みかど	○
スイートボール	東海	○
岩越	福種	○
YR恋路	協和	○
YR若峰	タキイ	○
YR大判	渡辺採種	○
YRのどか	サカタ	○

❽ ハクサイ

品種名	育成者	根こぶ病
CR黄健	協和	○
CR青島	トキタ	○
黄皇85	渡辺採種	○
CR新黄	タキイ	○
黄良好70	カネコ	○

❾ その他のアブラナ科野菜

作物名	品種名	育成者	萎黄病	根こぶ病
ツケナ	河北	渡辺採種	−	○
チンゲンサイ	遼東	渡辺採種	−	○
ナバナ	花娘	サカタ	−	○
ノザワナ	美郷1号	サカタ	−	○
コマツナ	浜美1号	サカタ	○	−
	極楽天	タキイ	○	−

表2 病害抵抗性台木
(◎=強度抵抗性、○=抵抗性、△=畑により抵抗性あり)

❶ トマト用台木

品種名	モザイク病（TMV）	青枯病	萎凋病	根腐萎凋病J3	半身萎凋病	褐色根腐病	ネコブセンチュウ
BF興津1号	−	○	○	−	−	−	−
耐病新交1号	○	○	○	○	○	○	−
影武者	○	○	○	○	○	−	○
ドクターK	○	○	○	○	○	−	○
端健	○	○	−	○	○	−	−
がんばる根3号	○	○	○	○	○	○	−
フレンドシップ	○	○	○	○	○	○	−

❷ ナス用台木

品種名	青枯病	半身萎凋病	斑枯病	ネコブセンチュウ
ヒラナス	−	−	◎	−
トルバム・ビガー	△	○	◎	○
トナシム	○	○	◎	○
耐病VF茄	−	○	○	−
ミート	△	○	○	−

❸ ピーマン用台木

品種名	青枯病	疫病	モザイク病L3
スケットK	○	−	−
スケットC	○	○	−
台助	○	−	○

❸ ハウスメロン用台木

品種名	育成者	つる割病レース				
		0	1	2	1,2w	1,2y
FR−2	ウエキ	○	○	○	△	−
園研台木3号	園研	○	○	○	△	−
メロンパートナー	神田	○	○	○	△	−
Yガード	タキイ	○	○	○	△	△
ワンツーシャット	朝日	○	○	○	△	△
ワンツーアタック	サカタ	○	○	○	△	△
UA−902	ウエキ	○	○	○	△	△

に困難である。

これらの病気に対してはキュウリなどのウリ科野菜ではカボチャを台木とし、トマトでは抵抗性の台木用トマトを、ナスでは野生のナスを用い、ピーマンでは抵抗性品種が実用化している（表2・3）。

現在食卓に上っているキュウリの大部分は、つる割病を防除するためにカボチャを台木として接ぎ木されたキュウリから収穫されたもので、この技術が日本で実用化されてからすでに四十数年が経過し、全国で行なわれている。

3- 拮抗微生物の利用

植物の病気を防ぐために、病原菌の生育を阻害する拮抗微生物が探索され、実用化の研究が世界各国で行なわれている。しかし実験室や鉢試験では有効性は認められているものの、畑での応用実験ではいずれもほとんど成功していない。

「野菜の生産が飛躍的に増加する」といったうたい文句で、野菜栽培に有用な微生物が販売されているが、そううまくはいかないのが実情である。

これに対して、土壌中にもともと生息している有用微生物を増やして病原菌を抑え込む方法には一定の効果がある。

カニ殻のようなキチン質を粉状にして土壌に混ぜ込むと、このキチンを栄養として生育する放線菌のような微生物が増殖する。これらが増殖するときに出てくる抗生物質が、フザリウム菌という病原菌の生育を阻害するため、野菜がしおれる病気が発生しなくなる。とくにインゲンの根腐病、ダイコンの萎黄病に効果がある。

ただし、この方法ですべてのフザリウム菌による病気が防げるわけではない。

4- 害虫の病原菌利用

害虫もヒトと同じように風邪を引いたり、腹痛を起こしたり、病気にかかることがわかっている。これらの原因となる病原菌を害虫に振りかけてやれば、害虫が病気に罹って死滅する。

これらの菌のなかで害虫のみによく効くがヒトや他の動物にはまったく害のないものがいろいろ製剤化されている（ゼンタリー顆粒水和剤、トアローフロアブルCTなど）。これらの成分は同じで、家庭菜園の防除には十分に活用できる。

ただし、これらは害虫を病気にさせるため、効果が出るまでに3～4日かかる。

表3 接ぎ木の種類と効果

❶ キュウリ

台木の種類	主要な品種	接ぎ木効果と抵抗性病害
クロダネカボチャ	黒ダネ南瓜	低温伸長性、つる割病
カボチャ	新土佐	低温伸長性、つる割病
	ニューキング輝虎 スーパー雲竜	ブルームレス、つる割病

❷ スイカ

台木の種類	主要な品種	接ぎ木効果と抵抗性病害
ユウガオ	FR相生、FR勇健、耐病FR-10	低温伸長性、つる割病
ニホンカボチャ	No.8、しろきく	低温伸長性、つる割病
雑種カボチャ	新土佐、鉄カブト	低温伸長性、つる割病
ペポカボチャ	金糸瓜	低温伸長性、つる割病
トウガン	ライオン、YS冬瓜	つる割病

❸ マクワ型メロン

台木の種類	主要な品種	接ぎ木の効果と抵抗性病害
ニホンカボチャ	金剛、白菊座、しろきく、No.8、べんけい	低温伸長性 耐暑性
雑種カボチャ	新土佐、鉄カブト、新土佐1号、新土佐2号	耐湿性 つる割病抵抗性

5- 非病原性菌の利用

土壌中には野菜の根から侵入して野菜を枯らしたりする病原菌が多数生息している。それらの微生物のなかには侵入はするけれども野菜には害を与えない種類がある。たとえば土壌病害の代表としてフザリウム菌という糸状菌があるが、同じフザリウム菌でも野菜の根から侵入してそこに生息しながら、全く害を与えないものがあり、このような菌は非病原性フザリウム菌と呼ばれている。

この非病原性フザリウム菌を野菜の苗のときに根に侵入させると、その野菜の体内に他の病原菌に対する抵抗性が発現する。この現象を利用してサツマイモのつる割病が防除できることが明らかにな

り、実用化されている。このような非病原性フザリウム菌による防除法（交叉防御反応による防除）が将来多くの野菜の病気について実用化されるものと期待されている。

6- 弱毒ウイルスによる防除

ヒトの病気の予防ワクチンのような防除法である。野菜に感染してもほとんど毒性がないか、毒性の弱い系統のウイルスをあらかじめ苗のときに接種して全身感染させておく。このような苗は畑で強毒のウイルスによる被害が回避される。

これは現在トマトのTMV、カンキツのトリステザウイルス、スイカの緑斑モザイクウイルス、ダイズのウイルス病では実用化され、それ以外のCMVなどで研究が進められている。

これらの弱毒ウイルスは同一のウイルスにしか効果が見られないので、一つの野菜で数種類のウイルスが感染する場合には、すべてのウイルスの弱毒系統を用いなければならない。

7- 天敵利用

天敵利用とはテントウムシなどの益虫を使って害虫を防除する方法である。天敵には害虫そのものを餌として食べる捕食虫（テントウムシ、ヒラタアブ、アシナガバチ、カブリダニなど）と、害虫の体内に入り込んで内部から死に追いやる寄生虫（寄生バチ、寄生バエ）がある。どちらも非常によく働いてくれるが、害虫の増える速度のほうが速いため害虫を全滅させることはできない。

ただし、天敵を上手く利用すれば防除の手間省きにもなるので、できるだけ天敵は保護するようにしたいものである。

ところが、天敵の姿はあまり知られていない。たとえばアブラムシを食べる有益な天敵としてテントウムシとヒラタアブの幼虫がいるが、これらの天敵を害虫と勘違いして、逆に捕殺しているヒトが、家庭菜園の愛好家にも多いようである。

天敵の姿をよく覚えて（12頁）、天敵が多いときは薬剤散布を控えるようにする。また、殺虫剤散布の代わりに苗の定植時に粒剤を土壌に混ぜ込むのもよい方法である。粒剤はアブラムシ、アオムシ、アザミウマ（スリップス）などの害虫のみに有効で、天敵には悪影響がない。

害虫の体に寄生する寄生バチや寄生バエもかなりいて、防除を手助けしてくれている。天敵農薬として販売され、ハウス栽培農家に利用され始めているが、その使用はむずかしく、露地の畑では効果がないので、家庭菜園では利用場面がない。家庭菜園では、天敵の保護に努める。

8- 性フェロモンの利用

雄が雌に惹かれる習性を利用した防除法で、雌の匂いを化学的に合成したものが性フェロモンとして実用化されている。性フェロモンを畑の中に数多く置くと、雄はどこに本物の雌がいるのかわからなくなる。迷ったあげく本当の雌と出会えず、交尾率が下がって次の世代の幼虫の密度が減少する。

この性フェロモンは害虫の種類によって異なっていて、一つの性フェロモンがすべての害虫に共通することはなく、つまり万能的でない。しかも1000㎡以上などのようにかなり広い面積に多数配置しないと効果がないので、これも狭い面

積の家庭菜園ではまったく利用場面がない。

③ 物理的防除法

1- 天地返し

野菜を長年栽培すると土壌病害が発生しやすくなる。そこで深さ30～40cmくらいまでの土を、それ以下40～80cmくらいまでの土壌と入れ替えることで、病原菌が生息していない下層の土壌で栽培することができるようになる。

土壌を消毒する方法がなかった昔は、この天地返しをして、ある程度病気の発生を防いでいたが、実際には労多くして防除効果は低い。

2- 熱による種子消毒

野菜の種子の多くは病原菌をもっていて、そのまま播くと保菌していた病原菌のために苗がしおれたり、枯れたりする。そのため、播く前に種子消毒をしなければならない（薬剤消毒は266頁）。

●温湯浸漬

40～50℃くらいのお湯に浸漬する。野菜や病原菌の種類ごとに温度、処理時間などが異なり、これらを正確に保たなければならない。不正確だと発芽が阻害されるので、この方法はすすめられない。

●乾熱処理

種子をあらかじめ50℃で24時間処理して中の水分を減少させておいてから、70℃で3日間、乾熱処理する（トマト、キュウリ、スイカなど）。これでほとんどのウイルスが不活化され、細菌と糸状菌も死滅する。

ただし、ピーマンのTMMoVには70℃4日間、トマトのかいよう病には80℃2～3日間の処理を要す。この方法は種子消毒としてはほぼ完璧であるが、乾熱滅菌器が必要である。この処理をされた種子は市販されているので入手可能である。

3- 熱利用による土壌消毒

●太陽熱利用による消毒

太陽熱で土壌温度を高めて、その熱で消毒をする方法。苗を育てる床土の消毒は、床土をポリ袋に入れて、別のビニールなどでつくったトンネルの中に置く。トンネルを、太陽がよく当たる場所に置けば、ポリ袋内の土壌温度は高くなって、3週間くらい置くとかなりの消毒効果がある。

ビニールハウスであれば夏季一カ月間ハウスを閉めきって土壌温度を高める。まず、生ワラ20kg/10㎡、石灰窒素11.5kg/10㎡を施用して土とよく混ぜた後、水をたっぷり（土中50cmくらいまで）かん水する。そして土の表面にポリフィルムを全面に被覆してハウスを閉めきる。これで、土壌中の温度は40～50℃前後に上昇して、病原菌を死滅させることができる。これは土壌改良にもなり有効である。しおれたり枯れたりする病気やネコブセンチュウに効果があり、とくにウリ科やアブラナ科など根が深く伸びない野菜での防除効果が高い。根が1m以上深く伸びるトマト、ピーマンでは効果がやや劣る。

●熱水による消毒

畑土壌の、深さ30cmくらいまでに90℃以上の熱湯を注入することで、土壌中の病原菌密度を下げることができる。

[育苗用土の熱消毒は効果が高い]

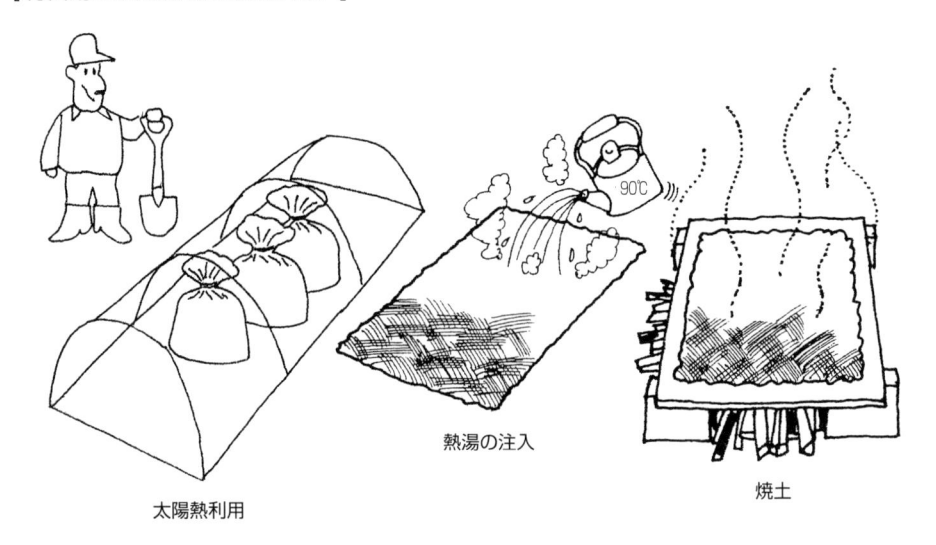

太陽熱利用　　熱湯の注入　　焼土

大面積では移動式ボイラーが必要になるが、小面積ならヤカンやバケツの熱湯で処理が可能で、この場合は薬剤による消毒は必要なくなる。

●焼土による消毒

土を鉄板で焼くのは育苗床の消毒に有効である。この場合、土を20cm以上は積まないようにし、その上を濡れたムシロで覆う。目安として、土の中央にこぶし大のジャガイモを入れて、それが食べられるようになったら完了である。

除草用の火炎放射器で土を焼く方法があるが、2～3cmより下層の土は温度が高くならないので、土壌中の病原菌、害虫には全く効果がない。

4- 資材による害虫防除
●紫外線カットフィルムの利用

野菜のハウス栽培では、トマト、キュウリ、ピーマンなどの果菜類に、灰色かび病や菌核病が発生して被害が大きい。

これらの病原菌の分生子や子のう胞子の形成には紫外線が必要なので、ハウス全体を紫外線カットフィルムで覆うことで、病気を抑えることができる。

またトマト、キュウリ、ピーマンなどにはアザミウマが媒介するウイルス病の発生も多い。アザミウマは紫外線を好み、紫外線カットフィルムを張ったハウスには入らず、これらのウイルス病も抑えることができる。

ハウス栽培地帯の農家で、実際に使用されて生産が安定している。

●銀白色フィルムマルチの利用

野菜や草花類に集まる多くの昆虫は、植物の色、すなわち黄色と緑色を好み、キラキラ輝く銀白色を嫌う習性がある。

この反応を利用して銀白色のフィルムマルチで、アブラムシ類、アザミウマ類などの飛来をかなり防止できる。とくに、アブラムシが媒介するウイルス病やモザイク病の、生育初期の予防対策としては

非常に効果が高い。ダイコン、キュウリ、トマトなどに利用するとよい。

銀色のポリフィルムで畝全面を覆い（マルチする）、基本的には種播き時（または苗の植えつけ時）から栽培を終えるまで被覆を続けるが、生育後期の防除効果は劣る。被覆期間は短縮してもよい。市販の銀色フィルムには製造方法、材質、厚みなどにかなりの違いがある。銀色の帯をプリントした黒色フィルムもある。

なお、野菜が生育するにしたがって葉が茂るため、フィルムの効果は低下し、マルチしたからといって害虫が寄生しないということにはならない。また、ウイルス病などは、野菜の生育後期にも発生する。したがって、野菜が育ったら寒冷紗を被覆したり、薬剤散布を行なってアブラムシを防除しなければならない。

●**不織布や寒冷紗による被覆**

不織布とは半透明の非常に薄い紙のような布で、野菜を被覆することで虫を通さず、被害を物理的に防ぐことができる。

畝をつくり種子を播いたら、畝面全体を不織布で被覆する。芽が出てもそのまま被覆を続け、野菜が布を押し上げるのに任せる。その後も布の下で栽培を続け、収穫7〜10日前になったら剥がして陽光に当てる。光が当たると、もやし気味であった株はシッカリと硬くなる。

ただし、不織布の中は湿度が高くなって葉の病気が多発するので、よく観察して発病したら殺菌剤を散布する。

また、種播き前から土中に害虫が潜んでいると、不織布内で虫を飼うことになってしまうので注意する。たとえばコマツナを連作すると、前作で発生したキスジノミハムシがトンネル内で大発生す

[被覆方法もいろいろある]

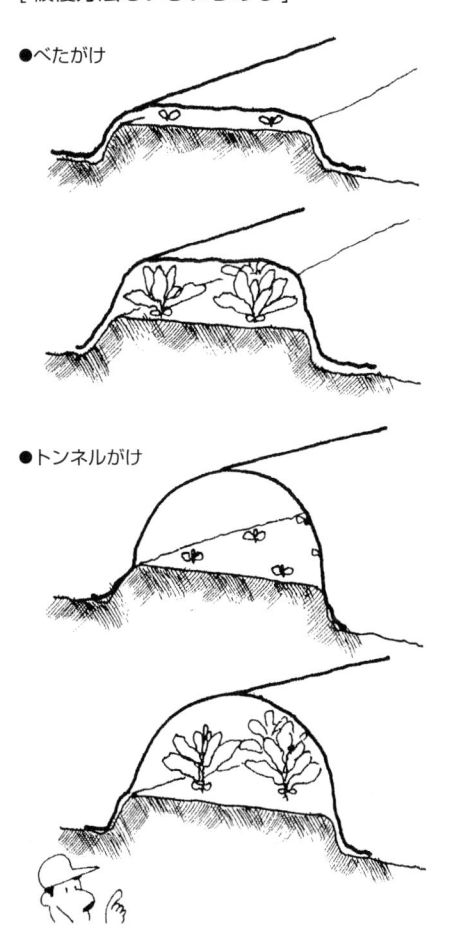

●べたがけ

●トンネルがけ

ることがある。土壌中に潜むネキリムシも残るので注意しなければならない。

使用に際しては、被覆する時期が非常に重要である。植えた苗が少し大きくなってから被覆を始める人が多いので注意する。苗が大きくなってからでは、すでにモンシロチョウが卵を産みつけ、アブラムシも住み着いている場合が多い。必ず種播きの直後か、苗の植えつけと同時に被覆する。

●黄色粘着テープの利用

　アブラムシやコナジラミなどの害虫は黄色にひかれる習性があり、この習性を利用したものが黄色粘着テープである。

　粘着剤のついた黄色いテープや紙を畑に配置しておくとアブラムシやコナジラミ、アザミウマやハモグリバエなどの成虫が捕殺される。ただし、これはハウス栽培など隔離されたところでの効果は大きいが、家庭菜園などの露地栽培ではあまり効果を期待できない。

　また、アザミウマは青色を好むため、青色の粘着テープもある。

5- 手による害虫防除
●害虫が寄生した葉、果実の摘み取り

　ヨトウムシ類では、数百粒の卵が一塊に産みつけられ、ふ化した幼虫はかなりの期間、集団で寄生し食害する。

　そこで、卵のついた葉を処分すれば、一度に数百匹の虫を防除することになって非常に効率的である。

　タバコガ類のように果実内に食入する虫は、その食入孔に注目して被害果実を除去する。フキノメイガのように茎に食入する虫は、虫糞に注意して被害茎を除去すれば、新たな被害を防ぐことができる。アブラムシ類も多数寄生した葉を取り除くことは、その後の増殖を遅らせる効果がある。ただし、アブラムシ類はその周辺でも、すでに発生しているのがふつうである。

　虫の寄生した茎や葉、果実は、必ず畑の外に持ち出して処分する。近くに放置すると、虫はすぐにもとの畑に戻ってしまい、切り取った意味がなくなってしまう。

●害虫の捕殺

　虫の寄生したアオムシ、ヨトウムシ、コガネムシ、テントウムシダマシなど、やや大型の虫は見つけしだいに捕殺する。野菜類に寄生する害虫には毒をもつケムシはまずいないので、おそれることはない。

　イモキバガやワタノメイガのように葉をつづっている害虫は、指で葉を端から順に押さえていって潰す。夜間活動するヨトウムシやナメクジ類は、懐中電灯を持って夜回りをして、葉上で食害している虫を捕殺する。家庭菜園の害虫防除には捕殺がもっとも有効な方法である。

2 農薬防除の基礎知識

❶ 農薬の安全使用基準について

　農薬は第一に化学物質としての安全評価のために、急性毒性、慢性毒性（発がん性、催奇形性など）および環境科学試験で厳しくチェックされる。次に農薬として製剤化された後の慢性毒性試験では、ラット、マウスなどの実験動物に一定量の農薬が2年間に渡って投与され続ける。こうして発がん性、催奇形性（次世代への影響）、体内臓器の病変などの悪影響がまったく出ない量（無作用量）が明らかにされる。

　この実験動物での無作用量から人間に対する無作用量を推定する場合には、安全係数として100分の1がかけられる。こうして得られた数値が、人間が1日に摂取してもなんらの影響も受けない値であって、1日摂取許容量（ADI）と呼ばれ、農薬量mg／体重1kg／1日として表示される。これは、我々が毎日食べたり飲んだりする食糧や水に含まれる農薬が、この数値以下であれば、健康になんら影響を与えない数値である。

　一方、我々日本人が毎日食べる食品の種類と量は、厚生労働省の国民栄養調査で調べられている。これらの食品のうち、農作物に散布された農薬の総量が、前記の1日摂取許容量（ADI）を下回るよう、それぞれの農作物ごとに、それぞれの農薬の残留基準が定められている。

　そして、この残留基準を超えないようにするため、作物ごとにそれぞれの農薬の安全使用基準が『使用濃度、使用量、使用回数、使用時期』まで細かく決められている。これが守られる限り農作物を安全に食べられるものであり、薬剤の使用にあたっては、その安全使用基準を守ることが必須なのである。

　農薬を使用したから野菜が汚染されている、と考えるのは正しくない。

　殺菌剤を散布すると、一部はわずかながら組織に浸透するが、大部分は野菜の表面に付着するだけである。殺虫剤も、数種類は葉から浸透する薬剤があるが、多くは葉の表面に付着するのみである。粒剤などは、根元に施用すると根から吸収されて組織内に移動する。

　浸透した薬剤成分は、組織内でしだいに分解するし、葉の表面のものは紫外線や微生物によって分解されたり、風雨で流されたりして無害となる。

　土壌に落下したり、施用された薬剤も土壌の粒子に強く吸着されたり、微生物によって分解され、すぐに無害になる。

❷ 殺菌剤の選択

　基本的には、病気に対しては殺菌剤を、害虫に対しては殺虫剤を用いる。1～2種類の薬剤を除いては、殺菌剤は害虫には効かないし、逆に殺虫剤を散布しても病気の防除はできない。病気と害虫とを

同時に防除するには有効な殺菌剤と殺虫剤とを混合して用いなくてはならない。

1- 病原菌の種類と薬剤の選択

野菜に寄生する病原菌は主にウイルス、細菌、糸状菌（カビ）の3種類に分けられる（表4）。

もっとも小さいウイルスは100万分の1mmの単位の大きさで、電子顕微鏡でしか見られない。ヒトの病気ではインフルエンザウイルスがよく知られているが、植物を侵して病気を起こすウイルスは動物には寄生しないし、その逆もない。

最近、動物でも植物でもウイルスの増殖を抑える薬剤が開発されているが、ヒトは免疫力によってインフルエンザの感染が抑えられるのに対して、植物は一度ウイルスに感染すると治ることはない。

250頁で紹介したように、弱毒ウイルスを利用して強毒ウイルスの感染を防止する方法が開発されているが、利用されるウイルス病の種類は少ない。

次は細菌である。植物を侵す細菌の種類はヒトに比べると非常に少ない。ヒトの病原菌の多くは細菌であり、治療薬として抗生物質が広く用いられている。

同様に、野菜類の細菌病にも抗生物質が使われるが、耐性菌が出やすい。野菜では病原菌体内の細胞内のいろいろな部分を攻撃する銅剤が防除剤として使われることが多く、抗生物質と交互に用いる。

第3番目の病原菌として糸状菌（カビ）がある。これは植物の病気の80％くらいを占めており、被害が大きい。殺菌剤は、それぞれの糸状菌ごとに開発されていて、防除にあたっては、病原菌の種類ごとすなわち病気の種類ごとに異なる有効な薬剤を選択しなければならない。

この他、種子消毒、土壌消毒はそれぞれの項を参照して薬剤を選択する。病原菌の種類によって有効な薬剤が異なり、しかも病気の発生生態に従った防除方法—根が侵されれば土壌処理か土壌消毒（267頁）、保菌種子ならば種子消毒（266頁）、茎や葉が侵されれば薬剤散布を—を採らなければならない。

そこでそれらの病気に対して効果のある薬剤とその使用方法（茎、葉への散布あるいは株元への薬液灌注）とを257頁の表にまとめた。このうちべと病、疫病にはリドミル剤がとくに有効であるが、連続使用すると耐性菌が出やすいので、茎、葉に出るべと病と疫病に対しては被害が大きくなる前、疫病で立ち枯れになる場合は発生の初期に処理すればほぼ完全に防除される。

2- 殺菌剤の作用

野菜の病気に用いる薬剤には、厳密な意味での予防薬と治療薬の区別はない。

ほとんどの薬剤は、あらかじめ作物に散布しておいて病原菌が野菜に侵入することを抑制する、いわゆる保護的な働きを主体としている。治療効果をもつ薬剤も、すでに形成された病斑やしおれた葉、茎を元のように生き返らせる効果をもっているわけではなく、病原菌が増殖するときに菌体が必要とするタンパク質合成を阻害したり、増殖過程での細胞の有糸分裂を抑制したり、キチン質やリン脂質の増殖を阻害することによって、病原菌を死滅させようという働きをもつ。

このような作用をもち、侵入した病原菌の増殖を阻害して病気の進展を抑制す

表4 病原菌別の各種防除法と薬剤の種類

病原菌の種類	発病する部分	防除方法	該当する病気名	該当する殺菌剤名
ウイルス	葉、茎、果実（全身症状）	茎葉への散布	モザイク病、ウイルス病、萎縮病、黄化えそ病など	媒介昆虫の防除（害虫の項参照）薬剤散布では効果は期待できない
		土壌消毒	えそ斑点病（メロン）、モザイク病（ピーマン）	クロルピクリン、ダゾメット剤による土壌消毒
細菌	葉、茎、果実	葉裏への散布	斑点細菌病、かさ枯病、褐斑細菌病、腐敗病、軟腐病、倒伏細菌病、かいよう病、黒病、黒斑細菌病など	ボルドー液、カスミンボルドー、カッパーシン、アグレプト、スターナ水和剤、Zボルドー、ドイツボルドー、ナレート水和剤、バリダシン粒剤など
		茎葉への散布または株元灌注	かいよう病、黒あし病、黒腐病、軟腐病、株腐細菌病など	
	根、地際部（しおれ、枯死）	植えつけ前の土壌消毒	青枯病、黒あし病、株腐細菌病、かいよう病、腐敗病、軟腐病、黒腐病など	クロルピクリン、ソイリーン、キルパー、バスアミド微粒剤などによる土壌消毒（267～269頁参照）
糸状菌（カビ）	葉、茎、果実	茎葉への散布	黒葉枯病、炭疽病、黒斑病、ごま葉枯病、葉枯病、輪斑病、葉すす病、褐紋病、汚斑病、つる枯病、褐斑病、すそ枯病、白斑葉枯病、灰色かび病、疫病、べと病、褐色腐敗病、うどんこ病	ダコニール1000、ジマンダイセン、ビスダイセン、トップジンM、ベンレート、オーソサイド水和剤、銅水和剤、カスミンボルドー、カッパーシン水和剤など
		茎葉への散布または種イモ消毒、土壌灌注	疫病、褐色腐敗病、べと病、根茎腐敗病	リドミルMZ水和剤、サンドファンC、アリエッティー、カスミン、リドミル粒剤、ダコニール1000、Zボルドージマンダイセン、リドミル銅水和剤、ビスダイなど
		茎葉への散布	うどんこ病	モレスタン水和剤、ラリー水和剤、アミスターフロアブル、フルピカフロアブル、ダコニール1000など
			さび病、白さび病	ダコニール1000、アミスター20フロアブル、アミスターオプティフロアブル、ストロビーフロアブルなど
	根、地際部（しおれ、枯死）	地際部への散布または土壌灌注、土壌処理	茎腐病、紋枯病、尻腐れ病、黒あざ病、白絹病、すそ枯病、苗立枯病など	リゾレックス水和剤、モンカット粒剤、キルパーなどその他苗立枯病（266頁）の項参照
		種イモ消毒または土壌処理	根茎腐敗病	リドミル粒剤、ランマンフロアブルなど
		株元灌注または苗を浸漬	萎黄病（イチゴ）、萎凋病、つる割病、株枯病、半枯病、黒点根腐病、乾腐病	トップジンM水和剤、ベンレート水和剤による処理 クロルピクリン、バスアミド微粒剤による土壌消毒
		土壌処理	根こぶ病	根こぶ病防除（270頁）参照
		土壌pHを高くしない	立枯病（サツマイモ）そうか病（ジャガイモ）	ネビジン粉剤、バリダシン粉剤
		土壌消毒	萎凋病、株腐病、立枯病、萎黄病、半身萎凋病、根腐病、黄化バーティシリウム黒点病、半枯病、黒根病、黒あざ病、黒腐菌核病、乾腐病、そうか病	土壌消毒の項（267～269頁参照）

るのを治療効果といっているが、このような薬剤は予防的な効果も併せもっていて、その効果は、いわゆる治療効果をもたない他の薬剤とほとんど同じである。

　防除にあたって、治療剤は多少防除時期が遅くなっても防除効果が期待できる点で優れており、さらに予防効果もあるので有利に利用できる。

　その他、野菜に浸透して体内を移行して防除効果を示す薬剤としてリドミル剤、ベンレート水和剤、トップジM水和剤がある。これらは根から吸収させてもよいが、他の薬剤と同じように散布しても十分に効果を発揮し、病気がある程度進展してからでも有効である。

3- 薬剤耐性菌とローテーション防除

　同一あるいは同一系統の薬剤を1週間間隔で2～3回以上、ハウス内で同じ野菜に散布すると、その薬剤の効果が低下する。このときの病原菌を薬剤耐性菌と呼ぶ。薬剤耐性菌は、もともと自然界に存在し、勢力の強い優占系統の病原菌が、薬剤散布によって死滅してしまったために繁殖してくるのである。

　耐性菌を出さないためには、散布するたびに異なる系統の薬剤を順番に用いることである。たとえば灰色かび病の防除に用いる薬剤を系統別に分けると右上表のA～F群に分けられる。使用に際しては、A～Fをローテーション散布するようにし、同一、または同群に属する薬剤を続けて使用しないようにする。

　ここではハウスで大きな問題になっている灰色かび病について記したが、この他べと病、疫病、うどんこ病、つる枯病、炭疽病、黒斑病（ナシ）、白さび病など

●灰色かび病…病原菌を殺菌する作用が同じ薬剤を各群にまとめた。
A群（ベンレート水和剤、トップジンM水和剤）
B群　（スミレックス水和剤、ロブラール水和剤）
C群　（スミブレンド水和剤、ゲッター水和剤）
D群　（アミスター水和剤、ストロビー水和剤）
E群　（ポリオキシン水和剤、ポリベリン水和剤、ポリキャプタン水和剤）
F群（微生物製剤—インプレッション、エコショト、ボトキラー、ボトピカ）

で耐性菌が問題になっている。

　いずれもハウスや果樹園など、隔離された状況下で問題となりやすく、家庭菜園のような狭い畑では、耐性菌はほとんど発生しないと考えてよい。

3 殺虫剤の選択

1- 害虫の種類と薬剤の選択

　害虫は葉や茎から汁を吸うグループと葉や茎を食べるグループに分けられる。

　前者には、アブラムシ類、コナジラミ類、アザミウマ（スリップス）類、サビダニ類、ホコリダニ類、センチュウ類が、後者にはアオムシ、ヨトウムシ、テントウムシダマシ類、ウリハムシ、コガネムシ類などが含まれ、グループによって防除法が大いに異なる。

　アブラムシ類とアザミウマ類は成長速度が非常に速く、発生期は密度が急激に高まるので、防除時期が1週間遅れると少発生が多発状態へとなる。そのため発生を確認したらただちに薬剤で防除する。アブラムシ類のみに効果がある薬剤は防除効果が高く、天敵に悪影響がない。また、苗の植えつけ時に株元の土の中にモスピラン粒剤、ベストガードなどの粒剤を混ぜ込んでおくと植えつけ後、長期

間にわたってこれらの害虫の寄生を予防する効果がある。

コナジラミ類はハウス栽培で発生する害虫であるので、家庭菜園では発生してもほとんど問題はない。このうちタバコナジラミは家庭菜園でもトマト黄化葉巻病、キュウリ退緑黄化病などのウイルス病を媒介するので必ず防除する。

ハダニ類、ホコリダニ類は昆虫ではなくクモの仲間に近いので、薬剤がまったく異なる。アオムシなどの防除薬剤ではまったく効果がなく、逆に天敵を殺す結果となってしまう。トマトサビダニは薬剤に非常に弱い虫であり、殺菌剤の散布でも発生が抑制される。それゆえ無農薬栽培の畑のみに発生する。

ネコブセンチュウ類、ウリハムシの幼虫、キスジノミハムシの幼虫は常に土の中に住んでいるため、粒剤の土壌施用しか防除方法はない。

葉、茎を食い荒らして孔をあけるアオムシ、コナガ、ヨトウムシなど蛾の幼虫は、成育初期の段階では食べる量も少なくて被害は軽微であるが、大きく成長するとアッという間に葉が食い尽くされることがあるので、発生初期に薬剤散布を行なう。幼虫が大きくなると薬剤に対する抵抗力をつけて、防除効果が低下する。

ネキリムシ類は荒れた畑に発生する害虫で、常に土の中にいるので薬剤を散布しても効果がほとんどない。この虫の発生が予想される畑では、種播き前または植えつけ前にダイアジノン粒剤3、カルホス粉剤などを土に混ぜ込んでおく。

フキノメイガ、アワノメイガなど茎内部に潜む虫は薬剤散布による防除は非常にむずかしい。卵から幼虫がふ化して茎に潜るまでの間に、うまく散布する。

2- 薬剤抵抗性害虫と薬剤のローテーション散布

同じ薬剤または同一系統の薬剤を続けて散布していると、防除効果がだんだん低下することがある。とくに産卵から成虫までの生育期間が短くて、連続的に発生を繰り返すアブラムシ類、ハダニ類、コナガなどで起こりやすい。これは最初の薬剤散布に耐えて生き残った、わずか

表5 主なハダニ防除薬剤

薬剤名	成分名	ハダニ類	チャノホコリダニ	サビダニ類	その他の害虫
アファーム乳剤	エマメクチン安息香酸塩	○	○		○
ダニ太郎	ビフェナゼート	○		○	
バロックフロアブル	エトキサゾール	○			
コロマイト乳剤	ミルベメクチン	○	○		
粘着くん*2	デンプン	○			○
オサダン水和剤25	酸化フェンブタスズ	○	○		
カネマイトフロアブル	アセキノシル	○			
ダニトロンフロアブル	フェンベロキシメート	○			
アーデント水和剤	アクリナトリン	○			○
マイトコーネフロアブル	ビフェナゼート	○		○	
モレスタン水和剤	キノキサリン		○		

表6 気門封鎖型の薬剤名と対象害虫名

薬剤名	使用時期	使用回数	使用倍数	野菜類					ラッカセイ	ミニトマト	ナス
				アブラムシ類	ハダニ類	コナジラミ類	うどんこ病		ハダニ類	トマトサビダニ	チャノホコリダニ
粘着くん液剤	収穫前日まで	—	100	○	○				○		
アーリーセーフ	収穫前日まで	—	300	○	○	○	○			○	○
サンクリスタル乳剤	収穫前日まで	—	300	○	○	○	○			○	○
カダンセーフ原液	収穫前日まで	—	500	○	○	○	○				
あめんこ100	収穫前日まで	—	100	○	○	○	○				
エコピタ液剤	収穫前日まで	—	100	○	○	○	○				

ばかりの虫から生まれた子が、親と同じ抵抗力をもっていて、どんどん増えるからである。最後にはこの強い虫ばかりが残り、薬剤散布がまったく効かなくなる。

こういうことは、家庭菜園ではあまり起こらないが、まれに農家のビニールハウスで抵抗力をもった虫が家庭菜園に飛来することがあり、薬剤散布をしても効果が上がらないことがある。

薬剤散布後2日経っても虫がかなり残っている場合は、抵抗性があると考え、系統の異なる薬剤を散布するとよい。2～3種類の薬剤を順番に散布すると、抵抗性害虫の発生を予防でき、いつも高い防除効果が得られる。

3 - 安全性が高く抵抗性害虫を出さない薬剤

気門封鎖型の薬剤や微生物農薬は人畜にきわめて安全性が高く、また前述した薬剤抵抗性が生じないので、家庭菜園ではうまく活用するとよい。

粘着くん液剤に代表される気門封鎖型の薬剤（Part 2の薬剤表では※2表示）は、主成分が食品添加物であり、きわめて安全性が高い（表6）。散布することによって昆虫の気門を塞ぎ、呼吸を止めて物理的に殺す。薬剤が直接かからないと効果がなく、卵には効かないので殺虫剤に比べれば効果は劣るが、殺虫剤に抵抗力をもった虫にも効果がある。

ゼンターリ顆粒水和剤に代表される薬剤（Part 2の薬剤表では※1表示）はBT剤と呼ばれ、カイコの病原菌からつくりだされている（表7）。チョウや蛾の幼虫類にのみ殺虫効果があり、人畜には無害で安全な農薬である。効果が現われるまで2～3日かかり、また大きく成長した幼虫には効果が劣るため、害虫の発生初期に使うようにする。

4 的確な防除作業

1 - 散布による防除

●効果的な散布方法—散布時期

葉、茎など地上部に発生する病気には、

表7 BT剤の薬剤名と対象害虫名

薬剤名	アオムシ	コナガ	ヨトウムシ	ハスモンヨトウ	タマナギンウワバ	シロイチモジヨトウ	オオタバコガ	ウリノメイガ	備考
ダイポール水和剤	○	○	○	○					
バシレックス水和剤	○	○	○	○	○				
エスマルクDF	○	○				○			
フローバックDF	○	○				○			
トアロー水和剤CT	○	○							
トアローフロアブルCT	○	○				○			
センタリ顆粒水和剤	○	○	○		○	○			
ガードジェット水和剤	○					○	○		
ボタニガードES		○							

発生前か発生初期に散布する。その時期は野菜ごとの病気の発生時期の図を参照し、実際には野菜を管理しながら、病気の発生の初期を見つけて防除する。

害虫は多くの場合は卵からかえった幼虫が葉や茎を食害する。本来は卵を産む成虫を防除すべきだが、飛ぶ成虫の防除はむずかしいので、畑をよく観察し、被害の初期に幼虫を防除する。幼虫は大きくなると薬剤が効きにくくなる場合があるので、なるべく小さいうちに防除する。

汁を吸う害虫に対しては、なるべく早く浸透性の薬剤を散布するか、植えつけ前に粒剤を土の中に混ぜ込む。

家庭菜園に熱心な愛好家が、害虫がまだ発生していないにもかかわらず、発生を予防する目的でスミチオンなどの薬剤を散布する場面をしばしば見かけるが、これは百害あって一利なしである。

害虫防除の基本はそこにいる虫を防除することで、予防散布してもなんの効果もないばかりか、逆にそこにいる天敵を一生懸命に殺すことにもなる。

しおれたり、枯れたりする病気は、根が土壌中の病原菌に侵されているので、症状が出てからでは薬剤による防除はむずかしい。植えつけ前に予防しなくてはならない。

土壌中の害虫の場合も、植えつけ前に薬剤を土によく混和して防除する。

●効果的な散布方法—薬剤のかけ方

葉、茎を侵す病気や害虫に対しては、適正な濃度の薬剤をかけムラのないように散布するのがコツである。

野菜の種類によっては細かい毛が生えていたり、葉の表面がワックスで覆われていたりして、薬剤をはじいてしまう場合がある。乳剤以外の薬剤には展着剤を加用して散布するとよい。

薬剤はなるべく気温が高くならない午前中に散布して、散布された薬剤が速く乾くようにする。一度乾けば少しくらいの降雨があっても流れないし、薬害の発生も抑えられる。

散布間隔は病気、害虫ともにそれぞれの発生の状況によって異なるが、それぞれの野菜と殺菌剤、殺虫剤の種類ごとの安全使用基準に従って使用する。

散布するときの倍数（濃度）と散布の間隔は病気や害虫の発生状況によって異なり、発生状況がひどいときには安全使用基準内の濃い薬液を用いて5〜7日おきに散布し、とくに激発の様子でもなく通常の発生であれば、薬剤は薄い濃度で7〜10日の散布でよい。発生が滞っているようであれば散布しなくてもよい。

ひとつの野菜に対する同一薬剤の散布回数と、収穫前何日まで散布できるかは、野菜の種類と殺菌・殺虫剤の種類によって使用基準が定められているので、注意する。

● 病気の防除における環境条件と薬剤散布のタイミング

野菜に病気を起こす病原菌は顕微鏡でしか見えないくらい小さいので、野菜に付着してもまったく気がつかない。病斑ができてはじめて病気に罹ったことがわかり、病斑上にうっすらとカビが生じて、やっと目につく程度である。

したがって、野菜の病気にタイミングよく薬剤散布するには、Part3のイラストを参考に、どのような条件で病原菌が繁殖するのかを知ることが重要である。

うどんこ病を除くほとんどの病原菌は多湿状態を好んで活動する。とくに葉が茂りすぎて風通しが悪い場合、梅雨や降雨の多いとき、土壌の水分が多い畑などでは空気湿度が高まりやすく、病気の発生が多くなるので注意する。

葉、茎に発生する病気に対しては、発生の初期に薬剤を散布する。散布された薬剤は一度乾けば少しくらいの雨では流されず、紫外線や微生物に分解されるまでの2〜3日は薬剤の効力は持続する。その間に飛散してきた病原菌は、薬剤と接触して活力を失い侵入が阻止される。

散布された薬剤の効力がなくなってから飛散してきた病原菌の胞子は、高い湿度と適当な気温があれば2〜3日で発芽して侵入菌糸を伸ばすが、そこで次の薬剤が散布されれば、菌糸の活力がなくなって病気発生には至らない。したがって、病気が発生しやすい高湿度と一定温度の条件下では1週間おきに散布するようにし、病気が発生しにくい時期や気象条件であれば、発病の様子や病気の伸展状況をよく観察しながら、10日から2週間くらいに散布間隔を長くしてもよい。

葉がモザイクになったり、萎縮したりするモザイク病の多くはアブラムシ、スリップス（アザミウマ）、コナジラミによって媒介されるので、これらの害虫防除を徹底する。

野菜がしおれたり、枯れたりする病気は土壌中の病原菌が根や地際部の茎から侵入して発病する。発生後に薬剤を株元に灌注して防除可能な病気も一部あるが、大部分は植えつけ前の土壌消毒や、連作を避けることでしか防ぐことができない。

細菌による病気は主に傷口や気孔、水孔などからの侵入で、無傷の部分からは感染しない。したがって、管理作業中は野菜に傷をつけないようにし、芽かきや誘引を行なったらすぐに細菌に有効な薬剤を散布する。また細菌は水を好み降雨後に発生が多くなるので、発生のおそれがあるときには、降雨直後に必ず薬剤散布を行なう。

2- 防除剤のエアゾール剤の使い方

スプレー剤となっていて、防除器具を

使わずに薬剤防除ができるもので、土壌施用剤と同様使い勝手のよい薬剤である。また散布後の防除効果もすぐに現われる。

欠点は、量が少なく高価で、噴頭を長時間指で押さえていなければならないことで、せいぜい鉢物かプランターで使える程度である。また、通常害虫は葉裏に寄生していることが多いので、薬剤は葉裏にかけたいのだが、缶を逆さまにすると薬剤が出ないのも面倒である。

散布する際は、野菜から少なくとも30cmできれば40cm程度離して噴霧する。これくらい離すと野菜にかかっていないように見えるが、実際には必要量が付着している。また、虫が死ぬまで噴霧するのは大間違いで、どんな薬剤でも虫に付着した成分が虫の体内に取り込まれて、中毒を起こすまでには時間がかかることを理解すること。

即効的な薬剤もあるが多くは散布後30分、薬剤によっては1～3日間かかるものもある。散布中に落下する虫は単に薬剤にまみれて気門が詰まり、呼吸困難を起こしたにすぎないので、明らかにかけすぎである。

殺菌剤のエアゾール剤も同様に、プランター栽培や小さい畑でのみ利用できる。

病気はたとえ畑の一部分のみの発生であっても、病原菌はすでに畑全体に飛散している。エアゾール剤で一部分のみを防除しても効果は上がらない。とくにひどい1株とか一部分に使用するとよい。

3- 原液散布剤の使い方

最近園芸店で品目が増えている薬剤である（表8）。散布器具の中にすでに溶かしてある薬剤が入っているので、薬剤を水で希釈する手間が入らず、すぐに散布器による散布と同じ感覚で薬剤散布ができる。

容器の表面に野菜害虫防除とか野菜病害虫防除とかが大きく表示されているが、どんな野菜で、どんな害虫や病気に効果があるかがわかりにくい。購入の際には、手にとって小さな文字をじっくり読まなくてはならない。

容量は多くても900mℓ程度なので、使用はプランター栽培か鉢栽培などの小面積に限られる。

4- 土壌施用殺虫剤の選び方・使い方

土壌中にいて、根や球根、あるいはイモを加害する害虫には土壌施用殺虫剤を使う。粒剤または粉剤を土に混ぜ込んで土壌中の害虫を防除する方法で、散布器具も使わず簡単に処理できる。ただし、対象の害虫が限られることを十分に考慮して、防ぎたい害虫を定めてから薬剤を選ぶ。処理時期も、①畑を耕した段階で、まだ野菜を栽培していないとき、②種を播くとき、③苗を植え替えるとき、④生育の途中、など対象の害虫と使用する薬剤の種類によって使い分ける。

●土壌中の害虫に対して効果を発揮する薬剤

あらかじめ土壌に混ぜ込んでおき、それに接触した害虫が死滅する薬剤は、根を食害するコガネムシ類の幼虫やキスジノミハムシ幼虫、ウリハムシ幼虫、茎を地際で切り倒すネキリムシ類に効果を発揮する。薬剤の成分は徐々に（30～50日間）分解していくので、効果が長期間

表8 原液散布剤

薬剤名	キャベツ アオムシ	キャベツ アブラムシ類	ナス アブラムシ類	ナス テントウムシダマシ	ナス オンシツコナジラミ	ナス マメハモグリバエ	トマト アブラムシ類	トマト 葉かび病	トマト オンシツコナジラミ	キュウリ アブラムシ類	キュウリ コナジラミ類	キュウリ ハダニ類	キュウリ ミナミキイロアザミウマ	キュウリ うどんこ病	ハクサイ アオムシ	ハクサイ アブラムシ類	ハクサイ ヨトウムシ	ダイコン アオムシ	ダイコン アブラムシ類	ピーマン アブラムシ類	レタス アブラムシ類	ダイズ アブラムシ類
アクタラAL			○		○		○			○											○	
アブラムシムシAL		○					○															
ガーデンガードAL						○		○						○								
カダンスプレーEX			○	○		○	○			○											○	
カダンプラスD	○						○			○												
ガーディーAL	○																					
ガーデンケアースプレー							○		○			○										
ガーデントップ	○		○							○												
ガーデンD	○	○																				
ケムシムシAL	○	○																				
ダブルアタック					○				○													
ダブルプレーAL					○				○													
ナイスプレー					○																	
バイスロイド液剤AL	○	○																				
パイベニカスプレー		○	○																			
ブルースカイAL									○												○	
ベジタメートAL				○			○								○			○				
モスピランスプレー										○	○		タ		○							
花ベジタ	○									○							○	○				
モスピラン・トップジンMスプレー			○																			

期待できる。代表的な薬剤はダイアジノン粒剤3、カルホス粉剤などである。

土壌に施すとガスが発生して、土壌のなかを広がって土壌中の虫をすべて死滅させるタイプの薬剤もある。ふつうの殺虫剤では防除が困難なセンチュウ類に有効である。処理後に地表面をポリフィルムで被覆すると効果が高い。施用後は十分にかん水し、処理後7日間ほど放置してから播種、または苗を植えつけるのが望ましい。代表的な薬剤はボルテージ粒剤である。

● 地上部の害虫に対して
効果を発揮する薬剤

土壌に施用して、地上部の害虫に効果のあるタイプの薬剤もある。土壌施用された薬剤の有効成分が、根から吸収されて茎内を通って葉に移行し、その汁を吸った害虫に効果を発揮する。そのため、汁を吸わないテントウムシやヒラタアブのような天敵に対しては悪影響がない。

薬剤の有効成分は時間をかけてゆっくり溶け出す。処理が種を播くときや苗を植えるときであっても、その殺虫効果は長く（30～50日間）持続するが、収穫時には有効成分はすでに消滅している。

主な対象害虫はアブラムシ類であるが、アザミウマ類やコナジラミ類、アオムシなどに効くものもある。

代表的な薬剤はオルトラン粒剤、アドマイヤー1粒剤、ベストガード粒剤、モスピラン粒剤など。

5- 殺菌剤の土壌灌注法

苗立枯病は病原菌の種類によって症状が異なり、有効な薬剤も異なるので、Part2の防除対策に従って薬剤を選ぶ。

イチゴの萎黄病はベンレート、トップジンM水和剤を株元に灌注する。薬剤を苗に灌注する場合は、所定の倍数に溶かして2〜3ℓ/㎡をジョウロで苗の上から灌注する。その他の野菜には株のまわりに溝をつくって薬液が根のまわりに十分しみるようにジョウロで灌注する。

いずれも適用された薬剤を使用する。

6- 塗布剤の使い方

スイカ、キュウリなどのウリ科のつる枯病に対して、トップジMペーストを原液のまま、病気で変色した茎の部分にムラなく塗布する。症状がひどければその部分を削り取ってから塗りつける。

7- 資材の消毒

病原菌は肉眼では見えないが、前年使用した育苗ポット、支柱、ネットなどに潜んでいて、次の作付けで病気を発生させたりする。栽培のはじめにはこれらの資材を消毒しておく。

ケミクロンGとイチバンは資材消毒にのみ用いられる特殊な薬剤で、消毒する資材をケミクロンGの1000倍液に10分間、またはイチバン500〜1000倍液に瞬間的に浸漬するかジョウロで散布する。ともに魚毒性が比較的強いので注意事項を守って使用する。

8- 種子消毒の方法

野菜の種類と病気の種類によって使用する薬剤が異なる（表9）が、一般的にはオーソサイド水和剤が多くの病原菌に有効である。リゾクトニア菌による場合はバシタック、モンカット水和剤の効果がとくに高い。

種子粉衣の方法は、種子重量に対して0.2〜0.5％の薬剤を粉のまままぶす。種子が1kgならば、種子と薬剤2〜5gを

粉のまま袋に入れてよく混ぜ、目の細かいフルイで余分な薬剤を落とせばよい。薬剤が多くても、フルイで落とすとおおよそ0.5％くらいとなる。処理後の種子はそのまま播種する。

　苗立枯病の防除は、薬剤を水で希釈して播種した苗床にジョウロで灌注する。いずれの方法も薬剤の使用法に従うこと。

9- 土壌消毒剤の選び方・使い方

　土壌を燻蒸処理して、土壌中の病原菌を滅菌する薬剤には、クロルピクリン剤（クロルピクリン、ドロクロール、ドジョウピクリンの油剤、テープ、錠剤）、クロルピクリン剤＋DD剤（ソイリーン、ダブルストッパーの油剤）、カーバムナトリウム塩（キルパー液剤）、ダゾメット剤（バスアミド、ガスタード微粒剤）などの油剤、微粒剤などがある（表10）。

●クロルピクリン剤
（油剤、錠剤、テープ剤、液剤、微粒剤）、などガス燻蒸剤の使用法

　まず、畑を耕して土の固まりを砕いて整地する。畑を全面処理する場合は30

表9 苗立枯病、種子消毒の薬剤

薬剤名	処理法	ナス 苗立枯病	ナス 苗立枯病R	トマト 苗立枯病	トマト 苗立枯病R	ピーマン 苗立枯病	ピーマン 苗立枯病R	キュウリ 苗立枯病	キュウリ 苗立枯病R	スイカ 苗立枯病	スイカ 苗立枯病R	カボチャ 苗立枯病	カボチャ 苗立枯病R	メロン 苗立枯病	メロン 苗立枯病R	オクラ 苗立枯病	エダマメ 苗立枯病R	キャベツ 苗立枯病P	ハクサイ 苗立枯病P	ダイコン 苗立枯病P	タマネギ 苗立枯病P	ネギ 苗立枯病P	ホウレンソウ 苗立枯病P	ニンジン 苗立枯病P
オーソサイド水和剤	灌注	○		○		○		○		○		○	○											
	種子粉衣	○		○				○				○	○											
リゾレックス水和剤	灌注		○		○		○								○									○
	種子粉衣		○		○																			○
モンカット水和剤	灌注																							○
	種子粉衣																							○
バシタック水和剤	灌注									○		○												
	種子粉衣										○	○								○				
フルピカフロアブル	灌注			○																				
	種子粉衣			○																				
ホーマイ水和剤	灌注							○																
	種子粉衣							○																
ベンレートT水和剤	灌注							○																
	種子粉衣							○																
ダコニール1000	灌注							○				○									○			
	種子粉衣																					○		
リドミル水和剤	種子粉衣																	○	○	○		○		○

(注) 苗立枯病：病原菌の種類は不明、苗立枯病P：病原菌ピシュウム (*Pythium*) による、苗立枯病R：病原菌リゾクトニア (*Rhizoctonia*) による
　　○：適用された薬剤と処理方法（使用方法は各薬剤の使用法に従う）

表10 土壌消毒剤と対象となる土壌病害

作物名	病気名	クロルピクリン剤			クロルピクリン+D.D剤		カーバムナトリウム塩	ダゾメット剤	フルスルアミド	フルアジナム
		クロルピクリン	テープ	錠剤	ソイリーン	ダブルストッパー	キルパー	バスアミド微粒剤	ネビジン	フロンサイド
ナス	青枯病	○	○	○	○	○				
	半身萎凋病	○	○	○		○	○			
	疫病	○								
トマト	青枯病	○		○	○			○		
	萎凋病	○		○	○	○	○	○		
	半身萎凋病	○						○		
	褐色根腐病		○					○		
	紅色根腐病							○		
	根腐萎凋病							○		
	疫病	○								
	苗立枯病	○	○	○	○	○		○		
ピーマン	青枯病	○		○						
	萎凋病	○		○			○			
	半身萎凋病						○			
	苗立枯病		○				○			
	疫病	○	○	○						
ジャガイモ	青枯病	○			○					
	萎凋病							○		
	黒あざ病							○		
	粉状そうか病							○		
	そうか病	○		○						
	亀の甲病	○								
キュウリ	つる割病		○		○	○	○	○		
	ホモプシス根腐病	○	○							
	半身萎凋病							○		
	苗立枯病	○		○			○	○		
スイカ	つる割病	○	○	○	○	○	○	○		
	黒点根腐病				○					
	白絹病	○								
	疫病	○								
	苗立枯病	○						○		
カボチャ	立枯病		○	○	○		○			
	フザリウム立枯病	○						○		
	苗立枯病							○		
メロン	つる割病				○	○				
	えそ斑点病				○	○				
	黒点根腐病	○	○	○	○	○	○			
	苗立枯病	○	○							
ウリ科野菜	つる割病	○		○						
	白絹病	○		○						
	疫病	○		○						

表10 土壌消毒剤と対象となる土壌病害

作物名	病害名	クロルピクリン剤			クロルピクリン+D.D剤		カーバムナトリウム塩	ダゾメット剤	フルスルアミド	フルアジナム
		クロルピクリン	テープ	錠剤	ソイリーン	ダブルストッパー	キルパー	バスアミド微粒剤	ネビジン	フロンサイド
イチゴ	萎凋病	○	○	○	○	○	○			
	炭疽病	○	○	○	○					
オクラ	半身萎凋病	○								
	苗立枯病				○					
トウモロコシ	白絹病	○								
エンドウ	萎凋病	○	○							
	立枯病	○								
	根腐病	○	○	○						
	白絹病	○								
	苗立枯病						○	○		
ソラマメ	立枯病	○		○						
	白絹病	○		○						
キャベツ	萎黄病			○				○		
	バーティシリウム萎凋病						○	○		
	株腐病							○		
	根こぶ病	○					○	○	○	○
	苗立枯病		○	○	○			○		
ハクサイ	黄化病	○		○	○		○	○		○
	軟腐病	○								
	根くびれ病	○			○		○	○		
	尻腐れ病							○		
	根こぶ病						○	○	○	
ダイコン	バーティシリウム黒点病				○		○			
	亀裂褐変症	○								○
	根こぶ病						○	○		
タマネギ	乾腐病						○	○		
	紅色根腐病							○		
	黒腐菌核病						○	○		
	疫病	○		○						
	白色疫病	○		○						
	苗立枯病						○	○		
	黒穂病							○		
ネギ	萎凋病	○						○		
	根腐萎凋病							○		
	黒腐菌核病						○			
	紅色根腐病							○		
	小菌核腐敗病							○		○
	白絹病	○						○		○
	苗立枯病	○						○		
ニラ	乾腐病						○			
	紅色根腐病	○	○							
	葉腐病						○			
	白絹病			○						

作物名	病害名	クロルピクリン剤			クロルピクリン+D.D剤		カーバムナトリウム塩	ダゾメット剤	フルスルアミド	フルアジナム
		クロルピクリン	テープ	錠剤	ソイリーン	ダブルストッパー	キルパー	バスアミド微粒剤	ネビジン	フロンサイド
アスパラガス	立枯病	○								
	紋羽病	○		○						
ホウレンソウ	萎凋病	○	○	○	○	○	○	○		
	株腐病	○					○	○		
	立枯病	○		○			○	○		
	根腐病	○						○		
	苗立枯病	○								
レタス	ビッグベイン病		○				○			
	すそ枯病						○			○
	根腐病	○		○			○	○		
ゴボウ	萎凋病							○		
	黒あざ病	○	○	○	○	○		○		
フキ	半身萎凋病	○						○		
ニンジン	萎凋病							○		
	根腐病							○		
	しみ腐病	○			○	○	○	○		
	こぶ病	○								
	紋羽病	○		○						
ニンニク	乾腐病						○			
	紅色根腐病							○		
サツマイモ	つる割病	○		○	○	○				
	紋羽病	○		○						
	紫紋羽病							○		
サトイモ	立枯病	○		○						
	乾腐病						○	○		
	白絹病	○								
	疫病	○								
ショウガ	根茎腐敗病	○	○	○	○	○		○		
ブロッコリー	根こぶ病							○		○
カリフラワー	根こぶ病							○	○	○
コマツナ	萎黄病	○						○		
	根こぶ病									○
ミツバ	立枯病	○								
シソ	青枯病							○		

cmごと、千鳥状に深さ20cmの穴をあけ、そこに油剤は2～4ml、錠剤は1錠を入れてただちに穴をふさぐ。

すべての穴に薬剤を注入し終わったら、すぐに処理した畑の地表面をポリフィルムで完全に被覆する。被覆期間は、深さ約20cmの地温が25～30℃では約10日間、15～25℃では約10～15日間、10～15℃では約15～20日間、7～10℃では約20～30日間である。

その後ポリフィルムをはがして、残ったガスを抜く。ソイリーン、ダブルストッパー剤（油剤）、キルパー剤（液剤）もほぼ同様に処理する。

クロピクテープは、テープにクロルピクリンが入れられている。畑に溝を掘ってテープを埋め、上記の錠剤や油剤と同様に一定期間被覆をする。

●ダゾメット剤による土壌消毒

土壌をよく耕し、1㎡当たり薬剤20～30gを均一に散布して土によく混ぜ、すぐにポリフィルムで土の表面を被覆する。

その後、深さ約20cmの地温が25℃以上で7～10日、約20cmの地温が20℃以上で10～14日、15℃で14～20日間、10～15℃では20～30日以上被覆しておく。

ポリフィルムを被覆しないと効果はない。被覆を外したら畑を再度耕してガス抜きを行なう。

●粉剤による根こぶ病防除のための土壌混和

表11の粉剤を、1㎡あたり薬剤20～30g（ガスタード、フロンサイドは30～40g）を作付け前に深さ30cmくらいまでの土壌とよく混ぜる（ガスタードは

表11　アブラナ科根こぶ病の防除薬剤

作物名＼薬剤名	ガスタード微粒剤	フロンサイド粉剤	ネビジン粉剤	ダコソイル粉剤
ハクサイ	○	○	○	○
キャベツ	○	○	○	○
ブロッコリー	○	○	○	○
カリフラワー	○	○	○	－
コマツナ	○	－	－	－

前項のダゾメット剤と同じ処理法）。土壌とよく混ぜないと防除効果が劣るので注意する。

5 農薬の安全使用

1- 薬剤の薄め方

水和剤を水で薄める場合、まず所定量の薬剤を湯飲み茶碗のような小さな容器に入れて、水を1滴ずつ加えて割り箸などでノリ状に溶かすのがコツである。最初からたくさんの水に溶かそうとすると薬剤が粒になって溶けにくい。薬剤をノリ状に溶いてから、所定量の水と混ぜるとよい。

液状の薬剤の場合は、所定量をそのまま水に溶かす。散布薬液を作る時の薬剤のg数（液剤ではml量）と水の量は表12のとおりである。

薬液の濃度を濃くしても必ずしも防除効果が高まるわけではない。むしろ野菜に薬害を出すおそれがあるので、必ず安全使用基準の濃度を守って散布する。

表12 薬液1ℓをつくる場合の倍数と薬剤の量

倍数	濃度 (%)	薬剤量	倍数	濃度 (%)	薬剤量
7	14.0	142.8	600	0.17	1.67
30	3.3	33.3	700	0.14	1.43
60	1.7	16.7	800	0.13	1.25
80	1.25	12.5	1000	0.1	1.0
100	1.0	10.0	1500	0.067	0.67
120	0.83	8.3	2000	0.05	0.5
200	0.5	5.0	2500	0.04	0.4
300	0.33	3.3	3000	0.033	0.33
350	0.29	2.86	4000	0.025	0.25
400	0.25	2.5	5000	0.02	0.2
500	0.2	2.0			

2- 2種類の薬剤による混合液のつくり方

殺菌剤、殺虫剤ともに、混合する薬剤がアルカリ性の場合は混合してはいけない。薬剤のラベルに、混合にあたっての注意事項が書かれているので、それに従うこと。

また、混合は散布する直前に行ない、混合してから長い時間が経過したものは使用してはならない。

● 1ℓの水に、異なる2種類の薬剤を、それぞれ1000倍として溶かす場合

2種の薬剤A,Bをそれぞれ1000倍にして混合する場合、まずA,Bの薬剤をそれぞれ1gずつ小さな容器に入れて前頁で紹介したような方法でノリ状に練ってから、1ℓの水を入れておいたバケツの中に溶かし込んでよく撹拌する。

乳剤のような液状の薬剤の場合は1000倍であれば1mℓである（表を参照）。

● 1ℓの水に、異なる倍数の薬剤を、2種類混合する場合

「例」A剤は最終的に1000倍とする
　　　B剤は最終的に2000倍とする

〈手順〉
1) A剤1g（液剤は1mℓ）を水0.5ℓに溶かす（この場合500倍となる）
2) B剤0.5g（液剤は0.5mℓ）を水0.5ℓに溶かす（この場合1000倍となる）
3) 上のA剤液とB剤液とを他のバケツなどに同時に入れてよく混合する（A剤は1000倍、B剤は2000倍になる）

3- 薬剤散布前の注意

● 適切な薬剤を選択する

発生している病気や害虫を診断して、それらに対して適切な薬剤を選択し、ラベルの注意事項をよく理解する。

薬剤を薄めるときには、噴霧器を詰まらせないためにゴミを除去するか、網でろ過する。

[薬剤の溶かし方]

①水和剤の場合
（粉状の薬剤）

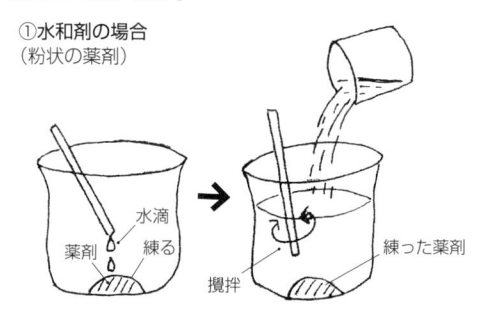

薬剤　練る　水滴　→　撹拌　練った薬剤

②乳剤の場合
（液状の薬剤）

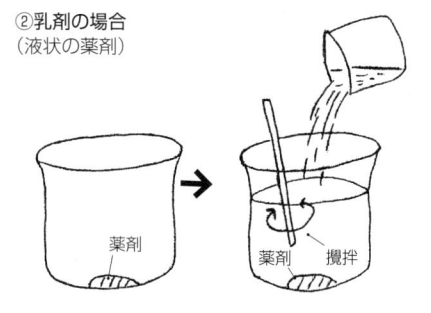

薬剤　→　薬剤　撹拌

[2種の薬剤による混合剤のつくり方]

①A剤、B剤とも1000倍の混合液1ℓ場合のつくり方

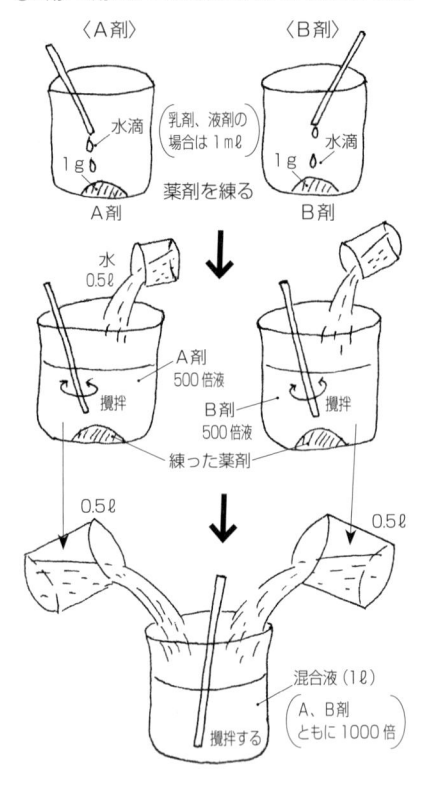

②A剤1000倍、B剤2000倍の混合液1ℓのつくり方

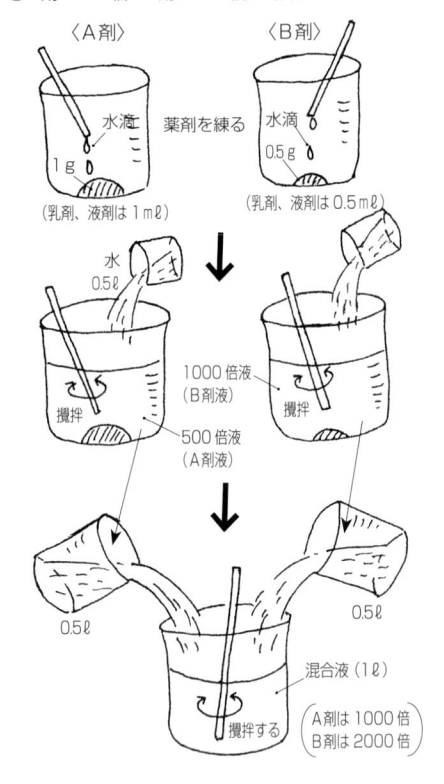

● 噴霧器の具合を確認する

　いろいろなタイプの噴霧器があり、面積に応じて簡単な霧吹きのようなものから、広い面積用の動力式のものまである。

　一般的には2～5ℓ入りの肩掛け式で、電動式または電池式のものが手ごろである。

　いずれも散布液がなるべく細かい霧状になって噴霧されることが大切である。そのため噴口の内部の孔あるいは針の太さくらいに細く開いた噴盤の孔が大きくなったら、噴霧される霧の粒が大きくなって効果が劣るので交換する。

● 防護服、マスクを確認する

　野菜の安全性を保つことはもちろんであるが、散布作業をするヒトが薬剤をかぶらないように注意する。

　薬剤が皮膚に付着するとヒトによってはかぶれたり、薬剤を吸い込んで身体に異常を起こす体質の人がいるので注意する。散布作業の際には雨合羽のようなものを着て皮膚に薬剤が直接かからないようにし、さらにマスクをして薬剤を直接吸い込まないようにする。

● 薬剤散布の予告

　散布する際は、隣近所の畑の所有者に薬剤散布することを、使用する薬剤名と

ともにあらかじめ知らせておく。
●湧水、泉水に注意
　付近にある湧水、泉水などはあらかじめビニールシートで覆っておく。鳥かご、虫かごがある場合には別の場所に移す。
　また、C類の薬剤は薬液が池、川、海、養魚池、養魚場に飛散しないよう、とくに注意する。

4- 散布作業中の注意
●散布時間は朝が最適
　気温が高い季節はなるべく朝のうち、気温が低い時間帯に散布する。夕方は病気、害虫の防除効果が低くなり、しかも乾きにくくて薬害を出しやすくなる。
●タバコは吸わない
　散布中にはタバコを吸ったり、ものを食べたりしない。
●身体に薬液がかからないようにする
　散布は後ずさりしながら作業して、薬液が身体にかからないようにする。とくに薬液を吸わないように十分注意する。また隣家に薬液が飛ばないようにする。
●散布は下から上に向けて散布する
　病原菌は葉の裏側から侵入するものが多く、害虫もまた葉裏に隠れているものが多いので、散布液が葉裏によくかかるように噴口を上向きにして霧を吹き上げるように散布する。また噴口を上下左右に動かして、かけムラのないようにし、葉先から薬液がしたたり落ちるくらいにタップリと散布するのがコツである。

5- 散布した後の注意
●散布器具を洗う
　とくに噴口の内部の孔や、噴盤に付着した薬剤やゴミをよく洗う。その際、魚毒性がC類の薬剤の残液、洗浄に使用した水は池や川などに流さないようにする。
●薬剤の容器、包装の保管
　残った薬剤のビンや水和剤の袋などは、きちんと蓋をして子供の手の届かない、乾燥した冷暗所に保管する。
　薬剤は化学物質なので、温度が高かったり紫外線に当たったりすると、有効成分が分解したり変質したりして、思わぬ害を与えることがある。保管には十分に注意する。
●防護服、マスクの洗濯
　薬剤が付着した防護服、マスク、作業時に着ていた服、下着などは作業後すぐに着替えて、洗濯する。
●顔、手、足をよく洗う
　散布後はただちにうがいを十分にする。洗顔し、目も十分に洗浄する。手足も洗う。
●散布後は子供の立ち入りを禁止する
　散布した畑には万一の予防のため、子供が立ち入らないように注意する。
●入浴、飲酒を控える
　とくに劇物に属する薬剤（購入の際、印鑑を必要とした薬剤）を散布した後は

[薬剤の散布の仕方]

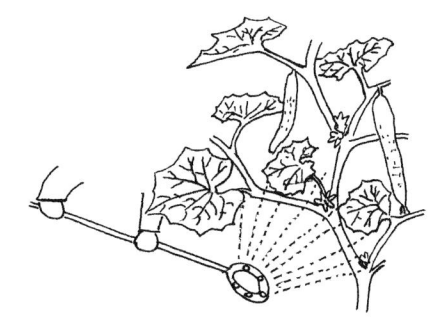

噴口を上に向けて散布する

入浴、飲酒をなるべく控える。普通物の薬剤では通常問題ないが、特異体質の方は注意して散布後の入浴、飲酒を控える。

6- その他の自然農薬による防除

匂いやアクの強い雑草などを原料とした液に石鹸水を混ぜて散布すると病気が防げるといわれている。また草木灰をまくとか発酵油かすなどの液肥を土壌に施用すると、病気が防げるという話しがあったり、自然から得てさまざまに工夫された資材を、農薬のように使用する例があるが、それらの大部分は研究者によって実証されていないので、信頼性に疑問がもたれる。

このことは多くの有機質肥料にもいえることである。有効な微生物を多量に添加したとか、病原菌などの微生物に対する拮抗菌を混入して増強してあるから、その肥料を土壌に施用すると連作障害が防止されるといわれているが、それらの効果が科学的に実証されていない場合が多い。

また、古くなった牛乳を散布するとアブラムシやウイルス病が防げるといわれて、実際に散布されたものの、まったく防除効果がないばかりか、かえってアブラムシや他の虫の餌になってこれらの虫が増殖したり、すす病が激発して収穫された果実の市場価格が低下する原因になったりする。

この他にも木酢液の散布では、過去に木酢酸に発がん物質が含まれていたが、現在はそれが除去されているのか、使用して有効であったのか、その科学的な実証が行なわれているのか、あるいは拮抗微生物の利用やさまざまな有機物の土壌施用も、それらのほとんどが科学的な実証が行なわれていない。

さらに化学農薬の使用が批判されていることから、草木灰を使っての防除、卵の殻を株元に伏せておくとか、アセビ団子を元肥に加えるとか、ニンニク液をかけると匂いで虫が寄りつかないとか…などいろいろな自然農薬が推奨されているが、害虫がヒトのようにニンニク臭を感じるのか？　など害虫の生態は単純ではなく、効果があったとしても、それらの自然農薬の効果は微々たるものである。

家庭菜園といえども、野菜の生長過程、果実のつき具合、病気の伝染環と発病から伸展状況、害虫の生活史と加害との関係などはすべて自然現象であり、それらの多くの事実は科学的に解明されている。

愛情をもって、元気に育て、と祈って手入れしても、それらに科学的な合理性がなくては、せっかくの手入れ、管理もまったくのむだである。

※

本書で採用した農薬に頼らない防除法や農薬による防除の安全使用基準などは、全国の国、各都道府県の研究機関において地道に続けられてきた研究者の科学的な方法による防除研究の成果によるものである。

わが国における病気と害虫の発生生態とその防除に関わる研究者の活動は、食糧の安全性を保持しつつ環境負荷を最小にしながら安全で、容易かつ合理的に防除する、という目標に向かって日々行なわれていることを理解していただきたい。

家庭菜園にも小さな生態系が
―おわりにかえて―

　植物はまわりの気温、湿度などの物理的環境に適応し、動植物と競合、反発あるいは協同しながら、地球上のすべての食糧を生産している。
　ヒト、動物、害虫などはそれらの食糧を食べて、死んだ後は枯れた植物同様、微生物によって窒素やリン酸、カリなどの成分に分解されて土に戻る。その成分を植物が吸収し、光合成によって食糧を生産する。このような生物同士のつながりや物質、エネルギーの循環などの環境が「生態系」である。
　そして、たとえ狭くても家庭菜園にもひとつの生態系が成り立っている。野菜には、それを侵す微生物（病原菌）が侵入して病斑をつくったりしおれさせたり、枯らせたりする。この病気とは微生物（病原菌）が植物を生きたまま分解することで、生態系における分解過程の流れのひとつに他ならない。
　また、害虫が野菜を加害するのは、ヒトが農作物を食糧とするのと同様、第一次消費者としての働きで、これらの害虫が鳥などに捕食されるのは、生態系の食物連鎖のひとつなのである。

●著者紹介

米山伸吾（よねやま　しんご）

1931年東京都生まれ。農学博士
千葉大学園芸学部卒業（植物病理学専攻）
1992年まで茨城県園芸試験場環境部長、同農業試験場首席研究員、病虫部長、指定試験主任として植物病害の発生生態と防除法の開発研究に従事。
1994年まで国際協力事業団（JICA）の専門家としてブラジル国に派遣。その後JICAの短期専門家として1998年スリランカで、2000年ブラジルで研究協力に参加。
1996年より2011年(財)日本園芸生産研究所で、野菜の病害研究に関与した。
著書　『農業総覧　病害虫防除・資材編』（農文協、共著）
　　　『日本植物病害大事典』（全農教、分担執筆）
　　　『野菜病害と害虫の伝染環・生活環と防除法』（農文協、共著）
　　　『病気・害虫の出方と農薬選び』（農文協、共著）ほか多数

木村　裕（きむら　ゆたか）

1939年大阪府生まれ
大阪府立大学農学部卒業（農業昆虫学専攻）
1997年まで茨城県園芸試験場技師、大阪府立農林技術センター研究員、環境部長として園芸作物の害虫の発生生態、防除法の開発研究に従事。
1997年より2002年まで国際協力事業団（JICA）の専門家としてパラグアイ国に派遣され、研究協力に従事。
2003年より2005年まで同上事業団（JICA）のシニア海外ボランティアとしてパナマ国、2006年より2008年まで同上シニア海外ボランティアとしてエクアドル国に派遣された。
著書　『農業総覧　病害虫防除・資材編』（農文協、共著）
　　　『原色野菜・草花病害虫図鑑』（保育者、共著）
　　　『野菜の害虫防除対策』（タキイ種苗）
　　　『家庭菜園の病気と害虫』（農文協、共著）ほか多数

新版　家庭菜園の病気と害虫――見分け方と防ぎ方――

　　　2012年3月20日　第1刷発行
　　　2015年3月10日　第3刷発行

　　　著者　米山　伸吾　　木村　裕

発行所　一般社団法人　農山漁村文化協会
郵便番号 107-8668　東京都港区赤坂7丁目6-1
電話 03（3585）1141（営業）　　03（3585）1147（編集）
FAX 03（3585）3668　　振替 00120-3-144478

ISBN 978-4-540-10187-8　　DTP製作／條克己
〈検印廃止〉　　　　　　　　印刷・製本／凸版印刷㈱
© 米山伸吾・木村裕 2012
Printed in Japan　　　　　　定価はカバーに表示

乱丁・落丁本はお取り替えいたします。